巴金

艾芜　周扬

荒煤
　　许觉民

沙汀
　　何其芳

冯牧

潮起潮落:
新中国文坛沉思录

严 平 著

人民文学出版社

图书在版编目（CIP）数据

潮起潮落：新中国文坛沉思录/严平著．—北京：人民文学出版社，2015
ISBN 978-7-02-010948-7

Ⅰ.①潮… Ⅱ.①严… Ⅲ.①作家—生平事迹—中国—现代 Ⅳ.①K825．6

中国版本图书馆CIP数据核字（2015）第142803号

责任编辑　刘　伟
装帧设计　刘　静
责任印制　苏文强

出版发行　人民文学出版社
社　　址　北京市朝内大街166号
邮政编码　100705
网　　址　http://www.rw-cn.com

印　　刷　三河市宏盛印务有限公司
经　　销　全国新华书店等

字　　数　310千字
开　　本　710毫米×1000毫米　1/16
印　　张　22.75　插页3
版　　次　2015年11月北京第1版
印　　次　2016年12月第3次印刷

书　　号　978-7-02-010948-7
定　　价　39.00元

如有印装质量问题，请与本社图书销售中心调换。电话：01065233595

目　录

周扬
"我辈"无文章 …………………………………………… 3
最后的启航 ……………………………………………… 37

夏衍
夏衍的1964 ……………………………………………… 79
刻入年轮的影像 ………………………………………… 116

沙汀
生命的承受 ……………………………………………… 155

何其芳
历史的碎片 ……………………………………………… 191

荒煤
告别梦想 ………………………………………………… 229

许觉民
人去楼空 ………………………………………………… 269

冯牧
　　在激流涌动中 ················· *289*

巴金
　　孤独与喧哗 ··················· *321*

后记 ························· *359*

周扬

「我辈」无文章

最后的启航

"我辈"无文章

一 一言难尽

1996年3月,张光年给荒煤写了一封信,并随信寄上《谈周扬》一文,张光年在信中写道:

荒煤同志:

近来好吗?

前一段时间我和叶绿患感冒,迁延近一个月。没能到北楼看望各位病友,心里一直是惦记着的。

附上《谈周扬》复印件,请阅正!此文发在《东方》杂志(双月刊)去年第五、六期,是人民日报记者李辉促出来的。周兄走后,我辈都未写文。一言难尽,那就多谈几句吧。如得合适时间,我俩也可谈谈这个题目。你可打电话约我。……

光年
1996.3.2

张光年写这封信时距周扬去世已近七年,而他的那篇被李辉促出来的谈话录发表时,距周扬离世也有六年光景了。正如张光年所说,这么长的时间里,"我辈都未写文",语气中有种隐隐的遗憾和愧疚。"我辈",自然指的是曾经和周扬有着密切关系的沙汀、荒煤、冯牧、林默涵、刘白羽、贺敬之以及张光年自己等文艺界重量级人物。照常理,每当文艺界名人去世,纪念文章都会纷沓而来,何况周扬这样长期执文艺界牛耳的泰斗人物,又何况这些跟随"周兄"打拼几十年,经历了无数风雨坎坷,又都写得一手好文章的"我辈"!然而,这一次,他们都沉默着。是因为当时的政治氛围,还是出于种种复杂的历史缘由?抑或是由于那些纠缠不休争执不已说起来彼此都依然愤懑的分歧矛盾?

没有写文章的他们并不是没有想法。事实上,他们中的每一位都很难忘记这位掌管新中国文艺事业大权的顶级人物。他们内心的感情波澜一定比任何时候都更加不能平静,或许正是因为如此,他们也就更

张光年致荒煤信

加"一言难尽"。1994年,借着《周扬文集》第五卷出版,张光年、荒煤、周巍峙、冯牧等聚集在一起,商议开一次会发出一些声音。据参与此事的顾骧回忆,当时他受几位前辈之托到上海把这个想法向巴金汇报(露菲向冰心汇报),巴老表示:我非常支持这个会,我也想参加。但最终会议因为某种原因还是没有开成。林默涵没有参加他们的商议,也就是在同一时间,他接受采访时说:"三中全会和务虚会议后,我们有了分歧。后来他提出人道主义和异化问题,我是不赞成的。分歧越来越大。周扬器重贺敬之,他们不要四项基本原则。争吵之后,我和他的来往就少了。"(李辉《与林默涵谈周扬》,《摇荡的秋千——是是非非说周扬》,海天出版社1998年7月)"我辈"中年龄最小且一度受到周扬力荐的贺敬之,也没有参加他们的商议,他身负重责,正在为国家大事而忙碌着。

张光年的《谈周扬》是五年后"我辈"发表的第一篇文章,虽是对话的形式,却在对历史的回忆中充满着精神反省的内涵,是最近距离的对周扬的描述和钩沉。经过了时间的过滤和思想沉淀,张光年显得坦率,不能不说也意犹未尽。他把文章寄给荒煤是想听听荒煤的意见,显然他有更多的想法希望在"我辈"之间进行交流,这理应是他们共同的话题。但一切都已经为时过晚,当这封信送到荒煤手中时他已无力回应,饱受癌症折磨的他正竭尽全力与病魔抗争,衰弱的生命即将接近终点。六个月后,荒煤走完了自己人生的全部路程,而张光年的这篇谈话录也就成了"我辈"发表的唯一一篇回忆文章。

1996年初春,身患重病的荒煤把光年的信和文章,小心地放入一个夹子,就搁在离病床很近的桌子上,夹子里是一些他认为较重要的信件。虽然无力回复有时也会拿过来看上一眼,想一想。光年的话无疑引起他很多回忆,实际上这个话题他曾想过多次,也希望与人交谈。

大约一周后,荒煤给张光年复信:

光年同志：

　　谈周扬一文收到，谢谢！我立即反复看了，很受教益。我不幸又发一病：淋巴腺肿大，自腋下取出两块淋巴腺，然后输一种药液，此药伤身，使腹泻，失去食欲，几无力起床。经过几个疗程，现稍好，尚待继续治疗。上周医生都不让我会客了。

　　谈周扬，也有好几位同志劝我谈。我觉很难谈。因他对我，真正叫做"领导"。只谈工作，从不谈心。有人说他是"官迷"，这也不公正。我同意你说，对毛主席过于忠诚，真正崇拜。另一方面，他处的地位，毛嫌他不够"左"，他也真跟不上。在文化部整风时有些事可以证明。我准备在回忆整风忆夏公一文中讲出来。

　　我遗憾的是林默涵、刘白羽二位至今不写任何文章谈谈文艺界的接连不断地斗争的某些内幕，以至现在把一切都归罪于周扬，其实，周总是先检查右的。

　　当然，我病好些，我还是愿和你谈谈，给你提供点材料。

……

陈荒煤
1996年3月10日

　　荒煤的这封信写于1996年早春，读到它却是在十几年后编辑荒煤文集书信卷的时候。我记起，九十年代初，荒煤就开始在医院进进出出，那里成了他的第二个家，他终于有了一生中难得的闲暇。治疗之余，在北京医院北楼宽大的病房里我们开始聊天，他对许多事情进行回忆，我记录。谈话都是断断续续的，内容也很庞杂。其中的一个题目就是周扬。

　　第一次说到这个话题时，他沙哑着声音说的第一句话是：其实我并不了解他。

　　这句话给我留下的印象如此深刻，记得当时我还以为自己听错了，或是他另有所指,但他对我的询问回答依旧。看着他脸上现出沉重又无奈的苦笑,我感到惊讶和困惑不解。我不明白,一个从三十年代起就和周扬相识,之后几乎共同走过中国文化运动所有关键时刻的人;一个一直被人们铁定为"周扬派"的人;一个因为"周扬派"而入狱七年之久,之后又在八十年代的风雨中和周扬捆绑在一起经历跌宕起伏的人,到头来怎么会用这样一种无奈又感慨的语言形容自己的感受!

从荒煤和周扬的交往历史来看,说"不了解"恐怕是难以交待的。如果连他都说不了解那还有谁可以称为了解?更不用说那些凭着几次不多的接触,就能写出洋洋洒洒纪念文章的人。我曾经仔细揣测他"不了解"的含义,荒煤所谓"了解"的标准是什么呢,这标准对周扬来说是否太高了些呢,这标准在波谲云诡的官场政治中是否不现实,并最终让荒煤感到失望呢!这又是不是他和那些最接近周扬的"我辈"们最终没有写出文章来的原因呢?!他没有详细地解释,但我每每想到他的"不了解",就似乎看到这句话背后牵扯出的许多让人迷惑的场景,又每每被这话语中蕴含着多层次的内容所吸引,最终自己也陷入一种身在庐山不识庐山真面目的迷阵之中。

多年后,当我读到荒煤给张光年的复信,才领悟到他说"不了解"是有理由的,那是因为长期以来"只谈工作,从不谈心"。而对这种状态,荒煤是多么无奈、遗憾而又多少有些抱怨啊!同样的,周扬对张光年、对夏衍等人是不是也"只谈工作,从不谈心"呢,那是不是那个年代的人们——特别是处于高层的文化领导人之间小心翼翼地恪守的政治规则呢?!我时常想,1996年的那个春天,当荒煤接到张光年的信时,假如他有气力和张光年会晤,是否仍旧会对希望与之交流的张光年说"不了解"?或许,他不说,他们会坐在一起共同谈论远去的日子,回望那个和他们有着密不可分关系的人,当他们一次次地和被记忆掩埋的历史重新交汇时,不知道他们的结论又是什么?

二　记忆的缺失与过滤

最早听荒煤谈到周扬是八十年代。那时候，荒煤开始写回忆文章，记忆的瓶盖一旦开启就很难闭合，工作之余，他喜欢说起上海的故事。虽然过去了很久，但那仍旧是一些鲜活的记忆：热情固执的沙汀、贫困坚韧的叶紫、感情醇厚的丽尼，还有执着的叶以群、勤奋的宋之的、浪漫的盛家伦……一个个都让我感到新奇和兴奋。他们中的一些人，与我看到的新中国成立后照片中的样子相差甚远。那是些穿着灰色制服有着几乎同样表情的干部形象。而三十年代，他们是充满个性的一群，有着强烈的反叛意识和很深的精神困惑。

荒煤像谈论其他人一样谈起他和周扬的相识，那时他从剧联转入"左联"，正式和上海党组织领导人见面，地点在法租界一个白俄开的小咖啡馆里。很多年后，他还为记不清当时是谁通知他去和周扬见面而苦恼："一次，在张庚那谈起来，我说我想不起来谁通知我去和周扬谈的，把我拽到'左联'去？张说是我跟你联系的啊！"牵线人终于找到了，

左二起：周扬、荒煤、苏灵扬

他似乎松了一口气。荒煤记得,那天他们在咖啡馆坐了一会儿,周介绍了一下"左联"情况,然后让他去找沙汀,以后就和沙汀联系,大体意思如此。有趣的是,随着时光的流逝,荒煤虽然记不清周扬当时具体说了些什么,却清楚地记得周扬穿了一件浅色的西服,在黯淡的灯光下显得很醒目。周扬还用英文要了一杯咖啡,这也给不擅长使用外语的他留下了很深的印象。荒煤还兴致勃勃地说起,苏灵扬和周扬就是那时候恋爱结合的。有人到周的住处,老是看见屋里的衣架上挂着一件红色的女式大衣,去的人难免心存猜想,后来弄明白了那就是苏灵扬的。不知为什么,那件红色的女式大衣也清晰地留在了荒煤的脑海中,在他心中唤起一种昔日温暖浪漫的记忆。还有一次,荒煤在一家书店买书,看见周扬和苏灵扬挽手进来,由于环境复杂,荒煤没有上前打招呼,彼此暗自笑了一下就过去了。荒煤有关周扬早期的记忆不多,完全是个人的,就像他记住了在夏夜炙热的亭子间与丽尼相对而坐,记住了第一次沉浸在盛家伦优美动人的小提琴声中的感觉一样。夏衍在回忆上海时期的周扬时也有个人的生动表述:"他爱去跳舞,跟我们一起上咖啡馆,看电影。那时候,他可真是潇洒。"或许那时候,他们就是这样充满热情相互平等的一群,而周扬是他们这年轻的一群中更具有活力的一个。

  有许多历史的场景在当时未必显现出多么不同,过后再看才发现那竟是一些可能改变生活中许多事情的路口。1988年,苏灵扬曾经写信给荒煤,回忆她和周扬三十年代上海的生活,她感叹自己当时太年轻,许多事"不会问周,也想不到问周",而"周常告我,凡你不知道的你就不要问。凡需知道的,自会告诉我。在上海严峻的白色恐怖环境,越少知道越好。我就是在这种环境下熏陶成长起来的"。然而,周扬为解散"左联"征求鲁迅意见的事情苏灵扬却知道得清清楚楚,那是因为这件事需要苏的配合,也就成了苏"需知道的"工作,她的任务是:"到内山书店去把鲁迅引导出来和周会面,目的很明确,征求解散'左联'成立文协的意见。"苏在信中详细描述了当时的情景:

我陪同周到北四川路找一家咖啡馆坐定，然后我就到内山书店找鲁迅，鲁迅早就知道要请他到一咖啡馆里，我陪同鲁迅到北四川路，见到了周扬。他们谈些什么我记不得了，因我还要担务"警戒"，我注意力都集中在那里，给我最深的印象鲁迅吸着烟斗，很少说话，谈的时间也不长……会面后，我没有再送他回去，是他自己走回去的。

（苏灵扬致荒煤信，1988年9月16日）

　　或许由于任务和目的都很明确，事隔多年后，苏灵扬还记忆犹新。使她无法忘记的原因还在于，"文革"中，这一情节成了她无数次受审的"公案"。一批批红卫兵、专案组，疾言厉色地审了一遍又一遍，使她遭受了很大折磨。

　　很多年后读到苏灵扬的信，我似乎走进了一幅年代久远的图画之中。灰色的天空，老上海长长的街道，路边咖啡馆若明若暗的光线，从鲁迅的烟斗中静静地飘出的烟气，而一旁或是靠近门口幽暗的地方，年轻的苏在警觉地环视着周围……一切就这样自然地发生了，只是不知道那天她是否穿着那件让荒煤记忆深刻的红色大衣。苏的述说从另一方面补充着荒煤的记忆，三十年代的上海，环境十分严酷，"浅色西服"、"红色大衣"、"跳舞"、"咖啡馆"既是生活的一部分，也是左翼工作者们的一种掩护。他们就是在这种复杂的环境中坚守着自己对理想的追求。青春的、个性的和革命的种种细节融合在一起，构成了一幅那个时代青年知识分子生活的完整图画。苏灵扬当然不会想到有那么一天这些细节会成为一种历史的佐证，成为如何对待鲁迅、革命与不革命的标志。但正是这样的回忆，让我们在许多年后能够较为平静地走进那些场景，走近那充满着勃勃朝气的一群。他们就如同今天的"八〇后""九〇后"一样年轻，经历着他们那个时代所需要经历的一切，充满着率真和牺牲精神，有着自认为天然的合理性，即便是对权威怀有一种挑战的渴望也不是什么稀奇的事情,更何况他们的出发点不是为着个人而是为着执行组织的决定,何以要在几十年后让他们担负历史的罪责?许多事情一旦搅入政治的浑水,往往就变得面目全非了,在此后的很多年里,周扬和他的那些伙伴们只能一遍遍地检讨自己对鲁迅的态度,以及自己的觉悟和水平。检讨的真心与否很难说清楚,当他们用党性原则要求自己的时候,检讨或许是真心的,一旦站在历史的角度回首往事那可能就只是一种打碎牙齿往下咽的感觉,违心的检讨带来的可能就是一种人格的磨损和改变。

半个世纪前在上海的小咖啡馆里,荒煤大约怎么也没有想到,自己此生会和周扬有着如此多的联系,而他对周扬的看法也随着时间的推移而改变得非常厉害。

九十年代初,在北京医院北楼充满阳光的病房里,荒煤回忆起延安时期的周扬,有着一种难以言说的感受。

1942年底,延安整风进入"抢救运动"阶段,鲁艺的"特务"越来越多,荒煤也从整风领导小组成员变为"特嫌"。成为"特嫌"的原因荒煤是事后才从周扬那里知道的。证据有二,一是金肇野成了"特务",他交待不清组织关系,就扯上荒煤,说当年荒煤到北平时,他拿着刊登"作家荒煤即将来平"消息的报纸去接头;另一个是东北作家马加——同样也成了"特务",他说荒煤到延安后,曾拿了一张报纸问他:知不知道舒群在武汉登报找他过去的爱人离婚。这就是接头暗语。荒煤回想起这一切时哭笑不得地说:前一件倒还有点说头,当年金是拿了张报纸来见我,但说成特务接头简直天方夜谭。后一件根本子虚乌有,我连舒群结婚都不知道,还问什么离婚呢!在一旁听故事的我提示他,知不知道结婚都不妨碍使用接头暗语呵!荒煤摇头说:那倒是,如果认定了你是特务就说什么也没用了。但他还是想不通,两位老兄怎么会编出如此离谱又如此雷同的情节来?大概是作家形象思维所致,又实在没有什么新花样,实在交待不清过不了关吧。问题是这

1939年，周扬在延安与毛泽东、刘少奇交谈

样荒唐的故事还是使他停止工作两年。这两年被审查斗争的痛苦感受随着时间的推移似乎已经淡漠，只有周扬与他的谈话好像怎么都无法从记忆中抹去。

荒煤是鲁艺教员，作为副院长的周扬和他谈话当然是代表组织。谈话不止一次，开始是询问历史情况，后来是质问批判，再接下来，就是周扬代表组织宣布他停职审查了。荒煤发现，一向认为很了解自己的周扬突然变得如此陌生和冷漠。从剧联转入"左联"是上海咖啡馆周扬亲自接洽，此刻却成了疑问；曾经被捕入狱的情况早就向组织说明过，周扬还亲自告诉他情况向王明汇报了，组织上认为不是问题，现在也成了说不清的案子；还有到北平的情况、移动剧团的情况，周扬都要他好好交代……妻子张昕也受到了怀疑，荒煤还没有成为"特嫌"的时候，周扬已经提醒他要注意张昕可能有问题了。听到这种提醒，荒煤感到不能接受，从上海到北平他就认识了张家三姐妹，和她们那位曾经是国民党将军夫人后来为中共地下党作出很大贡献的让人敬重的母亲，他不相信她们会有问题,何况那时候的张昕还是个在门洞里跳绳的中学生呢。但周扬言之凿凿,只能让他感到不安和沉重。

一次,周扬到窑洞来找荒煤谈话,临走时绷着脸对张昕说:"你应该好好想想,你那样的家庭,你那样的母亲,怎么会参加革命呢?"口气中充满了不容辩解的质疑。荒煤很惊讶周扬会说出这样的话,他自己不也出身地主家庭,不也出来参加革命了吗?怎么别人参加革命就成了问题呢!那时候,在周扬的领导下,鲁艺的整风运动已经使接近80%的人成了"特务",风声鹤唳草木皆兵,人们甚至不敢多看对方一眼,生怕弄不好被人咬成"特务",也有人终于无法经受这种来自组织的考验,用自杀的方式结束自己年轻的生命。戏剧系的一个教师被打成"特务",他的妻子悲愤交加,夜里把窑洞的门窗堵得严严实实,然后点起火,把自己和几个孩子活活闷死在浓烟里面。面对这样的情景周扬似乎无动于衷,他依然在大会上宣称:一定要把抢救运动搞下去,就是搞到剩我一个人也要搞下去,就是鲁艺全是特务,就我一个人是共产党员,我也能战胜你们!

如果说荒煤对三十年代周扬的记忆虽然琐碎却是鲜活的,延安五六年间的接触,却使他的记忆发生了复杂的变化。最初,他对周扬是钦佩和欣赏的,觉着自己搞创作没有什么理论,而周扬既懂古文,又懂外语,上起课来引经据典,滔滔不绝,很是吸引人。对周扬的办学方针荒煤也颇为赞同,觉得他在教育方面很有一套,是个有才干有魄力的领导人。周扬对荒煤也表现出了器重,一到鲁艺就接受荒煤的建议,保留从前线归来的鲁艺文艺工作团,仍由荒煤任团长,后又让他负责文学系工作。他们在工作中相处一直比较融洽。但随后发生的变化却让荒煤感到困惑,他看到了一个呆板严厉的周扬,一个不尊重事实却以判官自居的周扬,他的冷漠和教条让荒煤的心从初到延安的火热中冷却下来,他第一次有了一种被革命团体抛弃的感觉。那是一种孤立无援类似恐惧的感觉,而强加给他这种感觉的正是自以为了解自己的周扬。

抢救运动后期,当问题终于得到甄别时,荒煤曾忍不住向周扬询问,先是弄清了事情的原委,接着又追问为什么当时没有把自己抓起来,周扬的回答倒也坦率,"我们看你的样子实在不像是一个特务啊!"荒煤知道,周扬最终还是从他的感觉出发保护了自己,但周扬的解释非但没有让他感到释然,相反更加深了他的困惑,假如自己的样子让周扬看着像"特务",那情况又是如何呢!

在鲁艺,有荒煤这种体验的不是少数,这或许是延安青年知识分子参加革命后遇到的第一次重大打击和挫折。青春的热血和自豪被知识分子的自卑取而代之,留下的屈辱和创伤之后即便不愿提起也绝不会彻底消失。抢救运动破坏了人与人之间的情感和关系,在许多人心里埋下了怨怼的种子。据说,解放战争初期,当鲁艺有人听到周扬的小儿子因翻车不幸身亡时,竟幸灾乐祸地说:"那个理论家的作品完蛋了!"这话是一位鲁艺老同志告诉我的,他语气平淡我却有种触目惊心的感受。毕竟,那是一个幼小无辜生命的夭折,任何善良的人都应为之惋惜,而且在我看到的所有(无论是褒周扬还是贬周扬)回忆文章中,这一细节的提及总是伴随着怜惜和同情。事实上,生活远比写出来的文章残酷百倍,那赤裸裸的话语中包含着的毫不掩饰的快意与愤懑,几十年后听到都让人感到深深的震动和悲哀。

八十年代,荒煤回忆起周扬延安整风时的做法与那些不喜欢周扬的人一样印象深刻,但他并不认为这是周扬个人的品质问题。在荒煤看来,关键在于他"对毛泽东崇拜至极"。延安是周扬人生旅途的一个重要阶段,他不仅逐渐摆脱了"上海问题"带来的郁闷和消沉,而且从系统地翻译马列主义经典作家对文艺的论述到逐渐成为毛泽东文艺思想的权威阐释者,实现了一个巨大的飞跃。周扬对毛泽东的崇拜正是从这个时候开始的,这种崇拜来自理论上的认同,也引导他对毛泽东的战略部署坚决彻底地执行。他检讨和否定了自己过去的办学方针,重新思考和修正了自己的文艺观,从本来"不主张文艺成为政治附庸"而走向"文艺为政治服务"。那场惊心动魄的抢救运动过后,他曾经对荒煤说：整风时我也觉得糊涂了,怎么会有那么多"特务"呢？但随即他又坚定起来,认为只要是毛主席说的,就都是对的。"他让自己的心灵树起了毛泽东不可动摇的权威地位,形成一种终生的崇拜,他对周艾若讲：'有两个东西你要崇拜、迷信。一个是苏联,一个是毛主席'。"（李洁非《长歌沧桑——周扬论》,《典型文坛》,湖北人民出版社,2008年8月）其实,真正崇拜毛泽东的又何止周扬一人,即便不理解,人们也总是从大局出发要求自己对领袖的绝对忠诚和服从,这或许也就是他们在后来的回忆中有意淡忘延安抢救运动时期所受到的屈辱和创痛的原因。

在许多问题中最令我困惑的莫过于这个问题了,当年能够义无反顾地冲破旧制度的羁绊,冒着生命危险前行的热血青年们,他们本是最反叛、最充满活力、最富有思想和个性的一群,怎么会在到达延安后发生如此翻天覆地的变化？那个过程的艰难且不说,他们如此自觉自愿地服从,并在痛苦的改造和追随中争先恐后,这不能不让生活在另一个时代的我们感到费解。我曾经就这个问题直言不讳地问过荒煤,他给我的回答是："你不知道那个年代,被黑暗压抑的人们,一旦找到了自己以为的光明,就会不顾一切地追寻它！"不顾一切？包括自己的思想、自己的生命、自己的亲人、自己所有的一切！那就是为信仰而献身吗？我的内心仍旧无法认同,但知道,这就是历史,一代知识分子转变的历史！或许荒煤的话有道理,我们没有经历过那个年代,没有体会过那样一种巨大的黑暗笼罩的滋味,就没有资格随意评判他们的选择。

三 变 奏 曲

周扬就这样改变了——改变的绝不是他一个人,革命以巨大的理由改变着一切。只不过在改变了的人中,周扬是以一种取得了领袖信任的姿态,一路上升,成为新中国成立后文艺界的最高权威。文艺界的历次运动都是由他来主持并做总结的,他几乎成为组织的化身。毛主席曾对丁玲说过:周扬懂逻辑,他的长处是跟党走,党正确他正确,党错误他错误。(《丁玲与周扬的恩怨》,杨桂欣著,湖北人民出版社,2006年1月)这话既是肯定周扬的长处,也是对丁玲和其他知识分子的提醒。

随着地位的变化,在一些人的眼里,连他的风度也变得越来越耐人寻味了。很多年后,王蒙就这样生动地描述一些人对周扬的感受:

> 我听到不止一位老作家议论他的举止,在开会时刻,他当然是常常出现在主席台上的,他在主席台上特别有"派",动作庄重雍容,目光严厉而又大气。一位新疆少数民族诗人认为周扬是美男子,另一位也是挨过整的老延安作家则提起周扬的"派"就破口大骂。还有一位同龄人认为周扬的风度无与伦比,就他站在台上向下一望,那气势,别人怎么学也学不像。
>
> (王蒙《周扬的目光》,《忆周扬》,内蒙古人民出版社,1998年4月)

褒贬虽然不一,但有一点毋庸置疑,即代表组织就得有非同一般的气势,在这方面周扬同样的成功,也同样的身不由己。

然而,周扬能否真的在官场上把个人的印记全部抹去,使自己成功地变成组织的化身?在荒煤的记忆中,或许没有哪一个人像周扬那样呈现出如此复杂的多层面:延安的周扬与上海的周扬判若两人;五十年代的周扬是"左"的代表——特别是在人们难以忘怀的批胡风、反右运动中。但是,"人终究是个体。再伟大崇高的理由也不能使'自我'消失得干干净净"(《长歌沧桑——周扬论》,《典型文坛》,李洁非著)。周扬骨子里文化人的东西并没有在政治的惊涛骇浪中消失殆尽,五四文化的传统根基、温情主义,以及与文化界老人"千丝万缕的联系",这一切属于个人的东西都牵扯着他,使他最终在组织化的同时与自己陷入一种深刻的矛盾之中。

自1945年离开延安,荒煤和周扬接触不多,1952年荒煤调入文化部电影局,从此他们开始了长达十几年的相处。

　　荒煤的调入是时任文化部党组书记、副部长周扬的意思,他到京的第二天就去见周扬。周扬告诉他,眼下许多制片厂都停工待料,没有剧本,调你来主要是抓剧本创作,解决剧本问题的,你不必到电影局办公就到剧本创作所去办公,别的什么都不要管! 周扬的一番话,让荒煤的心情更加复杂。之所以同意离开中南军区是希望脱离繁杂的事务专心搞业务,此番进京或许真的能够实现理想。但他也知道,刚刚过去不久的对电影《武训传》的批判,不仅使许多影片受到牵连,还波及整个意识形态领域。1951年全国只有一部故事片出品,1952年勉强上升到四部,但创作人员瞻前顾后提心吊胆,已经有许多北京的老朋友对他发出友善的警告:电影是个火坑,千万不要往火坑里跳! 他不知道自己是不是真的跳进了火坑。但无论如何,面对周扬的一再鼓励他还是欣慰大于沉重。

　　在此后十几年里,荒煤开始了在政治和艺术之间走钢丝的职业生涯,而周扬呢? 我发现在荒煤的回忆中几乎到处都有周扬的踪迹。

　　1952年的那个寒冷的冬天,荒煤带着周扬的嘱咐一头扎进了剧本创作所,他觉得要实现创作的繁荣,必须理论先行,突破那些束缚创作人员手脚的框框。好在翌年春天,在经历了批判和萧条之后,从上面传来的是繁荣生产的信息。借着这股东风,他主持召开了第一届全国电影剧本创作会议和第一届全国电影艺术工作会议,请来周扬在会上讲话。周扬神采奕奕地来了,还是那副吸引人的好口才,不过讲话中多了些"啊""嘛"之类的语调,显示着权威和地位的分量。那次的报告,荒煤印象深刻,周扬大讲社会主义现实主义以及和传统的关系,强调要把社会主义现实主义作为衡量作品的主要标准,并结合创作实际,具体分析了一些影片存在的简单、雷同的表现手法。他在讲话中一再强调反对概念化公式化,真实地历史地反映社会现实,给人一种迎接艺术春天的振奋感觉。

　　荒煤对周扬的观点非常认同,毫无疑问,公式化概念化是繁荣创作

1959年6月,周扬(左三)与林默涵、钱俊瑞、邵荃麟、刘白羽、荒煤、何其芳、张光年等人在北戴河讨论起草文艺十条

的大敌,而造成这种倾向的原因,正是文艺为政治服务的结果。他觉着自己好像走进了一个死胡同,一方面不能不坚守文艺为政治服务的原则;另一方面为了创作繁荣又要试图突破禁忌另辟新路。荒煤曾经带着这些困惑与周扬进行探讨,发现周扬的思想很活跃。周扬认为,一定要严格区别政治和艺术的界限,为了自由竞赛可以容许资产阶级小资产阶级作品存在,放手就是加强领导。文艺为政治服务的道路要越走越宽阔不要只走独木桥,不要物质生活紧张精神生活也搞得紧张……谈到这些时,周扬变得轻松自如起来,语调也不再受"啊""嘛"的控制,眼睛里有种光,身体里好像有股活力在流动。周扬还在荒煤主持的电影剧本创作讲习会上,详细分析了老舍的《龙须沟》,认为凡是有人民性的东西,就是有党性。社会主义现实主义就是社会主义时代的现实主义。荒煤记得,当时听了他的讲话,冯雪峰、邵荃麟、林默涵都表示不同意,他们找到荒煤说讲习会不能就这样以周扬的讲话结束,希望把这个有些过头的调子扳一扳。

世界上任何事情都是有其规律的,荒煤不可能在文艺为政治服务的旗帜下找到电影的真正繁荣,他努力地想要在创作自由的道路上走得更远一些,他主持起草的有关改进电影生产提高影片质量的一系列报告,直至后来主持起草《电影三十二条》,都是沿着这样一条道路前行,而几乎所有报告都经过周扬亲自修改和审定。一次,在周扬那里谈起电影的现状,周扬拍着沙发扶手说,我们有些片子实在叫人看不下去,演员一出现,很少有几个漂亮人物,面目可憎。一开口讲话,尽是些社论式的语言,语言无味嘛!这个样子的电影没有吸引力,看不下去,也听不进去!还有一次,他们谈起电影如何表现爱情,周扬认为电影就是要有爱情,不仅青年人愿意看,年纪大的人也愿意看,一个人恋爱结婚只是一次,电影里的恋爱、爱情描写也可以引起他的回忆共鸣!那是一个视爱情为洪水猛兽的年代,周扬的话显得出格却流露着自己的真情。谈得尽兴时,周扬对一些作品的愤然也溢于言表:有些作品反映"大跃进"只是反映了"大跃进"的浪花和渣滓,枕套上都写上鼓足干劲力争上游,只能叫人失眠嘛!荒煤说,他的这些看法在公开的场合也讲过。1959年,为国庆十周年筹备献礼电影时,周扬索性提出,题材不能太狭窄,都是打仗的,死人的,哭哭啼啼唱《国际歌》的,缺少轻松愉快的东西,缺少少数民族的东西。荒煤更是借着这股势头提出要探索有民族特色的艺术风格,"出大师"、"出流派"。荒煤和周扬的主张同出一辙,就是在这种思想指导下,荒煤抓出了《五朵金花》等一批优秀影片,难忘的1959年被电影史称为"一座光辉的艺术高峰"。

  很多年后听到周扬的这些讲话,让人感到迷惑,这似乎不像是人们印象中的那个周扬所说。他的一些行为也让人感到不解。例如:明明"写真实"是周扬为现实主义确立的一条重要原则,直到1953年还在大力提倡,可到了1957年他却把这一原则作为批判对象猛烈攻击。人们记住了作为批判者的周扬,然而,到底哪个更真实呢?批判是否又是一次对组织和领袖的服从?我还是愿意相信那些拍着沙发扶手说的话发自他的内心,在那个瞬间,或许他忘记了自己组织化的身份,或许松动的气候正适合他说出内心真实的想法。总之,在那个时刻,是"自我"寻找他抓住了他,并顽固地指挥了他的行动。

在写这篇文章的时候,我曾和顾骧先生做过长谈,顾骧先生的一段话更坚定了我的想法,他说:1977年,"文革"后第一次见到周扬时,周扬当时的思想还没有那么解放,他谈到自己在"十七年"的工作,认为基本上是认真贯彻了毛主席周总理的指示,周扬一桩桩地回忆,包括五次大批判等。他说,我要有错的话就是两条,一条是我制定的文艺八条;还有一条是纪念毛泽东《在延安文艺座谈会上的讲话》发表二十周年我撰写社论提出"为最广大的人民服务"。顾骧笑道:按照毛泽东思想的标准这两条完全是修正主义的,也是"文化革命"中批得最厉害的,但应该说,周扬十七年最光彩最反"左"最有价值最独到的恰恰就是这两条!他一连用了四个"最"来形容周扬自己的这两个主张,给我留下了很深的印象。

在荒煤领导电影工作的十几年中,党如何领导文艺和电影体制改革始终是他备感困惑的问题。他几度挣扎,试图突破旧的框框,在这方面也与周扬有着密切的关联。

1956年初夏,荒煤到上海检查工作。上影这个全国电影生产中心,新中国成立前年产数十部、上百部影片都不成问题,此时却在为完成一年十几部影片的计划而苦苦挣扎。面对这种情况,荒煤心里好像堵着一块大石头。这时候,周扬也到上海来了,他对荒煤谈了关于电影体制改革的一些新想法。认为生产上不去的局面是因为管理太死、太集中造成的,没有充分发挥创作人员的积极性和创造性。应当让创作者自己结合,自己组织剧本、挑选剧目和演员,自己拍摄,自己对社会负责(后来被总结为"三自一中心"——自由组合、自选剧本、自负盈亏、以导演为中心)。文化部、电影局可以不管制片厂了,交给地方领导,甚至可以考虑废除审查制度。

荒煤赞成周扬的主张,但联系实际情况又心存疑虑。他熟悉艺术家们的情况,也了解领导着艺术家们的地方官员的情况。他们多数是一些军队出身或政治工作出身的干部,在艺术方面完全是外行,对外行领导内行荒煤始终持怀疑态度,也为此不断地和地方领导产生种种摩擦,弄出许多不愉快。他担心把制片厂交给地方领导,好不容易组织起来的队伍又给弄散了。

周扬还提出制片厂也不再审查剧本,"审查是犯罪的行为"。这下,连荒煤都觉得有些惊讶了。一向惟恐难以控制的问题怎么一下子又撒手不管了,会不会从一个极端跳到另一个极端?他很担心哪一天又会抓出个"大现行"来。

周扬态度很坚决,并一再说服荒煤,连荒煤都感到自己的思想可能有些跟不上形势了。他立即按照周扬的意思在上海召集瞿白音、张骏祥、沈浮、杨小仲、石挥、应云卫、郑君里、陈鲤庭等一批艺术家进行座谈。艺术家们的反应果然很强烈,从心里讲他们是希望"放"的,但听了这些设想却将信将疑起来,有的人说估计要"放",可没有想到会"放"得这么彻底,让导演自己挑选剧目、挑选演员,他们想都不敢想。

会后,荒煤和袁文殊试图说服周扬,制片厂不审查剧本恐怕不行。周扬不置可否。过了些天,周扬告诉荒煤已经和柯庆施谈好了,把上影交给上海市委领导。以后出了坏片子你们不用管了,柯老负责。

直到这时,荒煤的内心仍旧处于矛盾状态。1956年,通过上上下下各种渠道传递过来的信息,都是要求"放",改革大势所趋,非放不可。但他又有一种感觉,现实中矛盾重重,实现这些改革的条件根本不存在。一种隐隐的担忧困扰着他,他无法更多地向人述说,周扬这时候表现出信心十足的样子,更不是可以讨论的对象。

很快,电影界就召开了著名的"舍饭寺会议"。会议在热烈的气氛中连开二十多天,重点讨论贯彻双百方针、改革电影事业体制问题,决定对电影事业的组织形式、领导方法和经营管理等方面进行重大改革。主要有:改革程序繁多的审查制度,电影局不再审查文学剧本、分镜头剧本、样片等,只通过完成片,确定是否上映;将艺术创作的责任下放,各厂可以考虑成立以导演为主的创作组织或担负全部制片责任的独立制片单位,厂对影片只负政治责任,一切有碍艺术风格处理和表现手法的审查一律废除。会议还向中共中央提交了《关于改进电影制片工作若干问题的报告》。

从周扬1956年的这些提法可以清楚地看出他思想上的开放,他提出电影不只要向苏联学习,而且一定要和资本主义国家的进步艺术发生更密切的关系。事实上,中国文化艺术领域到八十年代才打开了这扇门,虽然身处五十年代,但周扬的一只脚好像已经迈向八十年代。

自1954年起就在积极酝酿,并多次调整的体制改革方案终于在"舍饭寺会议"上系统地推出了。周扬的思考被落到了实处。"舍饭寺会议"后,电影的各项工作呈现出热气腾腾的活跃局面。电影剧本的组织形式和审查制度,从解放初期的手续繁复层层设卡,终于变为将权限全部彻底地下放到制片厂,调动了制片厂和各地作家的积极性。大批文学剧本源源流向制片厂,为制片生产的高潮创造了条件。这一年故事片生产增至四十二部,银幕的人物形象也从单一走向丰满,达到了新的水平。

那段时间,荒煤一直处在兴奋之中,看着周围不断出现的新气象,欣慰渐渐地掩盖了他的忧虑。作为改革的积极倡导者和实施者,荒煤知道,如果这些富于创造精神的措施都能实现,新中国电影事业一定会出现更加繁荣的局面。1957年的那个冬天,他到重庆举办的电影剧本讲习会去讲课。北方的冬天已是冰天雪地,西南一带却依旧满眼葱绿,清凌的江水湿润的空气让他在人和自然的亲近中有种感动,漫步在嘉陵江边,一个疏远了许久的欲望忽地浮上心头,久久不能散去。几年前,当他从中南来到北京时怀揣着创作的梦想,现在周扬交给的任务总算有了明显的起色,他感到了些许的满足也感到了疲惫和倦意,他觉得自己应该离开领导岗位去搞创作了。他细细地盘算着回京后如何向周扬提出自己的请求,甚至悄悄地憧憬着新的生活……然而,就在他乘车离开重庆返回北京的时候,一切都发生了变化。

一年前的担心终于被验证了。反右斗争骤然兴起,周扬沉着地领导着运动,荒煤一边要拔掉银幕上的白旗,一边又极力想办法保护那些快要落水的艺术家们。电影一度出现的辉煌没有给他带来什么荣耀,相反,在接踵而来的反右倾运动中他和夏衍都成了批判的对象,只能三番五次地检查自己的"右倾机会主义"思想。改革彻底地夭折了,那些令人惊奇和兴奋的方案不仅得不到贯彻,反而使创作人员遭受了更大的压力,付出了更沉重的代价。让人尴尬的还有,制片厂下放本来是为了给电影事业的发展开拓自由的空间,但一些地方领导的武断专横反倒给发展造成更大的阻碍。有的地方甚至出现了连创作提纲都要由党委书记挂帅才能搞定的局面。之后的几年里,荒煤不断地和他们发生激烈的争执,始终无法协调,到了1962年电影制片厂终于再度交回文化部。尽管从形式上看似乎是倒退了,但权力抓到懂艺术的人手里总比让那些不懂艺术的人掌握要强——改革不成功只能靠人治了。荒煤说,最早提出制片厂下放地方的是周扬,最早提出收回的也是周扬。可见,在当时的历史条件下根本无法实现周扬预想的创作自由。

  周扬的日子也不容易,除了上面的压力,地方上对他也颇有微词。一次,荒煤出差长春,听到某位省领导讲到《安娜·卡列尼娜》(周扬翻译)时说:有什么了不起,安娜不过是个婊子。荒煤回京后把这话转告给周扬,周扬气愤极了,激动地说:"有些人什么都不懂,胡说八道,却在那里领导文艺,像这样的人,要整理出材料来通报!"听着荒煤的讲述,我不由得揣测周扬当时内心的真实感受究竟如何?此时,批胡风运动以出人意料的发展态势延续着,反右斗争更是变幻莫测一浪高于一浪。他困惑吗?他是否也想到自己这些年的真实主张?他担忧吗?形势的发展是否会让他感到恐惧,抑或是庆幸?然而,有一点是肯定的,他必须随时迅速地调整自己,跟上飞速发展的形势,并且走在所有人的前面,担负起领导运动的重大责任。

四　又是批判与被批判

那些年,电影作为意识形态中最被重视的领域,随着政治形势的起伏而剧烈动荡着。

1961年,新侨会议的召开把纠"左"实现艺术繁荣推向了高潮。1963年,柯庆施提出"大写十三年",周扬、夏衍、荒煤等人与之进行了激烈的博弈后,接踵而来的文艺整风,把改革的浪潮打入谷底。有趣的是,这一次,和延安整风一样,周扬和荒煤又一次扮演了批判与被批判的角色。

1963年11月,时任中宣部副部长的周扬在文化部党组会上传达了毛泽东对文化部的批评:文化部应改为帝王将相才子佳人部。12月,毛泽东又在柯庆施主持整理的一个关于上海故事会的材料上作出批示:"各种文艺形式——戏剧、曲艺、音乐、美术、舞蹈、电影、诗和文学等,问题不少,人数很多,社会主义改造在许多部门中,至今收效甚微。许多部门至今还是'死人'统治着。"并且严厉批评,"许多共产党人热心提倡封建主义和资本主义的艺术,却不热心提倡社会主义的艺术,岂非咄咄怪事。"批示下达后,文化部立即开始了整风。

直到这时候,中央许多高层人物都没有意识到文艺问题背后隐藏着的严重政治危机。毛泽东的批示下达后,刘少奇在怀仁堂主持召开文艺工作座谈会,传达毛泽东的批示。会议听取了周扬关于文艺情况的汇报,刘少奇、邓小平、彭真等领导人在讲话中肯定了新中国成立以来文艺工作的优点是第一位的,缺点错误是第二位的。荒煤参加了这次会议,他依然错误地理解形势,会议一结束就在影协详细地传达了刘少奇等人的讲话。为了宣传多年来电影取得的成绩,他还和夏衍商量举办各类影片的新片观摩、召开报刊记者招待会,大张旗鼓地在新影举办优秀影片、摄影师评奖,并请陆定一亲自到厂祝贺讲话,鼓舞创作人员的士气。不仅如此,荒煤还在南京提前召开故事片厂长会议,在讲话中强调新中国成立以来电影工作基本上贯彻了工农兵方向,"优点是第一位的,缺点错误是第二位的"。发言前,他特意和夏衍通了电话,得到了夏衍的支持。所有这些行动都为后来更猛烈的批判埋下了伏笔,成为夏陈反党阴谋的证据。八十年代,荒煤在回忆中说:"文化部整风,周扬是组长,去汇报,说文化部有改进,大家认识有提高。主席讲:那就不要叫才子佳人部了,改了就好。不知为什么这个讲话就没有往下传。以后'文化大革命'时,印成黑体字,'文化部出才子佳人'就这么定死在那儿了。"(陈荒煤讲话记录,1986年10月9日)

那一年,发生了很多事情,最令荒煤难忘的还是《早春二月》、《北国江南》等影片的遭遇。

1963年10月,当拍摄完成的《早春二月》出现在夏衍、荒煤面前时,他们的心情都十分激动。江南小镇,灰色的天空,小镇上长长的石阶,细雨中孤单落寞的背影……一个个镜头把他们带回到遥远的二三十年代。

这是一部倾注着他们心血寄托着他们希望的影片。两年前,三十六岁的谢铁骊受到新侨会议的鼓舞,想把柔石的小说《二月》改编成电影。他征求荒煤的意见,荒煤在仔细阅读了小说后同意他的改编设想。翌年,改编完成,夏衍、荒煤和摄制组创作人员进行了多次认真的讨论,提出了修改意见。分镜头剧本完成后,夏衍看得非常仔细,他用红笔密密麻麻地修改了一百多处,并建议影片的名字最好加上"早春"二字。"早春",乍暖还寒,新的生命已然破土而出,夏衍说:"这么写很好,说明我们这个国家,一个青年要找到革命道路不容易。"

《早春二月》是电影在艺术上努力实现突破的一次尝试。谢铁骊独具一格的美学追求,加上孙道临、谢芳、上官云珠的精湛表演,以及和导演风格一致的摄影、美工,使影片的水平达到"十七年"电影艺术创作的高峰。影片所采用的严谨的现实主义创作手法,真实地再现了二十年代的社会情景和一代知识分子所走过的道路。影片中蕴含着的人道主义光辉更是激起了艺术家们内心深处的向往和追求。然而，就像夏衍断言肖涧秋寻找革命道路不容易一样，《早春二月》也开始了它在中国政治舞台上"不容易"的经历。

11月1日，夏衍和荒煤陪同周扬、茅盾、张光年等人审查样片。影片放映完毕，张光年第一个发言表示赞许，接着茅盾讲话很有些兴奋，并提到那一时期他也曾有过类似的苦闷和彷徨。在场的谢铁骊听了这番肯定和赞扬心中暗自高兴，以为片子可以顺利通过了，但是，接下来的情况却急转直下，很多年后他都清楚地记得当时的情景：

> 最后周扬发言，他的脸拉得很长，一开口就表示"不喜欢这部影片"，但语气很缓和。他说：改编一点"五四"以来的作品，他也不反对，"但是要挑选得适当，而且应有所批判"。柔石"那时是受了托尔斯泰的影响"，现在有些情节原样出现，"看了就很不舒服"。他还说：肖涧秋要和文嫂结婚，这"是一种武训精神"，这种精神不值得表扬。"这是一种妥斯托也夫斯基的小资产阶级自我牺牲，自我摧残的悲剧，今天的青年人不能理解，完全是一种人道主义精神。"并指出柔石的"这个作品是十九世纪俄国文学的再版，而十九世纪的俄国文学是应该批判的"。周扬的一番话使当时气氛十分紧张，在场的人谁也不能再说什么。那个时候"人道主义"是很大的一个帽子，跟"阶级斗争"顶着干了。这个意见当然是根据阶级斗争的观点来看的，这个看得高啊！后来，茅盾打破了沉默，他说是否可以改一改？把后面结尾改一改。周扬听了说，沈部长说改嘛，就改吧。这个会就不欢而散了。
>
> （谢铁骊《"早春二月"知识分子为主角电影的突破》，
> 《大众电影》2006年第1期）

茅盾依然被自己的思路所牵引，第二天，他给夏衍写了一封信：

夏衍同志：
　　昨看《早春二月》后，曾述鄙见，归途在车中又反复思之，兹走笔再渎，供诸同志参考。
　　一、如何看待肖涧秋、陶岚两个人物？我以为肖与陶有同又有不同。两人都有反抗旧社会的气骨，是其相同处；但肖则湖海飘零多年，有徘徊莫知所从之概，陶则与世隔绝、骤接新思潮，故多勇往直前之气。肖之追求真理，已有年所，故托尔斯泰主义已先入为主，当其与陶岚相遇时（亦即与文嫂相遇时），表面上或主观上虽似一徘徊歧途者，然而潜意识中托尔斯泰主义实占上风。陶则猛一觉醒，正值大革命前夜，风云澎湃，陶只有被卷入之可能，而无彷徨徘徊之余地。然而，陶的思想水平，认识水平，还不到能侃侃而谈，折服肖之地步。现在我没时间取柔石原作分析此两个人物之精神状态，或许原作对肖、陶之性格描写，未必如此明朗，然我们不妨在影片如此发展他们。何则？因为如此发展了他们，虽与原作有出入，但对当时现实，故无抵牾也。
　　……

（沈雁冰致夏衍信，1963年11月2日）

茅盾的分析显然是就周扬的意见而发的，在"肯定了上面的论点"之后，他又从 A 强调肖以个人力量挽救人间苦难又自我怀疑；B 如何处理文嫂的命运；C 文嫂的命运并未使肖正视现实；D 文嫂自杀和结尾等几个方面层层深入剖析，并提出了具体的补救方法。

这是一封四页纸的长信，文字凝练，笔体舒展而雅致。很多年后，有幸读此长信，我先是被信中时而宏阔时而委婉细腻的剖析所吸引，接下来，却仿佛透过字里行间看到茅盾夜不能寐清晨走笔疾书的瘦弱身影，他独到又充满智慧的梳理背后，隐藏着对影片无法摆脱的钟爱和忧

虑。长信结束在对影片结尾的设想中,那一刻,他沉浸到创作的激情之中,历史的艺术的种种情结缠绕于心,碰撞出一个个镜头:

……肖正在写信,未完,而陶至,陶夺书读之,冷冷地问肖欲往何处去,肖不答,表示绝望的困惑。陶以坚决声调说:我也要走。肖惊问:何处?陶答:革命风暴的中心。肖睁大了眼睛,陶厉声说:你现在还是徘徊么?还是幻想个人力量可以使不幸者幸福么?陶说完,奋然即走。肖似大梦初醒,大呼追之。全剧结束。
……

(沈雁冰致夏衍信,1963年11月2日)

当茅盾放下笔时,一定深深地出了一口长气,仿佛搬掉了压在心上的一块石头。他并不希望大改,那样离原作太远,也会使"剧情缺少回荡曲折之势",但听周扬的口气不改是通不过的。这位新中国的文化部长显得那样无奈无力而又不甘。

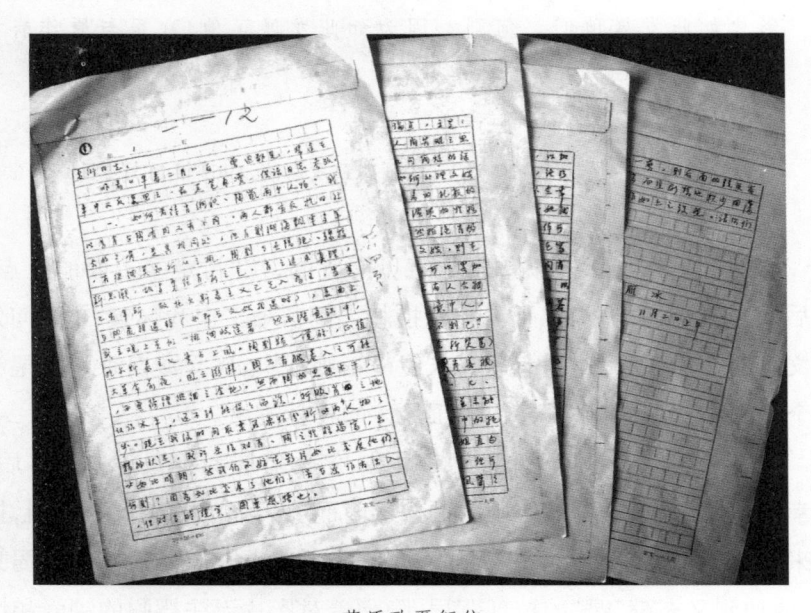

茅盾致夏衍信

1964年，文化部关于继续放映和批判《北国江南》、《早春二月》的通知

1963年的那个秋风萧瑟的日子里，茅盾的这封长信显然让荒煤十分感动，他和摄制组的成员们于无望中看到了光明。遗憾的是，他们（包括茅盾），都忽略了或者是不愿意接受最重要的一点，那就是：周扬提出的是根本性的问题，那是无法修改的。

事后看，此时的周扬显然已经明显地感觉到"山雨欲来风满楼"。就在同月，他传达了毛泽东的第一个批示，文化部整风开始。《北国江南》、《早春二月》、《舞台姐妹》、《逆风千里》等影片很快就遭到了康生等人的强烈指责。荒煤开始领受四面围攻、难以招架的滋味，不过他还是舍不得放弃。在羊市大街影协所在地，他紧急召集多次会议讨论《早春二月》的修改，希望"小修改"能解决问题。并要求摄制组"积极主动地去改"，在"精神、情绪上不要消极应付"。经过夜思日想，

他们终于拿出修改方案。设计"肖涧秋在上海,暗示他参加了革命,好多场合他出现了。女主角在大街上走找肖,暗示这两人后来都参加了革命"。他们给中央打了报告。接着,谢铁骊赶着补拍了一些镜头。正当一切都在紧锣密鼓地进行时,荒煤突然接到周扬的电话,告之:不用改了,一个镜头都不要改,就用原来的拷贝上映。荒煤回忆说,当时他也觉得蹊跷,但周扬一向说话都留有余地,不该露的不露,自己也就没有多追问。直到看见中宣部的通知,才知道周扬"不用改"的含义。

1964年9月《早春二月》等影片同时在五十七个城市上映,接踵而来的是疾风暴雨式的批判。一个月的时间内全国各报刊登载的批判文章达二百多篇,批判的语气不容许有任何商榷的余地。罪名集中起来主要有两条:一是继承了二三十年代资产阶级的文艺思想和传统;二是宣扬资产阶级修正主义的个人主义、人道主义、人情、人性论和阶级调和论。

到这时,荒煤和夏衍总算明白了来龙去脉。1964年6月,毛泽东在中宣部《关于全国文联和各协会整风情况的报告》草稿上又作出了第二个批示——"这些协会和他们所掌握的刊物的大多数(据说有少数几个好的),十五年来,基本上(不是一切人)不执行党的政策,做官当老爷,不去接近工农兵,不去反映社会主义的革命和建设。最近几年,竟然跌到了修正主义的边缘,如不认真改造,势必在将来的某一天,要变成匈牙利裴多菲那样的团体。"批示下达不久,中宣部就向中央报送《关于公开放映和批判影片〈北国江南〉、〈早春二月〉的请示报告》,提出在北京、上海等八个城市上映和批判这两部影片。仅隔两日,毛泽东就作出批示:"不但在几个大城市放映,而且应在几十个到一百多个中等城市放映,使这些修正主义材料公之于众。可能不只这两部影片,还有些别的,都需要批判。"

打击似乎有所准备——荒煤说,新中国成立以来历次运动夏衍和他都是帮助和批判的对象,电影又都是突破口;但打击又是突如其来的,因为在中宣部向中央打着报告的时候,荒煤和夏衍一直被蒙在鼓里,他们还在那里绞尽脑汁地设计修改方案!从中宣部打报告到主席批示到中宣部下达通知,整整半个多月的时间周扬滴水不漏。那一刻,荒煤觉得自己简直像个傻子!半个月的时间说长不长,说短不短,一个电话、哪怕是一个小小的暗示……然而,周扬什么也没有做。那天,荒煤在夏衍家里郁闷地谈起这种种情况,夏衍气得破口大骂:我真恨周扬这个王八蛋!他肯定早就看到批示了,打了报告却不和我们打招呼!荒煤愣了,望着激动不已的夏衍,和老头子相处多年,这还是第一次听到他骂人。荒煤也想骂人,可那不是他的风格,他只是从心里感到了一种透彻的寒意。他无法跟上这变化莫测的政治形势,从新侨会议大谈艺术民主到眼前的无情批判,只有短短两年时间!他更无法理解周扬不打招呼的做法,有种感觉——自己又被抛弃了。这一次的抛弃或许比延安那次更加彻底!他记起许多年前,自己在写陈赓的报告文学时,形容陈赓在上海做地下工作"像一个在暖春的冰面上滑跑的人——那下面的陷阱时时等待着破裂而吞没下他", 而现在,一切都好像是个陷阱,掉进去就被困得死死的,无法挣脱。

1964年,全国报刊批判《北国江南》、《早春二月》

毛泽东的第二个批示传达后,整风再次掀起高潮,在短短的两个月时间里,文化部召开了三十八次党组会和扩大会进行检查,并在接中宣部通知后,接连向各地下达批判《北国江南》、《早春二月》等影片的通知。10月20日,以周扬为首的工作组进入文化部,发动群众进一步揭发批判。周扬"对文化部党组成员说,形势变了,过不去了。政治上搞修正主义的,至少领导集团还没有发现。文化部的问题是方向不明,工作落后。你们只要搞出自我检查,就可争得主动。我是要扶你们的,你们不主动,中宣部做靠山也靠不住……"(郝怀明《如烟如火话周扬》,中国文联出版社,2008年10月)整风初起时,荒煤还被周扬指定为文化部领导整风的负责人之一,随着运动一步步地向纵深发展,在经过了近一年轰轰烈烈的批判斗争后,荒煤却终于不得不承认自己的罪行:"电影已经形成了一条完整地、系统地反党、反社会主义的修正主义的路线,顽强地对抗党的文艺方针,反对毛主席的文艺方向。"(《陈荒煤在文化部整风中的检查》,1965年1月)文化部的整风以夏衍、齐燕铭、荒煤的被免职告结束。在"夏陈路线"的罪名下,电影局、各制片厂的许多负责人和一大批创作骨干受到批判。"文化大革命"还没有开始,他们就被戴上了"反动权威"、"反革命分子"、"资产阶级反动路线的执行者"之类的帽子打入另册。整风,正是那场史无前例的"文化大革命"的前奏。

这次,和荒煤谈话的还是周扬。他通知荒煤被免去文化部副部长职务,调往重庆做副市长。谈话没有什么更多的内容。周扬说了些要接受党的考验之类的话,荒煤惟有点头称是。周扬又叮嘱:"你工作一贯积极,就好好工作吧!" 荒煤没有回答,他被狠狠地刺痛了。想起延安抢救运动后周扬也对自己说过这话,那时他就觉得很不舒服。命运真是捉弄人,事隔多年后他再次听到这句话,只能感到深深的悲哀。从参加革命之日起,他什么时候没有积极工作过?积极的结果,却是推行了一条"修正主义路线"。

事后看,那天,在周扬家里,当他们面对面地坐在一起的时候,或许周扬的心情更加纠结复杂。荒煤的心已经冷了,被批了一年,检查了一年,已经到了无话可说的地步,他只想尽快离开北京!而周扬呢,当他真的看到夏衍、荒煤在批判的巨浪中颓然倒下的时候,他的内心究竟有何种感受?他不可能不明白在很多问题上他们的主张是一致的,甚至在许多方面别人还是执行他的指示,但他只能保持沉默。一年前,毛主席就对他说过:恐怕你下不了手吧?他必须选择:是牺牲别人保住自己还是牺牲自己保住别人。这对于他来说无疑是非常痛苦的,但别无他路。他知道自己已经站在悬崖边上,浪涛卷走了前面的人也就该轮到自己了。尽管处境岌岌可危,但他还存着希望。他必须极力紧跟毛泽东的思路,积极领导文艺界的整风运动。他的一些做法,如努力把握批判方向,尽可能控制批判范围等,最终却只能一再地印证了毛泽东对他的评价"政治上不开展"。对荒煤,他也想到做些保护,如让刘白羽动员荒煤揭发批判夏衍,以示"党组不是铁板一块",试图舍夏保陈。但荒煤没有同意,他说自己的错误也很多,没有检查前,不能揭发别人,拒绝了合作。在处理荒煤的问题上,周扬也想了些办法,劝荒煤到北京郊区去,这样或许以后还能回到文艺界。荒煤又拒绝了。他已心灰意冷,想起自己曾多次要求离开电影领导岗位,周扬都没有同意,结果竟以这样的形式离开——可以说是被逐出电影界!荒煤再也不想"触电"了,他一再坚决地向周扬表示,不要再让他担任领导职务,更不宜参加任何文化工作。最终,周扬只好答应荒煤的请求,和任白戈联系,把他调到四川去。

那天,看着荒煤情绪低落的样子,周扬欲说又止。就在谈话结束荒煤起身离去的时候,周扬突然有点冲动,上前握着荒煤的手说:"你这一去,塞翁失马焉知非福啊!"很多年后,荒煤回忆说,当时,这句话给他的印象实在太深了!他知道自己已是死老虎,逃离未必是祸,但这句话却让他听出了另外一种声音。是什么呢?周扬不会说出来,荒煤看到的只是他脸上似笑非笑极其复杂的表情。说来好笑,尽管在工作中有着多年密切的接触,他们却较少交心,这句话算不算是一种交心呢,荒煤自己也弄不清楚。

那期间,为了催调工作荒煤又找过一次周扬。周扬正在准备做整风工作总结。荒煤终于忍不住给他提了一条意见:希望以后下面文艺单位有问题时,领导要多承担责任。这话是语重心长的,周扬没有表示什么。但他应该明白荒煤指的是什么,在整个批判斗争中,荒煤不仅拒绝揭发夏衍,对周扬的许多问题也只字未提,只检查自己,但他的心中难道就真的没有委屈和不满吗?!

周扬必须若无其事,还要谈笑风生。他做到了。此时正是1965年元旦,在新年欢乐的钟声里,刘白羽代表中国作协在四川饭店宴请出席全国人大三届一次会议的部分文艺界代表,出席宴会的有巴金、沙汀、严文井、柳青、李季、田间、欧阳山等。酒席上,人们的心情似乎并不轻松。巴金记述说:"周扬和林默涵后到","周扬谈了好一阵"。(《巴金全集》二十五卷,人民文学出版社1994年1月)看到周扬侃侃而谈的样子,想到周扬领导的整风,批判的是他的亲密战友以及他所领导下的艺术家们,他却依然处在领导者和批判者的位置上,在座的一些人心中不禁有些发冷。

事情就这样过去了,九十年代中期,林默涵在接受李辉采访时,曾经生动地讲述了自己对周扬和那场整风的看法:

> 我觉得周扬只用人不关心人,运动一来,就把所有的人都推出来。他总是保护自己,我有这个印象。1964年文化部整风,周扬把责任全推到文化部,顶不住就把别人揪出来。最后江青还是说是假整风。那次周扬在文化部礼堂做报告,点了许多人的名。我心里不舒服,很不以为然,心里想:实际上文化部还不是听中宣部的,怎么是他们的责任呢?不能把自己摆开,主要责任应该中宣部负责。
>
> (李辉《与林默涵谈周扬》,《摇荡的秋千——是是非非说周扬》,海天出版社1998年7月)

另一位作家江晓天也在接受采访时谈到这个令人感兴趣的问题,他说:

> 大约在1984年,有一次我和他(周)闲谈,说到夏公和荒煤时,我突然问他,你和他们都是多年的老战友,了解很深,六四年文化部整风时……我的意思是为什么不给予保护?他苦笑着说:"一次会后毛主席把我留下说,周扬呵,你和资产阶级知识分子有千丝万缕的联系。这句话的分量很重。"显然,当时他不是为了保自己,而出于身不由己。后来,我对夏公、荒煤说过,他们也都是这样认为的,当时文化部整风开始进展缓慢,毛主席不满意,他老人家的话谁敢不听,何况对主席那么敬重、忠诚的周扬呢。
>
> (徐庆全《与江晓天谈周扬》,《知情者眼中的周扬》,经济日报出版社,2003年3月)

荒煤的确是这样认为的。尽管岁月的消磨始终无法让他忘记那场整风;尽管每每忆起那场整风,他都忘不了那些饱受摧残的影片和那些历经苦难的艺术家们;尽管他时常想起茅公的那封长信——"文革"结束,一回到文化部他就想方设法查档案把那封信复制保存下来,他说自己如果写整风就从茅公的这封信写起;尽管他还有许多没有弄清楚的问题,如摄制组的人告诉他查遍档案都找不到毛主席看过《早春二月》的记录……但荒煤从未就那场整风和周扬认真交谈过,似乎接踵而来的那场更大的灾难解释了所有的问题。再聚首时,倒是苏灵扬告诉荒煤:

> 从五十年代起,毛泽东就开始批评周扬右了。四清中,毛泽东谈到要把城里的文艺家分期分批地"赶下去"时,还以玩笑的口吻说要调一个团的解放军把周扬押下去,又说周扬是地主家庭出身,

但人是好人,就是不了解阶级斗争,不了解工人,不了解农民。

(陈荒煤谈话记录,1992年3月)

周扬除了遵命,还能怎样呢!荒煤在回忆那段刻骨铭心的整风运动,回忆周扬的所作所为时,这样回应一些人的看法:"简单地说周扬是个官迷不解决问题。他不是为了保官,要紧跟啊!要跟上,跟不上嘛!""给他那么大任务,一条战线交给他,他能够不老老实实干吗?但是老跟不上嘛,那有什么办法!"(陈荒煤谈话记录,1992年3月)

荒煤就这样原谅了周扬。站在自己的立场他对周扬仍然怀有一种理解和同情。他的谅解是有理由的。从延安时代起,他们就在领袖的号召下努力改造自己,力求彻底地适合革命的需要,那种改造就像望云跑马,总也达不到目的,也就总怀着一种会被抛弃的不安全感。荒煤说过,如果真的被抛弃还能干什么呢?!对他们这些以革命为理想的人来说,那将意味着真正的毁灭。

周扬,或许代表了一代革命知识分子的命运。他们满怀忠诚和热情,不怕牺牲、舍去一切地跟着领袖奔向理想的彼岸,但是彼岸究竟在哪里,恐怕连他们自己也未必十分清楚。

最后的启航

一 再聚首

周扬和他的战友们再度聚首是七十年代末的事情了。

1977年10月,头上还戴着三顶反动帽子在重庆图书馆抄写卡片的荒煤,明显地感觉到时代变革的来临,他辗转给周扬写了一封信,表示希望文艺界组织起来:

> 尽管在"四人帮"倒台后,才有少数同志和我通讯,过渝时看看我,但都对文艺界现状表示忧虑。领导没有个核心,没有组织,真叫人着急。
> 我真心盼望你和夏衍同志出来工作才好。
> (徐庆全《文坛拨乱反正实录》,浙江人民出版社2004年4月)

虽然历史上两次被周扬批判,"文革"入狱更与周扬分不开,在狱中,荒煤也从未想到有生之年还要和周扬并肩战斗。但当解冻的春风吹来时,他还是立刻就意识到文艺界需要一个核心,而这个核心仍非周扬莫属。

写这封信的时候,周扬从监狱出来赋闲在家已有两年。从四川到京看病的沙汀,怀着关切和期待的心情屡次前往周扬住处看望;张光年则利用自己复出的地位为周扬早日在文艺界露面创造条件;而文艺界更多的人士纷纷以写信、探望的形式表达自己对周扬的关注和期望。尽管有"两个凡是"的影响和"文艺黑线专政"论的阴影,但周扬在文艺界的地位似乎仍然故我。

1977年12月30日,《人民文学》编辑部召开以批判"文艺黑线专政"论为主题的"在京文学工作者座谈会",夏衍、冯乃超、曹靖华等一百多位老文艺工作者应邀出席。周扬首次露面,时任《人民文学》评论组组长的刘锡诚称,这是此次会议中最令人瞩目的事情。他清楚地记得,周扬到达会场时,已经过了预定的时间,大家都静静地坐在那里,等待这位已经有十一个年头未曾露面的老领导的出现,当面容苍老了许多的周扬步入会场时,场上响起了热烈的掌声,周扬的心情显得异常激动,眼睛里闪着兴奋的光芒,刘锡诚说:

> 大概因为这是周扬在多年失去自由后第一次在作家朋友们面前讲话的关系,显得很拘谨,用词很谨慎。他在讲话开始说,他被邀请参加《人民文学》召开的这个座谈会,觉得很幸福,感慨万端,他很虔诚地检讨了自己所犯的错误。当他说这些话的时候,眼泪从他的脸上汹涌地流下来,他无法控制他自己的感情。他这次会上所做的检讨和自责,以及他的讲话的全部内容,得到了到会的许多文艺界人士的赞赏和谅解。
>
> (刘锡诚《在文坛边缘上——编辑手记》,
> 河南大学出版社2004年9月)

事后看,周扬当时的讲话虽然开放幅度并不很大,但他的出现不仅让在场的人感到了久别重逢的激动和喜悦,也给各地文艺界的人士发出了一个强烈的信号——那只停泊了十几年的大船虽然百孔千疮却没有被彻底摧毁,它将缓缓地收拾起碎片,调整好风帆,在大风来临的时候启航。

　　远在重庆的荒煤立刻就注意到了这个新的动向。在夏衍的鼎力相助下,他开始向中央申诉。很快,由邓小平批转中组部。1978年2月25日,平反结论终于下达。一个月后,荒煤在女儿的陪同下踏上了回京的列车。

　　那是一个早春的时节,在轰隆隆驶向北方的车厢里他怎么都无法入睡。1975年,作为周扬一案的重要成员,他被宣布敌我矛盾按人民内部矛盾处理。罪状仍有三条:一是叛徒;二是写过鼓吹国防文学的文章,对抗鲁迅;三是从三十年代到六十年代一贯推行修正主义文艺路线。定叛徒纯属捏造。后来他才知道,专案组一直为他的叛徒问题大伤脑筋,但江青一口咬定他是叛徒。她在接见专案组人员时说:"陈荒煤不能够没有任何材料,没有证据!"专案组工作人员插话说:"没有。"她仍然坚持道:"怎么没有呢?他叛变了!"　三年前,他就是戴着这三顶帽子,被两个从重庆来的人押着上了火车。临上车前专案组交给他一只箱子,那正是1966年夏天他接到通知匆忙赴京时拎着的一只小箱子。在列车洗漱间的镜子里他看见了自己,这是入狱七年来他第一次看到自己的模样,镜子里的人脸色浮肿而灰暗,目光呆痴,头发几乎全都掉光了,隆起的肚子却像是得了血吸虫病……他几乎不能相信自己变成了这个样子——那一年他六十二岁。

　　现在他回来了,三顶帽子虽然甩掉了"叛徒"一顶,还有两顶却仍旧戴在头上,这使他在激动不已的同时也感到了很深的压抑。不过他牢记夏衍的嘱咐,只要不是叛徒其他一切回京再说。重要的是速速回京!从报纸上发表的消息看,文艺界的一些老朋友已经纷纷露面,他是归来较晚的人。想到还有许多老友再也无法回来了,他们永远地消失在漫漫的黑夜中,眼泪就禁不住悄然涌上他的眼眶。

　　火车在七点多钟停靠站台。走出站口,灯光并不明亮的广场上,张光年、冯牧、李季、刘剑青等人急急地迎上前来,几双手紧紧地握在一起,问候声、笑声响成一团,让荒煤在春寒料峭的夜晚感觉到一阵阵扑面而来的暖意。

　　从张光年的日记看，那天，这已是他们第二次前往车站迎候了。按照列车抵达的时间，一行人六点二十曾准时赶到车站，火车晚点一小时，于是他们回到离车站较近的光年家匆匆用过晚饭再次前往，终于接到了荒煤。很多年后，荒煤都能清楚地想起那个清冷的夜晚，人群熙攘的北京站广场上，那几张久违了的面孔。多年不见，他们虽然都已明显见老，但久经风霜的脸上，却充满着惊喜和掩饰不住的热情。

　　面容清癯精神矍铄的张光年先于他人而复出，此时已是《人民文学》主编，并担负着筹备恢复作协、《文艺报》的工作。这位诗人对自己在"文革"中的悲惨经历较少提及："'文革'初期那几年，我们这些由老干部、老教师、老文化人（科学家、文学家、文艺家等等），组成的'黑帮'们，日日夜夜过的是什么日子？身受者不堪回忆。年轻人略有所闻。我此刻不愿提起。但愿给少不更事的'红卫兵'留点脸面，给'革命群众'留点脸面，也给我们自己留点脸面吧。"（张光年《向阳日记》引言，上海远东出版社2004年5月）他最不能忍受的是，那个被江青操纵的中央专案组，年复一年日复一日地对他在十五岁时由地下共青团员转为中共正式党员这段"历史问题"的长期纠缠。他最痛心的是，他的妹妹——一个与周扬从未见过面远在乌鲁木齐的中学教师，却因周扬"黑线"牵连而不堪凌辱自杀身亡；他的衰老怕事的老父亲因两次抄家受惊，脑血栓发作而去世……他自己在经历了残酷的斗争后又经历了七年干校时光，风餐露宿、面朝黄土背朝天，学会了在黑夜里喘息，也在黑夜里思考……

　　1978年那晚的北京站广场，出现在荒煤面前的冯牧面容消瘦，声音却一如既往的干脆洪亮。青年时代起冯牧就饱受肺病折磨，父亲曾担心他活不到三十岁，他却带病逃离沦陷的北平，不仅经受了枪林弹雨的战争考验，还闯过了病魔把守的一道道险关。"文革"时，他和侯金镜等人因暗地诅咒林彪江青被关押，凶狠的造反派竟挥拳专门击打他失去了功能的左肺……他挺过来了。从干校回城看病的日子里,他曾经用篆刻排遣漫长的时光,倾心之作便是一方寄托了许多寓意的"久病延年","病"字既代表肉体上的创痛,也暗指那场席卷祖国大地的政治风暴带给人们心灵上无以复加的深切痛苦。当得知周扬从监狱中放出来的消息时,他和郭小川等人立刻赶去看望。为了不被人发现,用的是假名。那天,周扬看见他们激动的心情难以平复,说起在狱中,为了使鲁艺的同志不受牵连,为了防止络绎不绝的"外调者"发起突然袭击,他曾经一个个地努力回忆鲁艺的每一个人,竟然想起了二百多个人的名字……听到这里,冯牧和同去的人都禁不住流下了眼泪。

在迎接荒煤的人中,李季的笑脸在灯光下显得格外灿烂。几个人中他是最年轻的,也是最易激动、性情最豪爽的一个,"文革"的苦难,干校的磨砺,失去最亲密战友的痛苦,并没有让他消沉,他很快就把自己投入到新的工作中去,他的兴致勃勃和精力充沛让刚刚从重庆回到北京的荒煤一下火车就感受到了。

当年站前广场的一幕在张光年的日记中同样描述得十分清晰。尽管此前他已和荒煤通信多次,对荒煤的近况较为了解,连荒煤此次进京的理由——"给《人民文学》修改文章"也是在他的策划下实行的,他还是在日记中写出了自己的印象:看上去荒煤身体很好,或许是因为兴奋,他觉得荒煤好像还显得年轻了。其实,真正使他高兴的是,他知道自己迎来了一个能够并肩战斗的老战友;北京需要荒煤,他希望既是文化人又有行政能力的荒煤到作协去。事后看,实际上,此时还有一个人比张光年更加急切地等待着荒煤的到达,那就是沙汀。这位三十年代上海左翼时期就和荒煤同甘共苦、并担任了荒煤的党小组长的老哥,正打定了主意要把他弄到文学研究所去,而荒煤还全然不知。

荒煤到京后的第二天一早,就去看望夏衍。次日,去看周扬。他在日记中记下了十几年后与周扬的第一次见面:

> 上午与文殊去周扬同志家,会见全家。灵扬首先建议先调来文研所,周扬则主张兼作协工作。
>
> (荒煤日记,1978年3月12日)

有些让人惊奇的是那天的日记简单平淡,没有劫后重聚的细节描述,更没有荡涤于心的情感流露,那口气倒有点像间隔数日后的一次工作碰头。相比之下,荒煤与夏衍见面的日记虽然同样简洁,但一句"长谈一上午"的背后却似乎蕴含着许许多多说不完的内容——那天,他是提着两瓶酒去的,尽管他明明知道自己和夏衍都不喝酒,但历尽生死后的相见却有种酒不醉人人自醉的感觉。

我曾经问过荒煤,间隔十几年后的第一次见面,周扬是否谈到他在"文革"中的遭遇?荒煤说只是一带而过。和周扬一见面就是谈工作,这是周扬这个人的特点,无论什么时候见面就是这样,似乎没有什么别的说的,他心里装满的都是工作……在这里,周扬"只谈工作,从不谈心"的特点又一次得到验证,不过对"文革"后第一次见面即大谈工作,荒煤到底是赞许还是遗憾却真有些说不清了。

荒煤的话让我再一次注意到周扬对"文革"个人经历的有意忽略。在这一点上他和夏衍是完全一致的。每当有人问起,他们总是有意无意地把话岔开。很显然,那是一段长达十年的黑暗和空白,无论是周扬还是夏衍都不愿更多地提及——那是他们心中的痛,也是他们所忠诚、深爱的党和领袖的疮疤。我们看到的只是,在渡过了那些黑暗之后,周扬的一只耳朵聋了,夏衍的腿瘸了……但是,即便如此,他们对党的忠诚依旧没有丝毫改变。周扬在这方面表现得尤为突出,他刚出狱时曾经对儿子周艾若说,感谢毛主席,不然出不来。当儿子反问,是谁把你关起来的?他沉默不语。

周扬似乎不喜欢回忆过去,而更渴望面对未来。就在与荒煤见面后不久,美籍华人赵浩生来访,当问及"文革"受迫害的心情时,他说:

1978年9月，周扬等人在华北油田

"一个人不管有怎样的贡献，只要他参加革命，他就预料到在革命进程中会遭受挫折，他要是没有这种精神准备，他就不配谈革命。我在'文化革命'中所受的种种迫害，我经常这样想，比起一些对革命的贡献更大的同志来，我所受的迫害并不是怎么了不得的。这是真话。有些同志对革命贡献很大，他也受了迫害。这样一想，我就很平静。"昨天再沉重也已经走过来了，重要的是如何迎接明天，如何使文艺界这支伤痕累累的队伍重新集结出发，周扬习惯地把这个重担放到了自己的肩上。

这是一幅具有历史意味的照片。初秋的华北油田，阳光明媚凉风送爽，一行人从钻井台上走下来，走在最前面的周扬，目光前视，脚步坚定，整个神态显出一种从容大气和自信，跟在后面的是孔罗荪等人。

1978年9月，以周扬为首，苏灵扬、露菲、张光年、李季、荒煤、冯牧、孔罗荪等"八人三辆小车，9时出发，12时抵任邱（华北油田）总部"，开始了为期四天的考察。张光年是不顾夫人的反对带病而来的;荒煤从繁琐的事务中抽身,带了不少问题来;身着一身工作服的李季好像是回到了当年在玉门油矿深入生活的年代,他忙前忙后马不停蹄,还自称是他们中间身体最好的一个——这种"自夸"在一年之后被打得粉碎。这是一次少有的人员齐备的集体出行,四天的时间给了他们交流、沟通和养息的机会。后来这次出行,被有的研究者称为文艺界重组的酝酿过程之一。那时候,队伍正在起步,经历了大劫难后的他们,在周扬周围迅速汇拢,既为周扬的复出创造了条件,也成为他复出后拨乱反正的核心力量。

二 不能不说的事情

周扬复出后的第一个职位是中国社会科学院顾问。荒煤后来回忆说:我也不晓得他在社科院具体管什么,搞不清。这话听起来有些奇怪,却没有错。于光远在这个问题上的表述更为清晰:周扬在社科院"先是顾问后改副院长,由于这个职务是虚的,似乎就没有让他参加党组。那时他常来院部开会,但我也不记得会上他发过什么言。他是个爱动脑筋、了解到情况就会产生想法而且喜欢说话的人。而这期间他几乎不发一言。"(于光远《周扬和我》,《忆周扬》,内蒙古人民出版社1998年4月)。1978年初,沙汀和荒煤调文学研究所任正副所长。他们两人的调任其实并非周扬所为。周扬告诉荒煤,调沙汀最初是胡乔木的意见。荒煤是沙汀硬"拉壮丁"拉来的。荒煤不想来,周扬从中起了劝说作用,但他们一到社科院立刻就把目光转向了周扬。

那是一个百废待兴的春天。3月,北京高等院校一些年轻有胆识的学者,缘于教材的使用问题展开了对三十年代问题的讨论,对左翼文艺运动和"两个口号"论争提出了自己的看法。这一情况让刚到北京的沙汀和荒煤感到振奋。

要拨乱反正就必须批判"文艺黑线专政"论,要批判"文艺黑线专政"论又不可能不触及三十年代问题。虽然早有材料披露,在"文艺黑线专政"论的炮制中,正是"四人帮"提出十七年文艺黑线问题的根子是三十年代。然而,在1977年底《人民文学》召开的座谈会上,当这个问题被人们尖锐地提及的时候,还是因为口号之争和对鲁迅的态度问题而无法深入,李何林的一些说法也引起了人们的争论。

先于荒煤到达北京的沙汀参加了高校的座谈会。这位三十年代以乡土小说而闻名的作家,对鲁迅怀有崇拜之情,鲁迅去世后曾经热泪迸流地和巴金等人一起抬棺送葬。然而,"文革"中他被报纸公开点名批判,成为反鲁迅的"黑帮头子"、周扬在四川文艺界的代理人,并为此受尽折磨。复出的沙汀每每提到两个口号问题就难以自制。在那次座谈会上他神情激愤地发了言。因为与老友巴金有约,午饭后他匆忙赶回住所,见到巴金父女他情不自禁滔滔不绝地讲述起会上的情况。看见他瘪着嘴说话很吃力的样子,巴金觉着奇怪,一询问,沙汀才讶然发觉,因为情绪激动匆忙离会时自己竟然把假牙也忘在北大招待所了,赶紧派人去找。

荒煤在5月第一次与文学所全体人员的见面会上,就直言不讳地对自己平反结论中还留着的"尾巴"表示不满:

> 我也有派。年轻时被称为"洋泾浜派",后来又被称为"国防文学派"。再后来鲁迅先生写宣言,我签了名,便被称为"骑墙派"。结论至今有一条:"对抗鲁迅"。但我自己觉得我哪一派都不是,我只是一个普普通通的共产党员。
>
> (何文轩《追忆荒煤到文学所的"施政演说"》,
> 《新文学史料》2003年4期)

一场关于"两个口号"问题的讨论正在兴起。就在此时,荒煤又接到徐懋庸夫人王韦写给他和沙汀的一封信,表示对中央专案审查小组1977年为徐懋庸所做的结论不满。这更激起了荒煤和沙汀的决心,他们想在《文学评论》上发表高校讨论三十年代的文章,借此打开批"文艺黑线专政"论的缺口。此事关系重大,荒煤立即写信给周扬:

> 送上有关两个口号论争的文章三篇,都是北大等三校座谈会上的发言(参加会的有各地大学的同志)。夏衍同志的发言尚在修改中。沙汀同志的已修改好存我处。
>
> 我们准备在《文学评论》三期发表两三篇。夏衍沙汀同志是当事人,他们的文章可放在后一些发表,夏衍同志并说他的文章还要送你看。
>
> 这些发言,已在各地传播,而且还存在分歧。这些问题不澄清,现代文学史无法写,课也无法讲。根据百家争鸣的精神,也应适当地展开讨论。
>
> (徐庆全《文坛拨乱反正实录》)

1978年的那个春天,我作为秘书,时常被荒煤派去给周扬送材料和信件。弄不清这封信是不是经我手送去的了,重要的是,那时候二十多岁的我既对周扬充满了新奇,同时也对即将发生的事情隐隐地感到了不安。还是"文革"时代,我就知道周扬,在一连串黑帮的名字中他给我这个小学生留下的印象特别深刻,不仅好像所有的坏电影、图书、戏剧都和他有关,还有一个很大的罪状就是"反对鲁迅"。难道刚刚挣脱了牢狱之灾,又要去惹那个麻烦吗?这样做的后果会是怎样呢……周扬的办公室在文学所后面的一座小楼里,每次送信,我都怀着好奇的心情走过宁静的院落,走进小楼宽阔的走廊,走进他的办公室。在那里,我看到的只是一个面色平和的普通老人,他比一般老人显得魁梧健壮些,他的办公室也有种肃静的感觉,他要么阅读文件,要么与人谈话。我也只是和他的秘书露菲匆匆地说上几句就走开了,但不知为什么我的不安仍旧没有减轻。文学所的很多人都知道荒煤和沙汀想要发表关于"两个口号"论争的文章,学术界对此更是持两种决然不同的意见,大家议论纷纷,又怀着一种期待的心情猜测事情会向什么样的方向发展。一次,有好心人传递消息说外面已经有人说老头子们攻击鲁迅了。我急忙把听到的情况告诉荒煤,并以旁观者的立场劝他别惹麻烦,有人正举着棍子在那里等着呢。荒煤听不进去,说实事求是嘛,多少人还为此事背着黑锅呢! 我们讲一下又有什么了不起……

周扬在进行了反复思考之后,在荒煤的信上作了同意发表的批示。他必须面对现实——在他面前沉默地站着许多左联老战士们,他们中的一些人正是背负着莫须有的"反鲁迅"的罪名被迫害致死;而更多的左联老战士还在等待平反的结论,那场导致他们成为黑线人物的口号之争是不能说也不敢说的禁区。事实上,他能下决心从"两个口号"入手批判所谓黑线专政论是很不容易的。七十年代末,"两个凡是"正主导着整个中国社会,而周扬仅以一个"虚职"露面还没有站稳脚跟,三十年代口号问题又是一个非常复杂和棘手的问题,谈起来不可能不触动具体的人和事,稍有不慎就可能引起争端,危及自己的现实处境,但周扬还是做出了发表的决定。

得到周扬同意后,《文学评论》第三期发表了三篇高校讨论"两个口号"问题的文章,那些文章在今天看起来虽然有其局限性,但文章对"两个口号"论争所作的探讨,推倒了"四人帮"对左翼文化运动的污蔑,充分肯定了左翼文化运动的伟大历史功绩,对"四人帮"神话鲁迅提出了挑战。

一股重新评价文学史的信息,就这样借助着《文学评论》的文章传了出去。此时,因病回到四川的沙汀一直密切地注视着事态的发展,他在给荒煤的信中再三嘱咐道:

> 有两件事我一直挂在心上。一件是分别邀请有关同志写三十年代,特别那位代表从陕北到上海以后引起各种纠纷的具体情况的计划,不知已商同光年同志开始修改没有? 此事关系重大,不止是个历史问题,且有很大现实意义,离京前我已向您言之甚详,再不抓不行了!
>
> ……
>
> (沙汀致荒煤信,1978年6月7日)

1979年，夏衍与周扬在广东肇庆

经与周扬商量，沙汀和荒煤启动了文学所编辑《"两个口号"论争资料选编》、《"左联"回忆录》的工作，并联名向所有活着的左联老战士发出了约稿信。

在1978年初暖还寒的政治气候里，许多无法说话的左联老战士怀着惊喜的心情接到了沙汀和荒煤的联名信，这封长信使他们感到振奋。文学所编辑组的同志不辞辛苦地奔赴全国各地，他们的拜访和请教更给老战士们送去了春天的气息。老同志们不再沉默，纷纷拿起搁置已久的笔，"或抱病写作，或拨冗挥毫"，把那些早已封存于心底的经历写了下来，许多人正是从这篇文章开始迎接自己的又一次新生的。

那段时间真是热闹非凡。一次，荒煤带了文学所的部分研究人员从讨论会上出来直奔周扬的家，听取他对三十年代史料整理工作的意见。记得走进客厅时，周扬和夫人苏灵扬已经在那里等我们了。周家的客厅不小，陈设简单朴素，靠墙是一排摆满了书的柜子，书柜前是一圈沙发。我们一行人把客厅挤得满满的。大家七嘴八舌，说的多是整理工作中的难处和困惑。周扬说得好像不多，只是认真地听，并在关键时刻发表一点简要的意见。原以为会听到一番精彩讲话的我甚至还有一点点失望，但他谈话间投向大家的目光里有种少有的定力，仍然让我印象深刻。还有一次，周扬、茅盾、夏衍等在民族饭店和所里研究人员座谈,几位老人都发表了风格鲜明的讲话。谈到三十年代在白色恐怖下如何冒着生命危险坚持斗争,如何企盼和党取得联系,而冯雪峰到上海后非但不和他们联系还说出一些难听的话时周扬的声音哽咽了,夏衍更是言之凿凿激动不已,可惜那次谈话的记录稿遗失了,但周扬、茅盾、夏衍等人的讲话,论说有据,给在场的人留下了很深的印象。

其实,更让我理解三十年代的还是他们这些亲历者之间最最普通不过的谈话。一次,荒煤请梅益和上海来的王元化吃饭,席间很自然地谈起了三十年代左翼的人和事。荒煤说,第一次见到梅益时记得他系了一条红色的领带。梅益乐了,说:他妈的,什么红领带,是我花五角钱从旧货摊上买来装样子的!那时候做地下工作真艰苦,周扬常常在天黑的时候把帽檐一拉跑出来活动,好几次他临走时把手伸给我说:给两块钱吧!记忆的闸门瞬间便打开了,他们都回到了过去。荒煤说起那时候上街刷标语,心情很紧张。梅益说,那要看在什么地方刷,有的地方很紧张,有的地方不紧张。你应该机灵些嘛……他们还说起一次党组织派某某去拉黄包车做群众工作的情景,梅益笑道:那家伙开始生怕有人要车,腿细得像个麻秆跑不动啊,跑到东厂门口和人聊天人家都不理!荒煤也记起了自己曾经被派去做搬运工,因为身体瘦弱扛不动麻包,还被人骂了一顿。不知怎么的,他们说到了林淡秋,梅益说得更加生动:那老兄脾气大,爱在马路上和人吵架争论,一次和售票员吵得不可开交,我就批评他,你还是地下党员,人家千方百计隐蔽你怎么还在街上吵架……他们都哈哈大笑起来,感叹那时的年轻,那时的热情,那时的单纯和充满理想。荒煤说,不久前,一位老左联对夏衍说起当年的左和年少气盛,夏衍问他:你后悔了吧?那人回答,绝不后悔!那时候年轻嘛,革命热情高涨,谁能知道是左还是右啊……他们说得极其生动真实,我听得近似天方夜谭,连连插话说:你们说的这些细节在书本上和电影里可是从来没有见到过,为什么你们不写这些呢!当我一再重复着这个观点的时候,梅益对我眨眨眼睛突然转移了话题：你这家伙，下次再中午一点钟打电话到办公室来，我非把你撤了不可……

1978年10月，荒煤在《文学评论》上发表《关于两个口号的论争问题》。文章发表后立刻引来了议论，有人对他说，你不应该回到北京写的第一篇文章就是"两个口号"！荒煤反驳说：你了解不了解当年我只发表了豆腐块大的一篇文章就变成了"对抗鲁迅"；后来又成了"从三十年代到六十年代都是执行反革命修正主义文艺黑线"；再后来又成了"汉奸文学"……说这话时，荒煤正一边为新时期文学呼吁呐喊，一边为摆脱压在自己头上的那两顶沉重的帽子而奋力抗争，正所谓戴着镣铐跳舞——处于他这种状况的人绝不止一个。

茅盾的《需要澄清一些事实》也写于这年秋天，文章交到荒煤手上后，荒煤颇费踌躇。文章涉及冯雪峰"文革"中写的一份材料，且不说写这些材料时的复杂社会背景，就是把其中的一些细节拿出来过滤一遍，可能引起的纷争都是很难预料的。荒煤给周扬写信谈到了自己的担心。周扬回信不但同意发表茅公的文章和冯雪峰的材料，还决定将自己接受美籍华人赵浩生的谈话在同一期刊物上发表。他似乎不怕把自己再次置于公众面前，与总结历史经验，正确书写文学史相比，即便再次触及隐痛和伤疤也是微不足道的。茅盾的文章和冯雪峰的材料在《新文学史料》上发表，正如荒煤所担心的，在澄清历史事实的同时也引起了新的一轮争论。当夏衍的《一些早该忘却而未能忘却的往事》写成后，周扬从顾及团结的角度出发劝说不要发表，并把意见告诉了荒煤。但这一次，荒煤没有听从周扬的意见。夏公态度坚决，在周扬和夏衍之间，荒煤总是更多地倾向夏衍。最终，文章在《文学评论》上发表，并真的引起了一场轩然大波——那都是后话了。

1979年11月，荒煤终于接到了文化部《关于撤销中央专案组对陈荒煤同志的审查结论的决定》，决定明确指出，三十年代他发表的那篇"豆腐块大"的文章没有错误。中央专案组做出的与鲁迅"相对抗"的结论是错误的。决定还根据中宣部对所谓十七年中有一条文艺黑线给予彻底平反的精神,对他"执行修正主义文艺路线"问题给予平反。至此,自"文革"起就一直戴在他头上的三顶帽子全部摘除。接到决定,荒煤感慨万分。此时,正是四次文代会即将召开之际,许多和他有着同样经历的老同志也终于走出了历史的阴霾,他们一起迎来了真正的新生。

三 风帆的景象

1979年初,在胡耀邦的提议下周扬走上了领衔筹备四次文代会的岗位。

此前,在全国展开的"实践是检验真理的唯一标准"大讨论中,周扬是高级干部中第一位公开表态支持的,并把这场讨论提到了关系党和国家前途命运的高度来认识。1979年5月,周扬发表了自己新时期的代表作《三次伟大的思想解放运动》,对中国历史上经历的思想解放运动给予深刻剖析,展示了一个真正理论家过人的思考和胆略气魄。

与此同时,思想解放的浪潮在文艺界迅速展开。一批名不见经传的青年作者写出了令人耳目一新的作品,引来了社会上议论纷纷。反对的调门很高。巴金率先写文章表示支持。冯牧、孔罗荪主持的《文艺报》和荒煤主持的《文学评论》联手召开了一次次座谈会,为文艺界的冤假大案《保卫延安》、《刘志丹》、《海瑞罢官》等作品平反;对《班主任》、《伤痕》、《乔厂长上任记》等一大批新人的作品给予支持和肯定。那些座谈会常常吸引来很多听众,会场上挤得满满的,人们敞开思想和心扉谈论着过去几十年被禁止谈论的问题,连平素不关心文艺的人也争着阅读文学作品,关注文艺界的新动向。冯牧、荒煤、孔罗荪等人就好像前沿阵地的指挥员,以他们的文章、讲演奔走呼号,为冲破沉闷的空气、开创一个生机勃勃的新局面而冲锋陷阵身先士卒。

他们就是在这样的情况下迎来了全国第四次文代会。

筹备文代会是文艺界复苏的一件大事。照原有的设想,大会不设主报告,只请中央领导讲话。这种做法无疑较容易操作,但是否妥当,胡耀邦反对,周扬更认为不行。周扬觉得,文代会已经十几年没开了,这次会不但是一个鼓劲的大会,更应该是一个总结经验教训的大会。如果不对新中国成立三十年来的历史进行总结,不对新时期以来的文学潮流进行引导,这样的大会会让很多人失望。荒煤在笔记中记录了周扬的意思:"会要开,要有个报告,总要有个报告","一定要总结点新的东西来,不要是报纸上讲过的,哪怕有百分之十,也应该拿出新的意见来。" 并提出了应该重点总结十七年经验教训问题,理论问题,和党究竟怎样领导文艺等问题。

做这样一个报告的难度是极大的,此时,周扬七十一岁, 荒煤、张光年、林默涵同庚六十六,沙汀七十五,而与世纪同龄的夏衍已经是七十九岁高龄,这些古稀之年的老人,经历了生死磨难,伤痕累累,疲惫不堪,本已到了含饴弄孙安度晚年的时候,却在生命的最后一段时光里为了新时期的文化繁荣发起了冲刺。

周扬的女儿周密事后对人表述了自己当时的担忧:

> 在我的印象中,父亲说起这个报告的事情,是在(1979)1月左右。一次陪他散步时,他谈起了文艺界正在筹备的文代会,也谈起了筹备小组成员之间的争论。从成员之间的争论,他也谈到了文艺界的整个状况。父亲说,在思想解放的潮流中,一些人由于认识上的迟缓,落伍也是正常的,争论也是正常的,关键要进行切实的引导,使那些落伍的同志赶上时代的潮流。……耀邦同志决定要由我搞一个大会报告。这样的考虑是正确的。
>
> 父亲不是照本宣科念报告的人。虽然有人帮他起草,但思想还是他的……。另外,父亲对于报告的准备很认真,总要自己修

改,有时候会把人家起草的稿子改得只剩下标点符号。一个大报告,往往要折腾他很长一段时间。起草文代会报告时,父亲已经七十一岁了,这样一个岁数了,还多病。我劝他不要承担这个任务。父亲说,我身体是不好,可我们国家重病初愈,百废待兴啊。小平同志要我管管文艺界的事情,我不能不做啊!

(徐庆全《名家书札与文坛风云》,中国文史出版社2009年5月)

筹备工作迅速地展开了。周扬主事前,已有林默涵领导的一个报告起草小组,做了初步工作,但周扬不满意。荒煤记录了周扬的意见:不怪起草的同志,我们要拿出一个意见来,不能为报告而报告。周扬决定重新起草报告,并确定了一个由林默涵、荒煤、冯牧领导的新的起草小组。起草前,周扬和小组的同志作了详细谈话,对如何实事求是地总结三十年正反两方面的经验,如何看待当前文艺形势提出了系统的意见。经过了一个多月的艰苦努力,初稿完成,胡耀邦看过后决定将初稿下发广泛征求意见。这一年的八九月间,大约有两百人先后参加了对报告的讨论座谈,胡耀邦和周扬多次发表讲话,胡乔木、林默涵、荒煤、张光年、冯牧在报告上留下了一次次修改的笔迹,周扬在第四稿上进行了最后的修正报送中央。周扬的秘书露菲目睹了周扬的艰辛:那段时间,他经常找人来聊天,了解情况,进行思考。写作小组成立后,他多次与小组的同志"务虚"。初稿出来后,他除了分送给有关同志修改外,自己也从头到尾进行修改。报告前后四稿,每一篇他都多次修改,直到作报告的前一天,还在改。有时候还连续熬夜。七十多岁的人啦,哪能受得了。有一天,我看到他累得连脚都站不稳了……

1979年10月30日,在距上一次文代会召开十九年后,四次文代会终于在人们的热切期待中召开了。这是经历了"文革"之后文艺界第一次隆重而盛大的聚会,饱受摧残的老艺术家和新时期涌现的文艺新人聚集一堂,人们的情绪之激扬,思想之活跃,发言之争先恐后、滔滔不绝都让人感到从未有过的新奇和兴奋。那时候,我这个刚刚离开部队走

1979年秋,(右起)周扬、邓颖超、荒煤在全国第四次文代会上

进学术殿堂的小姑娘,也因为工作关系有幸参加了大会,最近距离地接触了许多如雷贯耳的大艺术家们。与我住同屋的是有着坎坷人生经历的女作家关露,而我打交道最多最无所顾忌和喜欢接触的正是大会的组织者之一诗人李季。

虽然早已如雷贯耳,却是第一次见面。记得那天我跟随荒煤走进报到处时,李季正操着河南口音大声地和谁打电话。放下电话,他爽快地向我伸出一只大手,认识一下——李季。李季?我抬头望着久仰大名的诗人,他的诗歌在我当兵的日子里曾被我多次抄写在笔记本上,帮我驱走大山坳里难耐的寂寞,燃起对平凡普通生活的热情。可眼前的这个人并不是我想象中的诗人,他长着一张黑黑的脸,高高突出的颧骨,一双细眼睛凹下去,一张宽大的嘴巴微微鼓起,很有些乡下人的味道。很快我们就相识了。由于我不断地穿梭于会议的领导人之间,立刻就发现李季的工作作风出奇地细致。几乎每一件事,每一个细节他都要再三思考才做决定,不仅亲力亲为而且也很固执,因此在文代会的每一天,他都工作到深夜。有一次,我忍不住说:"你真不像个诗人。""诗人什么样?"他探头问我。"诗人感情豪放,可你那么细,像个婆婆!"屋子里的人都笑了,他也笑得像个孩子。他爱看电影,文代会期间每天放映的电影吸引着大家,也同样吸引着他这个大忙人,可是进了剧场他已经累得只有打瞌睡的份了。有几次,他就坐在我的旁边。电影一开演,他就身子向前佝偻着,头歪向一边,整个人好像都进入了梦乡,可当一部片子演完他迷迷瞪瞪地抬起头来受到我的嘲笑时,却总是能把情节从头到尾讲得清清楚楚。戏不好,他就摇着头,"上当了!上当了!"连连惋惜他的宝贵时间,可还是坚持要看下一部。戏好,他会不停地点头,"不错!不错!"说到悲惨的地方,他就捂着心脏说:"啊!不舒服!这里不舒服!"——很多年后我想到这个细节,总是怀疑其实他当时可能真是累得心脏不舒服了!可他还是舍不得放弃那些多年未看到的电影。终于到了曲终影毕,他总是腾的一下站起,以极快的速度消失在人群中,风风火火赶回去加班了。一连几天下来,他那瘦长的脸颊好像更长,眼睛也好像凹陷得更厉害了,连我都担心起他的身体了。他却挤挤眼睛说:"你这丫头,小看人!"文代会上,忙碌而诙谐的他,每日就像是在高唱着一首进行曲,不停地向前奔跑。谁也没有想到,仅仅三个多月后他就突然发病离开了人世。他是累死的,是他们这一伙老头儿中第一个倒在改革开放大舞台上的人。他的夫人说:他太累了,我早有准备,可是也没有想到他会死得这样快!听荒煤说,那天上午李季还在开会,精神抖擞。晚上,荒煤突然接到他病危的消息急忙赶去医院,他已经走了。在第二天的日记中,荒煤痛心地写道:李季之死,使我抑郁不已!

  第四次文代会的日子很不一般,以后所有的文代会或许都没有那次那么让全国人民瞩目,也没有那次那么热闹非凡。记得每次我去冯牧的房间时,那里都人来人往,高朋满座,而他那铿锵有力的嗓门也不断地在人们中间响起,好像把自己家的客厅搬到了宾馆。荒煤这边却是另外一番情景,文学界电影界的人士汇集一起,那一个个从银幕上走下来的演员、导演常常让人看得眼花缭乱,尽管荒煤的声音从来都是低低的,却丝毫不影响客人们的欢声笑语……受着这种气氛的感染,连我也沉浸在亢奋之中,觉着一切都十分美好。我和李小林、阳翰笙的女儿欧阳永华经常在一起谈论自己的感受。因为翰老住在医院里,大会的许多事情都由永华负责联系。尽管我们不住在一个宾馆,但这并不妨碍我们交流。我们打电话沟通,开大会时悄悄在下面开小会,不仅对大家关注的问题发表意见,并开始在大会中为我们的小小目标——说来好笑,是谋划为李子云找对象而活动着,好像在主旋律中快乐地奏着一支自己的和谐小曲。对我们的"非组织活动"巴老和荒煤颇不以为然,觉得是小孩子一厢情愿的胡闹;而李季和孔罗荪却欣然支持。我们乐在其中,并很快把目标锁定在冯牧身上。直到后来被有些人指责为"搞串联不选思想保守的人",我们才知道惹了大麻烦,好像从半空中一下子坠落到现实中来。

不仅如此,很快,我就更加清晰地感受到历史的沉重,这沉重正是来自于文艺界的巨头、大会的领导者周扬。周扬的那个具有里程碑意义的报告《继往开来,繁荣社会主义新时期的文艺》终于出台了,报告重在总结文艺界新中国成立三十年以来的经验教训,摒弃文艺为政治服务的口号,为文艺的复兴开辟道路。这个经过了一次次讨论修改、倾注了周扬和许多人智慧的报告,给大会带来了鼓舞和力量。人们对周扬报告的反应是热烈的,大多数人都给予充分的肯定和赞许,但人们的期望显然也更高。有人说周扬讲了三条教训,但对文艺界十七年为什么一再出现"左"的偏向说得不具体,不深、不透;有人渴望报告把建国三十年来的许多问题都一一交待清楚;还有人希望在报告中能提到这一部电影、那一部小说,为了这些作品有人送了命、有人"差点被吊死"!对于当下的文艺现象,更是众说纷纭,多数人认为好得很,解放思想才刚刚开始;有人则认为已经过头了,"有的电影剧本已经写了光屁股的"……

最心存芥蒂的还是那些在反右运动中被整得很惨的人。尽管从筹备文代会开始周扬就为大会制定了"各抒己见,不看风头讲话,不看眼色办事,不怕交锋,保证不扣帽子"(荒煤笔记,1979年7月)的基调;也为自己确定了勇于承担责任,对历史进行深刻反思的原则。他希望老同志能够消除隔阂团结一致向前看；希望新同志能够焕发朝气促进团结——"这个会如果不能达到团结的目的，这个会就是失败的。"本着这一原则，周扬在文代会前曾多次在大会小会上向被整错的同志表示歉意，或是登门探望表示道歉。一次，他还专门邀请三十多位被整错了的老同志见面，他单独坐在会场前面心情沉重地表述自己的歉意……然而，经历了一场又一场政治风波，饱受磨难的作家、艺术家们，他们的心还沉浸在历史的断裂与阵痛中，他们中的一些人还无法像变戏法一样迅速地抛弃昨日。正如王蒙所说，此时他们并不想跟风大骂"四人帮"，"更想骂的，更较劲的可能另有其人"。而对于周扬再三的道歉，文艺界上层有人更是不以为然，发出了中央还没表态"你有什么资格检讨"的责问。

在一次大会上，周扬讲话时又向被整错了的人表示道歉。这时，突然有人站起来走到他面前大声质问，会场上很静，接着就有人应和，又一个人走过去声嘶力竭地责问……那时，我恰好就坐在前面，虽然童年的"文革"时代早已见识过种种大场面，也堪称经风雨见世面，但此时还是为在这样一个严肃的大场合中，有人站起来大声喊叫而感到吃惊。我紧张地望向周扬，清楚地看到他流泪了，他那一向从容而带些严厉的目光，在那时透露出很深的痛苦和自责，他又说了些话，意思大概是同志们所受到的委屈和伤害，我的道歉说多少都无济于事，但我必须道歉，我有着不可推卸的责任……

我感到窒息，看着会场上那一个个衰老的面容和台上周扬痛苦的表情，我这个对岁月还没有更多感受的青年人似乎一下子就触到了历史沉痛的脉搏！他们曾经一同经历了风雨沧桑，又在政治斗争的漩涡中结下了恩恩怨怨，这里面有多少时代的原因，又有多少是个人的原因呢？中国文艺界的曲折道路乃至一些人的命运和台上这个人有着怎样密不可分的联系，历史的变迁和动荡又给予台上这个人怎样的负重呢？！或许就是从那个时候起，我不再能充分享受大会表面的喧哗和快乐。我注意到另外一些层面的东西，感受到一种透不过气来的东西在空气中弥漫。很多年过去后,在写这篇文章的时候,我看到了一篇有关黄永玉先生忆及当年往事的文章,"……是'四人帮'倒台后北京一次文艺界大会,许多久违的文艺界头面人物都出席了。夏衍、阳翰笙、适夷等都有很多人趋前存问,而周扬独无,只能一个人孤零地离去。永玉顺手画了一幅小画。一根顶天立地的巨柱,下面有一个小如蚂蚁的人物在夕阳中伫立遥望……"(黄裳《永玉来访》,《文汇报》,2011年12月12日)我相信老先生描述的这个生动的场景,或许这就是那时的周扬,既有迎面而来的满场掌声,也有寂寞中的孤独离去,时而还要面对克制不住的"破口大骂"!重要的是他能够在这寂寞无声或是破口大骂中思考进而超越,而不是沉湎其中,这就是他的本领、他的魅力,抑或说是境界。

历史的变革带给周扬的变化是巨大的。八十年代的周扬少了昔日的霸气,多了精神上的自省和反思,带着这种自我谴责,他不能不时时感到精神上的痛苦和愧疚。

几乎在同时,周扬的战友们也立刻就察觉到了他的变化。荒煤说,尽管周扬给他的印象依然还是沉稳、坚定的,看人的目光仍旧犀利,但他还是觉察到周扬变了。沉稳中暗含着一种伤感,犀利中带有一丝丝的犹豫。他还爱流泪了,这是荒煤认识的周扬从未有过的。这种变化使荒煤不胜感慨,每次提到都有一种惊讶和惶惑——一个那么坚强的人会有这样的变化!听了荒煤的话,我总在想,周扬的这种变化是什么时候来的呢?是不是那段黑暗的日子带给他(们)的收获?他(们)在黑暗中受苦,但黑暗中也会有灵魂苏醒,有生命诞生,有新的精神在历练后爆发。"文革"毁灭了一些人,也挽救了一些人,周扬和他的战友们或许正是在苦难中获得了真正的人性复苏。

荒煤说,自己也变得爱流泪了。看到电影中感人的情节时,看到一些忆老友的文章时,或是当感情的闸门被瞬间的记忆敲开时……不管怎样,他们都不想掩饰这种变化。经历了岁月的打磨,岩石般坚硬的外壳下面裸露出柔软的内核,他们更想让它自然地袒露。

尽管让人吃惊和印象深刻,但泪水毕竟还是瞬间的感情流露。文代会结束,周扬重新走上中宣部领导岗位。承载着沉重历史负荷的周扬,以一个思想家和领导者的眼光成功地完成了新时期的转变,而昔日的周扬派们紧随其后,扬起了一面旗帜,引领着文艺界前进的脚步。

四 历史的悲剧不能重演

　　一个大大的太阳,一枝风中芦苇在日轮里摇曳着,飘啊飘。画外响起定音鼓的一声重击,一个黑色的圆点在银幕上出现。接着,连续五声重击,省略号的六个圆点随着重击声依次排列在银幕中央……

　　1980年末,电影《太阳和人》这六声重击敲响在银幕上,引来的却是整个思想界的震动和争执,有人说"这部电影很恶毒,对着红太阳打了六炮"。

　　那天,在人数不多的小放映室里,当影片结尾的六个圆点一个个在眼前显现后,灯光亮了起来,一时,放映室里竟没有什么声音,坐在前排沙发上的周扬面色凝重,心情十分复杂。

　　严格地说,他并不喜欢这部片子,过多理念性的东西,情节上一些明显的漏洞,都说明在艺术上还不成熟。然而,在剧本以《苦恋》的名字在《十月》杂志上发表后,争论已经持续了半年时间。他心里清楚,一部影片把新时期文艺发展面临的一些重大问题带到了十字路口,也使得人们在理论上的分歧更加白热化了。

　　与再聚首同时而来的是观点上的分歧。速度之快,或许是他们事先没有预料到的。随着拨乱反正的深入,曾经在批判"四人帮"问题上保持高度一致的文艺界高层开始分道扬镳。分歧主要集中在两个问题上:一是对十七年文艺路线的看法,是否承认有"左"的错误;一是对新生文艺的看法。分歧开始还只是个人之间的争论,后来就越来越严重,从高层人士一直波及整个文艺界,几乎弄到了不可收拾的地步。

　　1981年新年一过,周扬在安儿胡同的家中连续召集文艺界主要负责同志讨论《太阳和人》问题。分歧非常明确,一种意见是:禁演,或拿出来公开批判示众。另一种意见认为不能一棍子打死,要给作者修改的机会和权利。夏衍、张光年、荒煤、冯牧等人认为,影片在内容上揭露了"四人帮"迫害知识分子的罪恶行径,表现了主人公热爱祖国的革命热情,应该给予肯定;但在表现主人公"文革"中的悲惨遭遇时,把造成这场灾难的原因全部归罪于个人迷信是错误的。影片的编剧、导演、摄影、演员大都是新人,如果因为有缺点错误,就予以禁演,或允许放映、同时组织批判,两种做法都可能在文艺界、电影界引起相当大的波动,不利于安定团结,也不利于电影反映现实题材的创作。考虑到对中青年创作人员在思想上应以疏导为主,建议对影片的编剧、导演进行细致的思想工作,说服他们进行修改。

周扬支持这一观点。在那个时刻,他或许想到了十几年前《早春二月》的命运。他还记得那年小放映室里摄制组人员期待的神情,记得因为自己的讲话而骤然从热转凉的尴尬气氛,记得茅盾略显沉重但又不甘的语调和目光……自然,从内容和艺术形式上它们有很大不同,但命运呢?那时候,就是他的一个电话"不用改了,一个镜头都不要改",随之而来的是席卷全国铺天盖地的大批判。虽然他执行的是毛主席"使这些修正主义材料公之于众"的指示,但在历史的悲剧面前,他不想择清自己。一直以来他都认为大有大的责任,小有小的责任,那些责任压在他的心上,每每想到都让他有种说不出的沉重。不久前,一位外国留学生采访过他,年轻的访者向他直率地发出了询问:过去那种整人的情况还会发生吗?那一刻,他毫不犹豫地回答,不会了。接着,他又补充说,起码我是不会再那样做了。停了一下,他又再次补充说:我要在力所能及的范围内尽量不那样做。这一次又一次有意无意的补充或许正意味着他已经意识到事情远比想象的要复杂,道路不可能一帆风顺,而他自己也可能再次面临无能为力的局面!

那段时间,文艺界的主要领导们每隔几天就聚集在周扬家里开会。他们的会往往开得很长,会议结束时大家常常都带着一脸的疲匆离开。荒煤说有时真觉得开不下去了，但周扬坚持着，大家也坚持着。荒煤在笔记中记录了那些会中有关《太阳和人》的一次次争论。

1981年1月26日星期一

　　上午在周扬家谈学习问题，最后同意全委会推后，先开党内文艺工作会议，我仍兼文联工作。

1981年2月2日星期一

　　上午到周扬处谈《太阳和人》有关问题及文化部党组、副部长名单问题。

1981年2月9日星期一

　　上午到周扬家碰头，谈党内文艺工作会议问题，百人会议问题，到底怎么开好。

1981年2月16日星期一

　　上午到周扬家座谈。极为愤愤而归，团结不易，夏公提出不再参加会议。

1981年2月23日星期一

　　在周扬家谈学习问题，我建议扩大些作家艺术家。林、刘又为《太阳和人》的问题大发雷霆，实在令人气闷。

1981年3月2日星期一

　　上午在周扬家谈《太阳和人》问题。

　　对泄密问题可受理。

1981年3月9日星期一

　　在周扬家谈电影问题。

　　周扬对《太阳和人》问题同意还是修改为好。

1981年3月16日星期一

　　上午在周扬同志家谈学习问题。

1981年3月18日星期三

　　上午到周扬处谈学习、电视问题。确定下周大会发言。

1981年3月23日星期一

在周扬家谈学习问题,决定本周开大会。

1981年4月6日星期一

上午在周扬处汇报厂长会议问题。

1981年4月13日星期一

上午在周扬家谈学习——乔木谈《太阳和人》、《天云山传奇》问题。

1981年4月20日星期一

上午在周扬家谈下周工作布置。

1981年4月27日星期一

上午在周扬家碰头,谈些学习问题。

1981年5月14日星期四

上午在周扬同志处谈《文艺报》问题。

……

(荒煤日记)

多年后,我看到荒煤保存的两本座谈会记录,黄色的牛皮纸封面,内里用稿纸装订,稿纸上全部是手写笔迹,内容正是1980年底到1981年初电影界观看《太阳和人》之后,《大众电影》编辑部组织的座谈会记录。仔细阅读,尽管当时参加会议的电影评论家、编剧和导演们对影片的一些细节也提出了意见,但在大的方面几乎一致叫好。有人认为"影片在思想上是振聋发聩","艺术上是标新立异"。有人说:粉碎"四人帮"后,这是一部最新最完整的影片。还有人说:凌晨光就是影片编导者的形象。如果不是强烈地热爱祖国,写不出这样的作品……一方面是彻底的否定,一方面是一片叫好声。此时,正是周扬通知荒煤重返文化部掌管电影的时候,面对这样的局面他们再次承受了极大的压力。

为了顾全大局,荒煤同意出面劝说摄制组进行修改,但白桦不希望改动。他想请胡耀邦看片子,胡耀邦没有同意,却在另外的场合重申了自己的主张:再也不能以一部作品和某些言论加罪于知识分子了,更不能发动一次政治运动。但是,这些讲话并不能阻止反对的声音,随着批判声浪的兴起,要"枪毙"的呼声日益高涨,后来竟发展到有人要求中纪委介入……

荒煤十分焦虑。他了解白桦。1953年从中南到北京电影局上任,为了培养创作队伍,他主持了电影讲习班,白桦是第一期学员中年龄最小的一个,受到他的关爱。"文革"后荒煤回到北京,意外地和白桦在同一个饭店住了半年之久。饭桌上他们常常一起回忆五十年代的日子,回忆电影走过的曲折道路和彼此的坎坷经历。白桦爱说讲习班时荒煤给他们上课的故事,课堂上荒煤分析人物时总喜欢举屠格涅夫《贵族之家》中"丽莎的睫毛"的细节,每当这时学员中就有人悄悄地说"丽莎的睫毛又要颤抖了"……白桦生动的描述常常惹得平时一脸严肃的荒煤大笑,有时甚至笑出了眼泪。荒煤爱才,他能够理解作家的苦衷和情感,对经历了"文革"之后的精神反思颇为赞赏,对动辄就给作品扣上政治帽子加以否定的做法极为反感,但他能做到的也只是顽强地坚持"要给作者修改的机会"。表面上看,这种意见相比"一片叫好声"逊色不少,但能够顶住越来越大的压力坚持到底,已是他们做到的最大努力了。既要顶住压力,又要苦口婆心地说服年轻人顾全大局,那情景真有些苦不堪言。

《太阳和人》最终也没有上映,但批判欲罢不能——于是就针对一年前发表在杂志上的剧本《苦恋》展开了批判。1981年2月,中宣部召集在京文艺界党员领导骨干会议。主持会议的周扬在开幕式上对这场争论只字未提,这更让一些人认为有包庇之嫌。会上,有人联系文艺界的现状明确指出,"第四次文代会以后,文艺上有方向、路线错误"。并且责问:"你们这几年把文艺引导到什么地方去了?"还有文艺界领导人宣称:经济上要反"左",文艺上应反右。在历时三个月的会议中,《苦恋》一直是人们谈论的一个焦点。参加了这次会议的顾骧清楚地记得,为了表明自己的态度,周扬在责成他起草总结报告时,特意谈到了如何看待《苦恋》的问题:在学习会进行期间,发生了批判白桦同志的电影剧本《苦恋》的事情。白桦同志是一个比较有影响、有才能的作家,写过一些好的作品,但《苦恋》确实是有倾向性错误的作品,应当批评。批评的角度和观点可以不同。作者表示愿意修改电影,文化部也同意了。我们希望改好。无论是否改得好,电影公映后,还是可以批评。有错误不批评是不对的。但对人民内部的思想问题,一定要慎重。既要实事求是,弄清是非,又要团结同志,与人为善。周扬的这些观点在多个场合说过,后来被总结为三点:一、白桦是一个有才华的作家,但作品有错误,可以批评;二、应该对作家采取帮助的态度,帮他把电影修改好,而不是对作品采取"枪毙"的办法;三、批评应该实事求是。

周扬的"白桦是一个有才华的作家"引来了不少责难。有人点着他的名说:我说,周扬同志,才华有什么用?和世界观有什么关系?单单凭一点小资产阶级的才华,是不能办无产阶级宏伟事业的。

听到这样的声音,周扬似乎没有什么反应。他的观点并不仅仅针对白桦个人,而是面向更多新生力量,是从珍惜文艺界来之不易的安定团结和繁荣局面出发的。在首届茅盾文学奖授奖大会上周扬说:

> 对作家要十分慎重地对待,要关怀他们,使他们有一个良好的环境,需要有一点灵感和热情,你不能破坏他的情绪,使他根本不想动笔了。……要为国家培养人才,爱护和保护人才,爱护和保护是第一位的,批评也是为了爱护。在我们的国家,什么是最可痛心的浪费呢?这就是人才的浪费。爱护人才是非常重要的,要保护人才,这是我们的责任,因为我们是当权的嘛!

(《周扬新时期文稿》,山西人民出版社2004年3月)

首届茅盾文学奖授奖大会合影(1982)

此时此刻的他,更多地想到了周恩来,"我常想,为什么知识分子那么怀念周总理?"跟随周恩来多年,他耳闻目睹周恩来对知识分子既严格要求,又体贴入微,尊重爱护的风范。周恩来在百忙中关注着一个又一个有成就的、有缺点的、有困难的、受挫折的各种各样知识分子,在知识分子眼里,他既是可尊可敬的国家领导人,又是一个可以亲近可以信赖的朋友。像周总理那样和知识分子做朋友,为他们遮风挡雨,周扬这样想着,也要求自己这样做。在他心里,十几年前《早春二月》的那一幕,再也不能重演了。

《太阳和人》的事情沸沸扬扬地折腾了一年,周扬他们始终坚持了自己的观点,在两年后的"清污"中这些也都成了他们要说清楚的问题。

五 期盼与无奈

1981年是个多事的年头,争论没完没了,每一次周扬都必须作出选择。

9月,文艺界隆重纪念鲁迅诞辰一百周年。这次会议的筹备工作很不一般。开始,总报告的起草工作由荒煤主抓,委托刘再复等人撰写,周扬亲自拟定了题目"学习鲁迅的怀疑精神",并多次和起草人进行了详细的交谈。报告写成后,几经修改送领导审阅,时任中宣部部长的王任重认为没有战斗性,没有批判资产阶级自由化,报告中提到的作家良知是资产阶级人性论的表现,应该重写,并指定由林默涵挂帅。此时,离大会召开只有十几天时间,原撰稿人退出,新的起草人在林默涵的领导下执笔奋战。周扬正因病住在北京医院,荒煤等人到医院看望很是激动,力劝周扬不能作这种强加于人的报告。周扬进退维谷,内心十分纠结。初稿是在他的思想指导下写成的,强调鲁迅科学民主大众的文化精神,对此他较为满意,却未料遭到此番指责。

他不想把问题弄僵。他希望会议能开成一个团结的大会,筹备之初他就曾给荒煤写信。

荒煤同志:

    报告和筹委名单已阅,稍有修改,请您们再加斟酌送默涵同志阅正后即上报。默涵如不愿当秘书长,也不要勉强他。

    上海有巴金、袁雪芬,没有陈沂不好。我们要处处注意团结的工作。

    名单望与夏衍同志一商,他比我会想得更周到一些。

    敬礼!

周扬
十二月十八日

(周扬致荒煤信,1980年12月18日)

周扬从开始就小心翼翼地顾及着各方面的团结,尽管林默涵流露了不满意、不配合的意思,但他还是一再表示了对林的尊重和信任,现在怎么办?他犹豫不决。

那天,在北京医院周扬的病房里,情绪激动的老头子们似乎有了一

周扬致荒煤信(1980)

个共同的想法。回来后,荒煤立即给纪念委员会主任邓颖超写信并转胡耀邦、习仲勋。此时,难以平静的刘再复赌气想把报告初稿作为个人文章拿到报纸上发表,周扬劝阻说,"等等,情况可能还会有变化"。等什么,他没有明说,事后看,可能就是等荒煤信的结果。

荒煤给邓颖超的信态度坚决,历陈王任重、林默涵做法的危害,认为既有观点上的错误,也不利于团结。《苦恋》的事情还没有结束,纪念鲁迅的报告又弄得大动干戈,种种焦虑、忙碌,加上天气酷热使荒煤疲劳至极,终于阑尾炎发作也住进医院。不过,他的努力没有白费。很快,邓颖超的回复来了,认为报告写得很好,没有什么意见。胡耀邦、习仲勋也表示同意荒煤的意见。形势变了,荒煤有种感觉,可能最终还是要采用原来的报告。那天的日记中他写道:"决定继续修改周扬报告稿。给邓颖超信。晚得通知仍修改周扬稿。"(荒煤日记,1981年9月17

日）荒煤立刻启动原班人马对原报告作文字上的推敲修改；林默涵虽然情绪不好，但也坚持指挥他的班子日战夜战。大会开幕前，王任重召集紧急会议说：现在有了两个大会报告，大家讨论一下到底应该用哪个？会上，林默涵不得不承认由于时间仓促新写的稿子"又乱又浅又臭"。而王任重受到邓颖超意见的影响，也表示原报告最近几天改得不错，再加上一段反对自由化的内容就行了，其实他自己也知道这个报告并没有什么大的修改。会后，林默涵还是心有不甘，他打电话给邓颖超陈述自己的观点，并一再激动地表示：不行的话我自己再起草一稿！此时，离开会只有两天了。

据刘再复回忆，那天会议结束后，他陪周扬回到家里，苏灵扬很激动地对周扬说："如果还要你去批别人，你就不要作这个报告！我们的教训够深的了！"周扬听着，沉思良久，最后拿起报告加了一句"我们现在应当特别警惕'左'的倾向"。并郑重地说："他们说要加上一段话，我看还是加上这一句。"（刘再复《师友纪事》，三联书店2011年1月）

我特别看重这个细节，深思良久的周扬心境有多么复杂没人知道，他是否又有了那种在夹缝中生存的感觉？是否对自己想要极力维持的团结已感到沮丧和迷茫？又是否意识到前面的路会更加艰难曲折？不管周扬想到了什么，最终他还是毫不犹豫地加上了那一句"我们现在应当特别警惕'左'的倾向"！他清楚地知道人家要他加的是一段反对自由化的内容，他却偏偏加了这相反的一句。改过后，他郑重地把稿子交给报告起草人保管，希望能够作为历史的见证，也表露出自己反"左"的坚定不移的决心。这一事件耐人寻味，正如顾骧感叹说：晚年的周扬虽不能说完全做到特立独行，但毕竟不再是俯仰由人、甘当一种"思想"的"宣传者"的传声筒角色；努力本着自己的声音吟唱，依靠自己的良心思考，维护着人格独立，人性尊严。

我曾经从旁听到荒煤对这一事件的讲述，他声音低低的，带着胜利的喜悦也充满着困顿和疲惫。无论如何这件事的结果和他写信力争有密不可分的关系,但他对周扬也不无意见。在这场争执中,他觉得周扬太软了,对林默涵太犹豫、太迁就了。

一直以来,在文艺界高层人士的分歧中,荒煤和林默涵之间的争论似乎格外针锋相对。荒煤最早发表的《阿诗玛,你在哪里》受到了文化部的一再责难,而那时候林默涵正领导着这个部门;后来荒煤那些支持年轻人的文章被林默涵看作是跟在年轻人后面跑;荒煤对赵丹遗言的呼应被林默涵指责为没有立场;对《太阳和人》的意见被认为是错误观点;还有许多理论问题,以及用什么人的问题……荒煤绝不示弱,他最早指名道姓地批评林默涵,在文艺界公开他们之间的"严重分歧";他在人性、人道主义以及如何看待新时期文艺等问题上一再和林默涵展开争论。最为突出的还是在文联重新组建时。当得知周扬有意要林默涵担任文化部党组书记、文联党组副书记时,荒煤立即给周扬写信直言不讳地对这种做法表示惊讶、惋惜和反对,"请原谅我坦率地表示意见,我认为你至少让他担任文联书记事,不和文艺界一些老同志商量一下,听取大家意见是不够慎重的。"理由很简单,"这一年,他对文艺界只是泼冷水。"荒煤的意见并不只代表个人,周扬最终放弃了这个想法。

荒煤和林默涵的争执持续了多年,直到整风、反对资产阶级自由化,固执的林默涵对荒煤仍旧揪住不放,而荒煤也予以回击。他在1984年1月14日的日记中写道:

> 下午党组学习,默涵发言,目标仍对准我不放。提出几个认为文化部要注意的问题。
>
> 1　所谓赵丹事件,我写了悼念文章,我站在哪方面?
> 2　三刊物会议讨论人性、人道主义问题。
> 3　重用马德波问题……
> 4　我极力平静也发了言,仍不免有些激动。对斤斤计较一些谣言反感。证明今后很难合作。

两人都坚持自己的立场,你来我往,绝不妥协。1992年文艺界举办荒煤文艺生涯六十年研讨会,林默涵出席会议,他在大会发言中说:"当然,我和荒煤之间对某些问题也有不同的看法和意见,但我们都是当面说,说过就算,并不影响在工作上的合作。我认为,在建设社会主义,进而实现共产主义这个根本目标上,我们是完全一致的。"荒煤在答谢辞中回应了他的讲话。多年过后再度回想他们的争论,除了让人清晰地看到改革开放之初走过的艰难道路,也让人另有感慨,无论谁是谁非,敢于如此直率地说出内心的想法而绝不隐晦自己的观点,在今天的学术界或是官场都实在太罕见了。

争论中,周扬的旗帜始终是鲜明的。他在第四次文代会的报告中强调:"现在的情况不是思想解放过了头,而是思想解放还不够,束缚思想解放的阻力还很大,思想僵化或半僵化的,还大有人在。我们对人们的思想解放,只能促进,不能促退,只能加以正确引导,而不能加以压制。要求文艺工作者思想解放,首先文艺工作的领导人自己要带头解放。"周扬心里明白,文艺界上层的分歧表面看是荒煤、张光年等人和林默涵、刘白羽之间的矛盾,但实际上矛头针对自己和夏衍。尽管如此,周扬对林默涵等人的看重似乎仍然没有改变。他内心非常复杂,不愿意看到分歧愈演愈烈。在他的心中团结是第一位的,只有团结才能担负起改革的重任。假如队伍四分五裂大旗又能扛多久?他在很多方面都小心地维护着团结,希望找到一种平衡。他想要林默涵担任文联党组负责人的想法或许也说明了这个问题。

为了维持团结局面,从1980年10月23日起,周扬在家中接连召开了九次老同志谈心会,试图统一认识消除分歧。然而,九次谈心会过后,双方仍旧各持己见,所有问题都没有解决。1981年初,从上面不断传来"文艺界某些人自由化倾向严重"的声音,林默涵等人更有真理在握大义凛然之势。矛盾愈加突出,形势愈加严峻。周扬延续

1981年,周扬在鲁迅诞辰一百周年纪念大会上

了谈心会的做法,每周一次在家中召开由夏衍、贺敬之、林默涵、张光年、冯牧、荒煤等人参加的核心组碰头会。持续了半年多的碰头会是周扬为团结所做的最大努力,遗憾的是分歧没有消除,且随着形势的发展变得更加复杂和不可弥合。1981年末,在结束了《苦恋》风波和鲁迅纪念大会之后,周扬辞职,经过一番挽留,终于成为中宣部的一名顾问。

荒煤曾经说过,周扬最信任的人正是反对他最厉害的人。在这个问题上,夏衍也有同感,觉得周扬最终是被自己所造的势打倒。或许,周扬是太想要那份团结了,经历了"文革"的大磨难,一心期盼文艺界有一个团结繁荣的局面,这是他心中高于一切的大事。或许正是这份期盼让他不再重现昔日的霸气和决断,他不但对年轻人宽厚,对身边意见不同的人也表现出了宽容,这抑或也是他们的争论始终处于胶着状态的原因之一?然而,回望历史,回望八十年代初整个文艺界起起落落的大形势,即便重新来过,不知周扬是否还能有别的选择?

扬帆启航的队伍,曾经何其威武,叱咤风云,几经波折竟也有了零落的景象。

六　远方的岸

1983年的那场风波,周扬这杆大旗在批判中轰然倒下。

纪念马克思逝世一百周年的报告会荒煤等人都没有出席,都是大忙人。但会上的情况很快传来。张光年立即认真阅读了周扬的报告,认为"找不出大错来","有很好的深刻的见解,倘由此引起一番公开讨论,我看是好事情"。荒煤是在北小街46号夏公处听到消息的。夏衍感冒卧病在床,说起来对发起进攻的人充满不屑。晚上,荒煤与张光年、冯牧通电话了解详情,并认真阅读报告,同样未看出什么大问题。隔日赶去探望周扬,周扬未多说什么,只是对文联工作深感疲惫,极力劝说荒煤回文联主持工作。荒煤非常犹豫,最终达成协议代周扬兼管一下文联党组工作。

他们对周扬报告所引起的争论感到不以为然。听说报告结束时,场上响起长时间的热烈掌声,这至少可以证明多数人不仅认同还给予很高的评价。然而,形势再次朝着相反的方向发展,指责汹涌而来。用荒煤的话说,许多人都对这些指责感到惊愕,是否又要搞运动了？面对种种责难,周扬据理力争,他的辩护引来的只是更多更猛烈的批判。在强大的压力下,周扬最终做了检查,承认自己"轻率地、不慎重地发表了那样一篇有缺点、错误的文章。这是一个深刻的教训"。

不少人都想弄明白周扬为什么要做那个检查。几年后,在病房中他还对儿子周迈谈到,认为"批异化没有道理"。显然,检查是违心的。据说还有领导希望他把检查做得既要使批评他的人满意,也要使支持他的人满意,还要让不了解情况的群众满意。做到"三满意"是不可能的,但他还是因为自己是党的人而要求自己做到服从。然而,这个检查在他的内心形成了巨大的波澜,也成为他心中永久的痛。这不禁使我想起1978年荒煤因《阿诗玛,你在哪里》而惹出的一场官司,也是胡乔木说服他在《人民日报》上发表一个类似检查的说明,以平息对方的火气。结果引来的不仅是广大读者的惊讶和猜测,也同样引来了人们对这种做法的不满。不同的是,那次毕竟没有形成全国性的政治事件;而荒煤比起周扬来,远没有那么较劲,虽然心有隐痛,却在忙碌和不屑中把这一事情抛向脑后。而周扬呢,他的认真、真诚、执著和自尊更快地把他引向深渊。

他终于变得沉默了,那沉默就像是一个被巨大的石头封住的洞穴,不管洞里有多深,有多少出人意料的奇石异景,洞外却是风不吹草不动,是永远的无声无息。

他经常坐在屋子里,两眼凝视着对面的屋檐久久地不说一句话,他的身体在巨大压力的摧残下急剧恶化、垮掉,一种从精神到肉体的崩溃,将他慢慢地覆盖。

目睹这一切的"周扬派"们感到了心寒。不仅仅是他们,更多的人,甚至包括一些曾经被周扬整过的人都感到心痛。因为周扬遭受的这次致命打击,恰恰出现在他真正觉醒的时候,在他以一个理论家的角度真实地深刻地审视历史的时候,这样的结局不能不让人们感到深深的悲哀。

他们不间断地去探望,开始还能和周扬有简单的交流。1984年4月15日荒煤在日记中写道:

> 下午去北京医院看周扬,遇秦川、灵扬。周频频称"老了老了",行动极为不便。仍准备与巴金于5月同去日本。
>
> 到王府井书店等逛了一趟。
>
> 感触颇多,不胜疲劳的感觉。从事文艺工作半个世纪,总是感

到负重前进,坎坷太多,常使人不知所措,挫其锐气,如此状况,振兴何易?可叹!

1985年3月巴金到北京参加全国政协会议,在他此生最后一次的北京之行中,特别由女儿和吴泰昌陪同到医院看望周扬。当他们走近周扬病床边的时候,周扬立刻就认出了他们,他把双手分别伸向两旁握住了巴金和小林的手,紧紧地一直不肯松开。当巴金伏身大声地向他表示问候的时候,他的嘴唇艰难地嚅动着,眼睛里滚落出大颗的泪水。也正是几个月前,在作协四次代表大会开幕式上,当大会宣布周扬简短的只有一句话的贺词的时候,寂静的会场上突然爆发出雷鸣般的掌声,有人看了表,那传达着人们内心感情波澜的热烈掌声竟持续了一分钟三十四秒。接着,一封由三百多位老中青作家自发签名的慰问信送达周扬的病房,可惜此时周扬已经很难表达自己内心的感受了。

那时候的周扬充满了衰老的无奈,他只能紧紧抓住来访者的手不

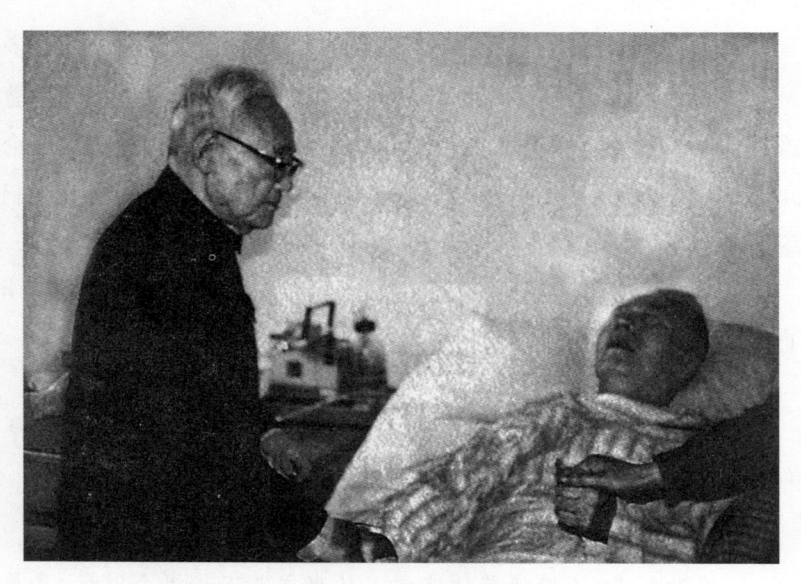

1985年,巴金去医院探望重病中的周扬

放,眼泪便慢慢地从眼角渗出悄然地滚落下来。每一次探望,无论访者还是被访者都有种百感交集的冲动。后来,再去医院看到的就是一个昏睡不醒的人;再后来,就是植物人,一具没有思想的空壳。一次,荒煤陪同即将离京返川的沙汀前去看望,周扬平躺在病床上,原本魁梧的身材已经消瘦得皮包骨头,他的脸色是平静的,好像在沉睡,鼻子里有长长的管子插入体内,荒煤和沙汀默默地站在床前,病房里除了仪器嗡嗡的声响什么都没有,空气中弥漫着的药物气味令人窒息。回到家中,沙汀禁不住掩面痛哭!

毕竟不是一个时代的人,周扬的儿子周艾若说:看得出他很难承受最后受到的这次打击,因为这次只有他一个人承受。"文革"中,在监狱九年他都顶住了,但后来这次对他的精神打击太大。其实,他没有想到这是一种光荣,如果想到自己是一个代表人物,是一个时代的代表,值得为此做出牺牲,那么他也许心情会舒畅得多,达观得多。可是他没有这么想。(《摇荡的秋千——是是非非说周扬》)1988年,年近九十高龄的夏衍在自己家中召集光年、荒煤、冯牧、王蒙、顾骧等人商量为周扬准备"后事"。夏公意思:周扬终将不起,应当尽早为他准备后事。所谓准备后事,主要就是草拟一篇悼词,一篇"生平",以免周扬一旦离去,措手不及。若是有人抢先拿出一份悼词,对周扬的评价、若干历史问题的论断,不尽符合实际,便会很被动,要大费周折。

一年之后,周扬结束了自己对这个世界的不舍与徘徊,离开人世。此时正病卧在床的巴金从上海华东医院给苏灵扬发来唁电:

> 惊悉周扬同志病逝,不胜哀悼。想到85年和他的最后一面,我无话可说。
>
> 他活在我的心里。
>
> 巴金
1989年8月1日

周扬走后,对他的回忆和评说曾经一片沉寂。

1994年6月28日,荒煤在日记中写道:动念写写周扬,回忆往事又觉真不好写,认识时间很长,但真正深谈不多……在那个炎热的夏季,连日高温,天气奇热,荒煤翻阅着有关周扬的材料,心中涌动着许多说不清的情绪。周扬让他们记起自己年轻时代的光彩,也让他们记起晚年的再度起航,记忆起那些荣耀、波折,也记忆起那永远难以抚平的痛楚,还有在翻云覆雨的政治舞台上那些难解的历史之谜……

这一次,他真的动了念头,想要写。但不知为何,终于还是没有动手。

夏衍

夏衍的1964
刻入年轮的影像

夏衍的 1964

一　谁的阵地

偶然看到夏衍摄于 1964 年的一张照片。

这是周恩来总理接见荷兰著名电影家伊文思的一个场面：照片上伊文思和周恩来站在中间，两旁陪同的分别是夏衍和陈荒煤。值得注

1964 年 10 月 28 日，周总理接见伊文思。夏衍（左二）、荒煤（右二）、司徒惠敏（左一）等陪同

意的是这张照片拍摄的时间——1964年10月28日,这是毛泽东对文艺界接连作出了两个严厉的批示之后,紧锣密鼓地持续了几个月的文化部整风正在接近最后高潮,在这场整风中,夏衍和荒煤都"荣幸"地成了公开批判的重点对象。

已经数不清开过多少次会议了,无论是发言提纲还是党组会,围绕的内容只有一个:整风、检查。事实上,此时,夏衍和荒煤在一天比一天猛烈的火力轰炸下,已经到了"堡垒"被最后攻破的边缘。这让人不能不更加仔细地端详照片中的那几张面孔。总理和伊文思的表情同样都显出几分凝重,周恩来的凝重中保持着一贯的镇定和大气,伊文思的表情却明显地被压抑所覆盖着,脸上没有一丝笑意。不知拍照前后他们都谈了些什么?抑或伊文思感觉到他来得不是时候?再看站在两旁的夏衍和荒煤,他们都面带微笑,不过夏衍清癯的脸上笑容有些迟疑,而荒煤的笑更像是面对镜头做出的礼节性的表示,一点都不开朗。有趣的是,在场的六人中五位都身着正装,只有夏衍一人穿着一件小棉袄,10月末的京城秋高气爽,但似乎夏衍更早地感受到了萧瑟的寒意。

一切都来得非常凶猛,似乎谁都没有意料到,又似乎早在意料之中。

这年的开启就不同寻常。新年伊始,刘少奇、邓小平亲自召集文艺座谈会,传达毛泽东1963年12月所作的关于文学艺术的批示(后来被称为第一个批示),这个批示是根据柯庆施上海故事会的材料作出的,批示称:

> 各种形式艺术——戏剧、曲艺、音乐、美术、舞蹈、电影、诗和文学等,问题不少,人数很多,社会主义改造在许多部门中,至今收效甚微。许多部门至今还是"死人"统治着。不能低估电影、新诗、民歌、美术、小说的成绩,但其中的问题也不少。至于戏剧等部门,问题就更大了。社会主义经济基础已经改变了,为这个基础服务的

上层建筑之一的艺术部门,至今还是大问题。这需要从调查研究着手,认真地抓起来。许多共产党人热心提倡封建主义和资本主义的艺术,却不热心提倡社会主义的艺术,岂非咄咄怪事。

(《中国电影编年纪事》总纲卷,上)

座谈会上,周扬做了汇报发言。虽然他在发言中一再强调问题的严重性是"用封建主义、资本主义的东西来挤社会主义的东西,来占领阵地",要把这个问题"提到方向问题上来,提到文学艺术战线的阶级斗争问题"上来,但他说的还是"少数人",与毛主席的"问题不少,人数很多"显然存有差距。据后来荒煤回忆,周扬汇报的重点更像是在"不能低估电影、新诗、民歌、美术、小说的成绩"上。

1月,夏衍和荒煤在影协传达了会议精神。主席的批示本来就不长,只能照本宣读;刘少奇、邓小平、彭真的讲话较详细;周扬的汇报更具体;这就使传达显得好像有点重点移位。会后,在夏衍的同意下,荒煤主持了在南京提前召开的制片厂厂长会议,首先传达主席的批示,但重点似乎还是没有调整过来。1月下旬,文化部在北京召开了优秀新闻纪录片优秀摄影师颁奖大会,夏衍、荒煤在大会上讲话,表彰优秀颁发奖励,同时还举行了故事片、新闻片、科教片等种类的新片观摩,招待各路记者,大张旗鼓地宣传电影取得的成绩。这些举动在事后看来的确很不合时宜,甚至有些背道而驰——领袖已经在严厉批评了,你这里还在大力宣传成绩。但在当时,他们都做得很真诚、严肃和自然。

3月,文化部党组连续七次召开会议,传达和学习毛主席批示,作出了《对几年来文化艺术工作检查报告》,报告遵循毛泽东提倡的一分为二的原则,既肯定成绩也检查问题。

6月4日,夏衍就京剧现代戏的问题答香港《文汇报》记者问:"我们一向主张'两条腿走路',就是既要大力提倡演现代戏,又要整理、加工传统戏和新编历史剧。"然而,就在第二天开幕的全国京剧现代戏观摩演出大会上,江青枪毙了中国戏剧研究院、实验京剧团创作演出的《红旗谱》等剧目,指责戏曲舞台是"牛鬼蛇神"统治,"破坏"社会主义经济基础,并和康生联手在总结大会上点名批判《早春二月》、《舞台姐妹》、《北国江南》、《逆风千里》等影片。霎时风起云涌,全国各大报刊很快就展开了声势浩大的批判。

　　与此同时,在全国举办的第三届《大众电影》百花奖评奖活动还在进行。根据周恩来的指示,这次评奖活动组织了全国规模的工农兵和各阶层群众代表参加,八十八万人次投票。评奖结果已出,影协党组书记夏衍、副书记荒煤商定拟于6月12日向全国发布消息、6月23日在政协礼堂举行颁奖大会,并就此事向中宣部呈送了报告。报告送上去后迟迟得不到回复,整风的声势却不断深入扩大。开始他们还以正在"统计选票"、"筹备颁奖"等理由拖延时间,后来评奖结果迟迟不能公布引来了各地群众的强烈不满和质疑,最终,经中宣部同意,只好由影协草拟答复信,通过组织层层下达。答复信称:"由于对组织全国范围的群众参加电影评奖的经验不足,加之有反映现代题材的影片放映较晚,影片在各地上映的时间又迟早不一,影响了评奖的结果,使之不能体现当前党所提倡的方向——积极鼓励和提倡社会主义革命和社会主义建设题材的精神,也不符合当前'文化革命'的形势,因此,决定取消第三届'百花奖'评选活动,不再公布评选结果和发奖。"一个全国性的评奖活动就这样中途夭折了,充满了热情和期待的观众们只能在困顿和猜疑中接受这个事实。

　　面对这样一封史无前例的答复信,夏衍的心情是十分复杂的。形势渐渐地露出了它的狰狞面孔,以他的敏感和经验,他不可能看不到前景的险峻——许多指责都是对着自己来的。但他又实实在在不愿意向那个方面想,不敢向那个方向想。他只能密切地观察着上面的动向,期盼局面或许会出现转机。

　　然而,就在这个时候,毛泽东又在中宣部《关于全国文联和各协会整风情况的报告》草稿上作出了第二个批示:"十五年来,基本上(不是

1921年，夏衍初到东京时留影

一切人）不执行党的政策，做官当老爷，不去接近工农兵，不去反映社会主义革命和建设。最近几年，竟然跌到了修正主义的边缘，如不认真改造势必在将来的某一天，要变成像匈牙利裴多菲俱乐部那样的团体。"（《中国电影编年纪事》总纲卷，上）领袖的每一句话都像重锤狠狠地砸下来，他向人们发出严厉的警告：阵地究竟掌握在什么人手里！这种对文艺界的估计终于让人们有了一种不寒而栗的感觉。

夏衍从来没有想到，自己有一天会面对这样的责问。

上个世纪初，夏衍这位世纪同龄人正是"血气方刚"的青春少年。我看到过一张他拍摄于那个时期的照片，照片上的人和我后来所认识的那个干巴老头儿有着天壤之别。他端庄、英气逼人，最引人注意的是他脸上那双目光清澈的大眼睛，热情中透出一种探索人生真谛的渴求，而紧闭的嘴角又现出一种坚韧、倔强的气质。他在五四运动的影响下投身新文化运动。取得奖学金后赴日留学，几年后又因参加国民党左派活动被通缉回国。蒋介石发动"四一二"政变后许多共产党人被捕，有人脱逃叛变,夏衍却在反革命屠杀甚嚣尘上的时候毅然加入了共产党。他是提着脑袋入党的,有朋友对他说:"怕死的要退,要革命的就该进。"他当天晚上就写了入党申请。三十年代的白色恐怖中,夏衍曾作为中共地下"文委"负责人之一,坚守在左翼文化的阵地上。在国民党对国统区的文化围剿中,很多进步作家入狱、"左联"五烈士被害、上海反帝同盟大会八十余人惨遭屠杀、李大钊被害、洪灵菲被害……这些都没有阻挡他追求真理的信念。那时候,上海文化圈的人们都记得这个三十开外的白面书生,身着整洁的西装,梳着整齐的头发,戴着一副玳瑁眼镜,"他对敌人作战是很泼辣的,在反动派眼里,他是不好对付的老鹰;在群众眼里,他却像在平常人家檐下作巢的燕子","人们明知他危险的政治身份,却都把他当作知疼着热的朋友,跟着他一起干,觉得很温暖。"(柯灵《辛苦了,老水手》)

回顾历史的每一个关口,夏衍自认问心无愧。他的政治立场是坚定的,他的革命热情早已刻在心灵里融化进血液中,他和他的战友们"在泥泞中作战,在荆棘里潜行",为新中国文化事业开辟出一条道路,从来没有想到怎么有一天自己会突然"跌到了修正主义的边缘"?面对这种责问,他感到无比的困惑。

然而,这困惑对谁去述说?周扬?上一年年底,周扬传达毛泽东的第一个批示时口气还是从容缓和的,他说文艺界并不都是坏的,也有坚持方向的,他还责备文化部赏罚不严明,对好的一定要表扬,言下之意不表扬就会弄得上面觉得情况都很糟糕。也正是在他的这种思想指导下,夏衍才布置荒煤大搞优秀新闻纪录片优秀摄影师评奖活动。但接下来的形势似乎并没有像周扬估计的那样发展,随着批判的风声越来越紧,周扬的口气也愈加严厉起来,越来越让人看不透了……把心中的疑虑对周总理说吗?虽然夏衍与总理有着很多交往机会;虽然无论是过去还是当下他们之间都有着某种理解和默契,而且更让他难忘的是1955年、1957年、1959年总理都曾对他伸出过援助之手——1955年潘汉年被抓走的时候,鞋都没来得及换,脚上穿着拖鞋就被带走了,而就在那个风声鹤唳的时刻,总理对自己说:你不要回上海了,就留下来到文化部吧……但这一次,似乎有所不同!从许多场合里总理不露声色的话语中夏衍依然感受到他同样承受着越来越巨大的压力,这压力究竟来自哪里呢……他不能问也不能说,他知道在风云变幻的政治舞台上许多时候是只有自己去独自面对的。

他给荒煤拍了一封电报,必须让这个他一向倚重的老弟有思想准备。

6月,荒煤随崔嵬、汪洋一起前往南疆现场审定《天山上的红花》。边疆独特的风光,以气势磅礴的力量震撼着他深感疲惫的身心,荒煤沉浸在艺术创作的喜悦中。北京——那座大城市里正弥漫着的紧张空气似乎已经离他很远。

当夏衍的电报送到荒煤手上的时候,他猛然从西域的梦想中惊醒。电文很简短,只有四个字:"立即回京"。看着赫然出现在面前的那几个字,荒煤意识到这绝不是一封普通的电报,没有紧迫的情况,老头子绝不会这么急切地召自己回去。虽然此时他还不知道毛主席已做了第二次批示,但他预感到北京一定又出事了!一种不祥的感觉浮上了心头。

二 "离经叛道"

文艺界传达毛主席的第二个批示是在7月2日,随即,整风运动在文化部及文联各协会迅速展开。

2005年出版的《中国电影编年纪事》上有这样的记载:

> 7月2日—10月21日 中宣部召开文联各协会和文化部党组负责人会议,周扬传达毛泽东的第二个批示,布置文化部和文联各协会党组作整风检查。到9月中旬为止,文化部党组在连续举行

了38次党组会或党组扩大会进行检查的基础上,草拟了一份《文化部党组工作错误的综合材料》上报中宣部。

这段记载为我们勾勒出一幅当年整风的图景,也让人禁不住发出感叹:大约七十天的时间里召开三十八次党组会议,平均不到两天开一次,在必须坚守工作岗位的同时,那三十八次会议是怎样夜以继日地召开的?作为整风重点对象的夏衍又是怎么面对这骤然而起又必须承受的打击?很多年后,我希望找到夏衍有关这方面的文字记载,很遗憾,我没能看到。或许和"文革"一样,他想要忘却?他的《懒寻旧梦录》只写到新中国成立之初,但他在自序中说:"说实话,要是没有恩来和陈毅同志,我是逃不过五七、五九、六四这些关口的。"他把1964年视为自己生命中的一个重要关口,我相信,对于如何渡过这个关口他是永远都不会忘记的。假如时间和精力允许,他一定会给我们留下有关这些风口浪尖的宝贵回忆。幸运的是,我找到了荒煤的两个紫红色硬壳小笔记本,这正是荒煤在接到夏衍电报返京后,参加的那三十多次会议的记录。两个本子的扉页上分别写着:"1964年8月下旬文艺整风"、"1964年9月整风札记"。荒煤有记录的习惯,而且是现场记录,虽然两个笔记本上的字迹一如既往的小且难以辨认(我看过沙汀、何其芳等人的笔记,字体都同样小得让人需要使用放大镜才能看清楚,我总怀疑是因为他们那个年代缺纸吗?),但在那蚂蚁排队似的字里行间却记录着那些日子里发生的许多事情。

在传达了毛泽东的第二个批示后,夏衍和荒煤很快就做出了检查。检查的范围开始是党组会,后来改为党组扩大会,再后来就变成了干部大会。检查的形式是自延安起就一直沿用的老办法——自己先检查,然后由别人进行批判。这种思想斗争的方式几十年屡用不衰,他们不会感到有什么不适应,但迅速发展的趋势却是他们最初难以预料的。

7月，周扬派了夫人苏灵扬到影协做整风联络员。苏一到，夏衍正在准备出版的书立刻就被叫停了，说是有吹捧三十年代之嫌。即便如此，此时，夏衍还尽职尽责地坚守在岗位上。在他给荒煤的一封信中仍旧关切地谈到京剧现代戏会演后电影如何进行拍摄的问题，虽然当时的一切已经由"会演领导小组顾问（康、江）核定"，但他仍在努力工作。

8月的党组扩大会上，有人发言十分尖锐："党组领导核心未树立，是专家领导加一般化领导，以个人兴趣来代替党的政策。……最好有省委书记，不一定懂得文化的人来以阶级斗争纲领抓工作，部长办公会议只管行政事务。"也有人指出：党组"创作指导思想缺乏时代精神，无工农兵形象，无地盘，大搞遗产、传统，有的剧种已经死亡淘汰但还要抢救"。发言还对夏衍、荒煤的检查很不满意："夏讲群众喜闻乐见，无阶级观点。只顾脚下，不顾天下。""陈的发言缺乏分析，强调客观原因，不从阶级斗争观点出发。……总的看来，对其了解者觉得不好，希望重新来。"（荒煤1964年笔记）

从这些发言中可以看出，尽管批评的矛头已经集中指向夏衍、荒煤——两人中首当其冲的自然是夏衍这个"老头子"。但所谓"只顾脚下，不顾天下"还是一个突出业务的形象，并没有演变到"夺天下"的阶级斗争高度。

然而，上海那边传来的声音却令人震惊。时任中共上海市委书记处候补书记的张春桥在上海市文艺工作者大会上说："电影系统，在北京有一条反动的资产阶级'夏（衍）、陈（荒煤）路线'；上海基本上没有执行毛主席的革命文艺路线，执行的是这条资产阶级路线。"

调门就这样升了上来，且带着一种不容置疑的权威性。

9月的党组会上，一位副部长发言说：文化部的错误"肯定是路线错误，主要指导思想方向错了，特别是六一、六二年"。"电影比较集中、系统、完整。理论：瞿白音、夏衍；作品：《早春二月》等；代表人物：电影界有代表性的老头子，祖师爷……；事实上，是有一帮人，夏陈说话比党说话容易听、影响人。"此时,夏衍俨然已是和党对立的代表人物。而且具有组织性系统性。

到了9月末,形势变得更加清晰。在彭真家举行的一次会上,彭真明确地说:"文艺界近年乌烟瘴气,健康力量第一是解放军,第二是地方现代京剧会演,中央单位最落后,本来应该是领导,现在是盖子,一个改造一个打倒,否则亡党、亡国。"

谈到出现的一些"坏片子"时他说:"这是有计划有准备有组织地搞。前面是陈(荒煤)、袁(文殊),背后是夏(衍)、蔡(楚生)。"

他还进一步指出:"有人总是企图以自己的面貌改变(党)","有少数人自我批评诚恳——文化部不够,夏是顽强抵抗,但被人捧为国宝。""夏从来就是右,自由主义是假面具,右是真的。主张离经叛道,有个资本——三十年代电影。六三年《早春二月》,就是大捧三十年代。""老头子根本问题是两条路线斗争。"……(荒煤1964年笔记)

讲话的语调和措辞都相当严厉,且有了质的改变:有一条与党对立的修正主义资本主义路线;路线的代表者是党的负责人;行动上有组织有准备有计划;思想纲领是夏衍的"离经叛道"。这显然不是代表他个人的意见。

很快,夏衍就在报上被公开点名批判。

初看到"离经叛道"说时,总感觉有些奇怪。像夏衍这样一位老革命家,一个以党的利益为自己最高奋斗目标,不仅立场坚定而且有着丰富斗争经验的人,怎么会说出如此出格的话来?这让我不能不在思索中去努力探寻历史的踪影。

或许今天的人们已经很难想象二十世纪五六十年代的情景,中国社会一直在"反右"——"纠左"——"再反右"的政治风暴中起伏跌宕,电影更是从《武训传》开始便首当其冲经受着一次次的批判。创作人员小心翼翼胆战心惊,写剧本的不敢写,做演员的不敢演,当厂长的不敢拍板定案,以至于银幕上出现了一片荒凉的景象。1959年国庆十周年即将来临,为了展现新中国成立以来的伟大成绩,中央决定由周恩来、邓小平等主持,组织一批重要项目向国庆献礼,电影献礼是其中重要的一项,围绕这个中心工作,电影界以提高影片质量为目标开始"纠左"。

夏衍一向是主张题材多样化的,就是在批判浪潮高涨的时候他私下里也不止一次地谈论,认为只要在题材上对人民无害,不反对共产党、不宣传封建迷信就应当允许拍摄,他还幽默地把这比喻为"白开水"——虽然没有太多营养,但对人是有益的。到了迎接国庆十周年大庆时,他的心思更是全部投入到抓创作中,恨不得使出浑身解数把电影搞上去。十年了,一个期待中的国家,一个多少人为此付出了鲜血和生命的国家,难道在艺术上只能是贫乏的吗?但是要克服贫乏就必须突破种种禁忌。正是在这种情况下,文化部向中央递交了《关于提高艺术片质量的报告》,指出过去一段时间"那种只满足于数量,忽视质量,只注意'政治',不注意艺术性的现象是十分严重的"。夏衍还在全国电影故事片厂厂长会议上提出:电影必须要为观众所喜

1956年,夏衍与荒煤陪同苏联专家参观《祝福》拍摄现场。左二夏衍、左三女主角白杨、右一导演桑弧、右二荒煤

爱。他把观众分为三类:城市观众、农村观众、外国观众。城市和农村这两个类别已经囊括了整个国家,要考虑到外国观众的喜爱,却是过去很少提及的。他强调说,必须有和国家地位相称的艺术,才能在国际上站住脚。而为了满足这三类观众的不同需要就必须坚持题材多样化。

> 我们现在的影片是老一套的"革命经"、"战争道",离开了这一"经"一"道"就没有东西。这样是搞不出新品种来的。我今天的发言就是离"经"叛"道"之言。要大家思想解放,要贯彻"百花齐放",要有意识地增加新品种。
>
> (夏衍在1959年全国电影故事片厂厂长会议上的讲话)

这就是夏衍的"离经叛道"之说。

在历史的脚步跨越了半个世纪后品味他的这些话,似乎没有什么新奇;可在那个政治高于一切,艺术已经被逼进最狭窄空间,连个人的生活和爱情都不可能在银幕上公开表现的时代,夏衍的这些说法无疑远远地跨越了边界。但夏衍却说得十分坚决十分恳切十分急迫。以至于在短短的几年后就变为人们批判的目标,政治上叛逆的证据。

不管怎样,说出这些话时夏衍还是感到了振奋和高兴。他说的是真心话,是十年来闷在心头的话。他是一个革命家,也是一个艺术家,他一直把真实地表现社会作为自己写作的目标——"不管成败得失,一心想写点东西,一心想摘掉'空头文学家'这顶帽子。"曹禺曾经这样评价他的作品:"在夏衍同志的剧作里,我没有见到一句口号,没有一点概念的东西,我没有看见一个'革命者'挥动着红旗,对人群叫喊:'你们跟我前进吧!前面是希望,是光明,你们跟我跳出旧社会的火坑吧!'夏衍就是夏衍,他的戏总是深刻而含蓄,是现实提炼出来的精华……他绝不作出一丝为革命'呐喊'的样子,绝不做虚张声势的文学家。"(曹禺《从夏衍那里学到了什么》）或许这段话很形象地概括了夏衍的艺术追求，他坚持着自己的这种追求，即使是在这种追求和当前政治发生激烈冲撞的时候，他也小心翼翼地坚守着这块领地。

曾任北京电影制片厂厂长的汪洋清楚地记得，五十年代，正是政治运动一个接着一个让人难于应付的时候，夏衍不止一次地放话出来："茅盾的《林家铺子》谁敢拍，你们给我请一个月的假，我交给你们一个剧本。"当汪洋终于下了决心找到夏衍表示要拍的时候，他果然过了一个月就把剧本交出来了……

这或许也和他的性格喜好有关。他的生活兴趣十分广泛，喜欢文学、电影、书画、植物、集邮、猫……他热爱生活，爱惜人才……他是一个完整的人。是那种积极融入政治又努力保持着自身文化的典型。并且和别人相比，他的保持还有着非同一般的韧性。

事实上，1959年能够让他如此放胆大干的还有一个重要原因，是

夏衍（二排右二）、荒煤（二排右一）与国家乒乓球队员们在一起（60年代）

周恩来给了他勇气和信心。那年，周恩来看了为庆祝新中国成立十周年准备发行的影片目录后对他说：太严肃了，最好有点轻松的、愉快的片子才好！说这话时已经是春天了，离国庆节只有短短的几个月，他急得不知如何是好。总理又提醒他：你不是刚刚去了大理吗，能不能搞一个反映少数民族载歌载舞的喜剧片？这让他想到了云南那个美丽的地方和他曾经看过的一个并不成熟的剧本《十二朵金花》。他以最快的速度把女作家赵季康和她的丈夫王公浦找到北京，就在办公室里摆开了战场。他一边办公一边亲自修改剧本，经过一段时间的奋战，终于把原来以纪录片样式写成的"十二朵金花"，改成了具有生动人物形象和故事情节的"五朵金花"。剧本修改成功，立刻投入拍摄。他给导演王家乙提出明确的要求：一定要遵循艺术规律用形象来感染人打动人。为了争取影片能够在更多的国家发行，还要做到"一不出现政治标语口号，二不要提共产党、毛主席、共青团、人民公社；三不要出现政治性语言"。这样的要求对王家乙来说简直不可想象：

> 我听了夏衍同志这个要求后，简直倒抽了一口凉气。这不是我反对夏衍的观点，而是我所处的时代。1959年春天正是1957年反右派、1958年整党以后，一切必须服从政治的年代，也是我由于与所谓右派关系密切而被留党察看的时期，现在要我搞一部连毛主席、共产党、青年团都不提的片子，这不是把我往地狱里送？！
>
> （王家乙《夏公指导我拍〈五朵金花〉》，《忆夏公》，
> 文化艺术出版社1996年6月）

不仅如此，夏衍还进一步提出影片的风格一定要是轻松愉快的喜剧风格，这更让心有余悸的王家乙目瞪口呆。因为刚刚过去的两年里，有人就因为搞喜剧被打成右派受到批判，现在还正是"谈喜生悲"的时候，谁还敢搞喜剧呢！夏衍对王家乙的恐惧心理循循善诱，并拍着胸脯说："不用怕，有文化部和中宣部为你说话，替你承担责任，这是我们给

你的任务嘛!"有了这样的保证,王家乙终于放心地上马了。

1959年国庆节,《五朵金花》如期出现在观众面前,它带给人们许多欢乐和浪漫遐想,让人们感觉到生活的美好、人与人之间关系的美好。在"十几个题目中打仗的放枪的就占了八个"的年代,这朵艺术奇葩绽放得如此绚丽,被人们赞誉为编导好、演员好、音乐好、风景好、色彩好的五好影片,并一举夺得第二届亚非国际电影节最佳导演、最佳女主角两项大奖,先后输往四十六个国家和地区隆重公映,创下了当时中国电影在国外发行的最高纪录。

就在夏衍大力宣扬"离经叛道"的这一年,电影终于实现了一次辉煌。全国生产艺术片八十部,优秀和较优秀的影片达到近三十部。国庆节来临之际,文化部在全国各大城市同时举办"庆祝建国十周年国产新片展览月",丰富的题材、多彩的艺术风格给老百姓们带来了惊奇和喜悦。艺术家们更是感到从来没有的振奋。这一年,在新中国电影发展历史上,被称为"一座光辉的艺术高峰"。

当一部部观众喜爱的好影片出现在电影院时,夏衍的喜悦是无法形容的。然而,笑容还没有来得及从他脸上隐去,"庐山会议"后的"反右倾"运动就降临了。这一次,拍着胸脯为王家乙担保的夏衍成为文化部"重点帮助对象",报纸上不断地发表批判他言论的文章。

或许从那时候起,夏衍就应该意识到更大的危险正一步步接近自己。但是,他忽略了这一点。1961年、1962年整个国家进入调整时期,夏衍在破除迷信解放思想强调尊重艺术规律与艺术民主方面更加不遗余力,用他后来的话说真到了"不察世风,不自量力"的地步。以至于到了1964年所有这些终于成为他"有计划有组织有纲领地推行修正主义路线"的证据。

《中国电影编年纪事》1964年的条目中有这样的记载:

> 9月27日,文化部电影局发出《关于撤销影院悬挂电影演员照片的通知》,自此在全国各地影院曾悬挂的中国22位电影演员的大照片在电影院的墙壁上消失了。

9月,正是夏衍焦头烂额疲于应付批判的时候。经过了整整一个炎热的夏天,一切并没有像秋天到来一样逐渐降温,却大有如火如荼的势头。当夏衍不得不面对撤销影院悬挂明星照片的决定时,不知是什么样的心情?评选明星的建议是周恩来提出的。1961年"新侨会议"上他对大家说:"现在我们的电影院里,都挂着苏联的二十二个大明星,新中国成立已经十二年了,为什么不挂我们自己的明星照片呢?应该有我们自己的明星嘛!夏衍同志,你考虑考虑!"夏衍高兴地连连点头表示赞同。随后,他就带领一班精兵强将立刻行动起来,在全国展开了"新中国二十二大电影明星"评选活动。生活在那个年代的许多人都还记得,这一活动给当时单调枯燥的生活增添了很多亮色。仅仅两年,当这些照片从墙上被粗暴地拿下的时候,他感到了一种肃杀之气。刚刚萌发的艺术民主的自由空气就这样被扼杀了,这肃杀之气不仅仅对着自己,也是对着周恩来的……他不知道那些明星们会不会也因此而遭受伤害?想到他(她)们,他的怜惜之情油然而生,这中间有些人是常常出入他的宅院的,他对他(她)们的熟悉和爱护也是出了名的……但此时,他正咬牙过关自身难保,连新评出的"百花奖"结果都不能发表,他还能说什么呢,他只能在无奈中感到沉重和悲哀……

在我童年的记忆中,也依稀留有美好的一幕。记得那时候,每当跟随家人走进电影院,看到墙上悬挂着的一张张动人的照片,总要驻足张望觉得十分新奇和美丽。偶尔,学校组织看电影,我们会簇拥在那些大照片前,争先恐后地把照片里的人和电影名字联系起来,能够说得最多的一个同学总是显得特别得意……时光流逝很多年之后,一个偶然的场合,我又曾经听到一位老人向我描述对当年悬挂于影院的那些明星照片的感受,他如数家珍地一个个地说着二十二位明星的名字,点着头,发出由衷的叹息!那是一种欣赏,热爱和自豪,那些美丽的照片留给他的是那个时代最美好动人的记忆,也是他们那一代人生活的一个不可分割的部分。

我曾经联想,那位老人是否知道,当年悬挂照片正是夏衍等人的罪行;而夏衍又是否知道许许多多像那位老人一样生活着的普通老百姓发自内心的声音？如果他们在那个年代相遇,又会有一种怎样相通的感受？！

三　风云诡谲

1964年的一天,著名导演郑君里被江青叫去谈话,这位以"老朋友"自居的第一夫人警告他说:"你再跟着夏衍陈荒煤走我就不理你了！"离开江青的宅邸,郑君里郁闷又惶惶不安,他感觉到一场狂风暴雨即将降临,但又为种种谜团而困惑不解。夏衍到底是什么人！荒煤又是什么人！跟着他们走有什么错呢……犹豫再三,他还是找到了荒煤,坐立不安之后终于把情况告诉了他。荒煤为郑君里的坦诚而深深感动,他们都明白,以江青当时的地位,那句话的分量到底有多重！明知道不应该说,却还是说了出来,细心而耿直的郑君里一定经历了激烈的思想斗争,多年来相濡以沫共创事业的友情承受住了最严峻的考验。而就在那之后不久的"文革"中,在那位"老朋友"的授意下,郑君里被张春桥两次叫去谈话,严令交出一切有关"首长"的材料,抄家、被捕、受尽折磨和凌辱……三年后这位才华横溢的艺术家终于满含悲愤黯然离世。

1964年那些波谲云诡的日子里,夏衍已经被人定罪,自己却还在挣扎中。

检查做了多次,情况却不见好转。根据荒煤的记录,开始,大家是按照周扬布置的四种情况进行检查:1.有一条与党对立的路线;2.基本上不执行党的政策;3.在资产阶级进攻下一个时期动摇了;4.一贯执行党的路线。在检查中,每个人都要对号入座。对于党组的多数人来说归入第四种情况显然不可能,他们只是希望把自己归为第三类;问题是主席的批示讲得清清楚楚——多年来"跌到了修正主义的边缘"而且

"人数很多",这些"人数很多"的角色总要有人来担当——据此,他们也只能把自己放入第二类。于是,大家又开始绞尽脑汁在究竟是有一条错误路线还是犯了路线错误上纠结不已。

然而,有没有人属于第一类呢?

荒煤的记录中写着,有人指出:会议中"夏的态度很不好",他的发言"只有三分之一篇幅是检查,道理却讲得头头是道"。还说"荒煤也不是从内心承担责任"。荒煤在检讨时总爱提到希望改行,说出来的是自己没有水平,难负重任,暗含着的意思是这个行当太危险,检查错误不深刻却动辄就说想改行,不是推卸责任和党唱对台戏嘛!

究竟什么才是好的态度呢,夏衍感觉到,有种力量正逼迫自己向那个最不愿意也不敢想的极端方向就范,这不能不让他于焦虑中反复掂量许多事情。

争执是一直以来就存在的,而且每次都很纠结。那年改编陶承的回忆录《我的一家》,康生发话说:我怎么不知道这个人,我就是在上海领导党的嘛!夏衍没理会他的责问,坚持将回忆录改编成电影《革命家庭》;结果康生又说,回忆录歌颂的是错误路线,片子拍成了我也不看。夏衍仍然没有动摇,他认为即使是在错误路线指导下为党牺牲的人,也应该记住他们,学习他们那种勇敢地为人民的事业、为党的事业奉献自己的精神。影片上映后非常成功,那位经过编剧导演演员精心打造磨砺的女主角——"母亲"感动了无数观众。夏衍、水华联袂荣获首届电影百花奖最佳编剧奖,于蓝荣获第二届莫斯科电影节最佳女主角奖……那一次的成功,真的是让康生很没有面子。

如果说改编《革命家庭》是有意为之无法推卸,《李慧娘》的事情却总感觉是被人下了套。四年前,当孟超把写好的剧本拿给夏衍看的时候,他禁不住在心中叫好。第一次写昆曲就能把唱词写得这么棒,确实让人佩服!但凭着他的敏感当时就有些担忧,他曾问过孟超:"这个剧本现在能上演吗?""现在"这两个字的意思不言而喻。没

夏衍与水华在电影《革命家庭》荣获首届百花奖最佳编剧奖时合影

想到孟超高兴地回答是"康老（康生）"鼓励他写的，他们既是同乡也是同学。夏衍又问康生对写成后的剧本评价如何？孟超说了四个字"他说很好"。《李慧娘》是1961年上演的，记者采访时夏衍也说了"很好"。然而，就在1964年7月的京剧现代戏观摩大会上，这位"康老"指责北京剧协"十五年来没有写出一本好剧本，相反倒有了《李慧娘》、《谢瑶环》这样的坏剧本"。他把《李慧娘》说成是代表死了的阶级向党报仇的大毒草，而夏衍的"很好"就成了与党唱对台戏的"铁证"。这样的栽赃陷害颠倒黑白，除了让夏衍感到种吞了苍蝇般的恶心外，还感到的是不寒而栗。

让他揪心的还有一些剧本的改编。《早春二月》创作过程波澜起伏，本子出来时就有不同意见，片子拍成后更是立刻就受到康生等人的强烈指责，这期间大大小小的修改无数，不知倾注了多少人的心血。夏衍的确从内心喜欢谢铁骊编导的这个本子，分镜头剧本上有他一百多处的修改，许多细节都是他精心推敲设计的，连影片最终的名字都是他改定的。他想通过这部艺术精品告诉人们，在我们国家，一个青年人追求革命的道路有多么不容易！没想到的是,受到的指责却是继承了二三十年代资产阶级文艺思想,宣扬资产阶级人道主义、人性论……

那个秋天的很多个夜晚夏衍是这样度过的,他一遍遍地写着检查——以往,他喜欢在夜深人静的时候工作,效率还特别高,但现在,他的思路却停止在一个又一个的问题上,每个问题都好像打着死结。他反复思索着,抽着烟,烟气弥漫了整个房间,烟灰缸里的烟头也渐渐地堆积起来……有时候,他直坐到窗户上的玻璃渐渐发白……

他是无法想通的,表现二三十年代知识分子追求理想的艰难有什么错？人道主义、人性论难道是革命利益不能相容的吗？问题究竟出在哪里……他不能不一边检讨,一边小心地述说着自己的想法,小心地也是固执地为自己辩解。

然而此时,整风的形势已经变得愈加复杂。处在两难境遇中的周扬正极力把握和规范着运动的发展方向,力图把文艺界这艘大船带出激流漩涡。荒煤后来回忆说,周扬一方面宣布"不搞群众运动,不是追究责任,不是人人过关,主要检查是否执行党的政策",还安抚说"一般都是脱离群众迷失方向"问题；但另一方面他已经意识到问题的严重性,鉴于江青把没有经过中宣部党组讨论的"文联整风报告"私自拿给主席看而造成的被动局面,周扬还规定了,所有的材料都要经中宣部同意才能印发。苏灵扬还进一步通知大家,只准印公开发表的文字材料,会议讲话报告记录不准确一律都不要印。从荒煤的笔记中可以看出,周扬确实希望能够尽早结束掉这场来势汹汹的整风。他想到的办法就是把整风的重点放到三十年代问题上。周扬清楚,从题材多样化到大写十三年,双方在这方面一再发生较量,而主席的批示摆明了他的天平已经倾斜到另一边。输赢已成定局,这是谁都无法抵挡的,他只希望不要再扩大下去,扩大下去的后果将不堪设想……然而,问题是,要结束就必须有所舍弃,必须有人出局！

8月,中宣部向中央递交了《关于公开放映和批判影片〈北国江南〉、〈早春二月〉的请示报告》。报告送交后毛主席立刻作出了批示："不但在几个大城市放映,而且应在几十个到一百多个中等城市放映,使这些修正主义材料公之于众。可能不止这两部影片,还有些别的,都需要批判。"

这个打击对夏衍来说是极为沉重的,也使他恼火万分。那天见到荒煤时,他终于忍不住破口大骂:我真恨周扬这个王八蛋,他打了报告却不和我们打招呼! 夏衍有了一种被抛弃的感觉。三十年代一直是个敏感的问题,涉及的人绝不止他一个。但此时,矛头却越来越明确地指向自己,有种潜在的力量正把自己推向最前台。这感觉连他的家人都明显地体会到了,很多年后,夏衍的女儿沈宁说:"文化部整风,那时候我们也觉得很奇怪的,先整他。文化部其实是个党组对不对,还有齐燕铭,还有周扬,还有徐平羽什么很多人,但是先整他……大概是四条汉子吧。江青发话整他。"

想不通的夏衍无法配合。他比许多人都显得更固执,更难舍弃自身的想法。或许因为他这个来自国统区、长期生活在知识分子堆里的人缺少了重要的一课——没有经历延安文艺座谈会的洗礼(有人把他们称为"没有在解放区受过锻炼"的"香港派")。那场刻骨铭心的整风运动打掉了很多来自大城市知识分子的傲骨和自由主义,使他们开始了痛苦的脱胎换骨的改造,也使许多人的思想发生了巨大的变化。那时候,夏衍虽然在重庆也参加了学习,但冲击力小了很多。或许正因为缺少了革命途中重要的一课,他便更多地显现了与其他高级干部不同的风格——大到理论追求,小到个人生活习惯。解放初期,他不习惯带警卫,不喜欢昔日称兄道弟的老朋友改口唤自己为部长、局长,更不喜欢那些貌似革命的无知做法……夏衍就是夏衍,"他永远是那么敏捷、条理,言简意赅,不打磕绊,不含糊吞吐,不哼哼啊啊,节奏分明而又迅速,应对及时而又一针见血。"(王蒙《夏衍的魅力》,《忆夏公》,文化艺术出版社 1996 年 6 月)因而也更加专业化、文人化,缺少革命干部的规范。用他自己的话说是拥有"不自觉的自由主义"——晚年他曾经说过:"回想过去走过来的道路,我才比较清醒地感觉到像我这样一个政治上缺乏经验的人,'文人办报'不容易,'文人从政'就更应该如履薄冰了。"(夏衍《懒寻旧梦录》,三联书店1985年7月)我曾经试想,假如当年他到了延安,思想上、习性上会不会发生更大的变化?职场上会不会更加应对自如?仕途上会不会一帆风顺……也不知道缺少了这极其重要的一课对后来的他到底是幸运还是不幸!

1964年9月,发生了一件重要的事情。上旬,周恩来接见了《红色宣传员》剧组的人们,在谈到对一些影片和戏剧的意见时他指出:文化部在社会主义时期热心宣传封建主义的东西就是反党反社会主义的。周恩来的话无疑给了夏衍和荒煤极大的打击。他们一向对周恩来深信不疑,连他们所敬爱依仗的人也这样说了,问题似乎没有什么挽回的余地。到了这个时候,他们也开始怀疑自己是不是真的站在了党的对立方面。

震惊之余,他们变得更加焦虑和茫然。之后的一次党组会上,夏衍在发言中提出一个百思不得其解的问题:文化部为什么分兵把口不谋而合,形成了错误路线,而且各部门有很大的共同点?荒煤更是困惑不解:这种不约而同不谋而合是什么原因,什么性质的问题?是不是一个反党集团?!没有想到这些话立刻就在党组内部引起了一片恐慌混乱。部长们纷纷发言,反对这种说法。一位副部长说,戏曲与电影不同,戏曲上有中央下有地方管着,而电影更集中、系统、完整,有三十年代传统有理论有纲领有作品有代表人物有老头子……总而言之,电影的问题不能和其他等同而论。一位一向意见不同的副部长,还特别指出,电影可以直接指挥到地方,自成系统,错误是全面系统完整的,不谋而合的说法非常有害,是试图给大家戴上反党帽子搅成一团浑水!

他们绝没有想要拉别人下水的意思,只是真实地说出自己想不通的问题,岂料却引起如此的混乱。有一点却是让他们真正明白了,重点在自己这里,不要把自己的错误和别人等同。

荒煤清楚地记得那时候的情景:

一天，文化部党组务虚，研究究竟为什么犯错误，犯了什么错误，有的同志有不同意见，另一位同志则侃侃而谈，说他早已预料到会犯严重错误……燕铭突然站了起来，说了一句，"文化部搞得这个样子……"就失声哭了起来，夏衍接着紧紧把一双手捂着脸，低下头来。我也再不能睁着眼睛去看别人了，也觉得眼前一片模糊。……
（荒煤《不能忘却的纪念——怀念齐燕铭同志》，
《荒煤散文选》，人民文学出版社1983年2月）

原本几十年风雨沧桑一腔热血忠贞不渝，原本无论在对敌斗争还是文化战线上都叱咤风云风流倜傥，却在这一刻现出了他们发自内心的脆弱无奈和深深的痛苦。

文化部党组一干人的混乱也随即引起上面的恐慌。次日，彭真就在家里召集党组成员开会，安抚大家：这次整风还是要和风细雨治病救人，对自己也要一分为二实事求是。虽然是老党员，但搞社会主义还是新战士，都是朝一个方向走的，有人走岔了路，喊一声转回来就对了。不能像王明那样一打打一批人……他的话让大家紧张的心情得到了些许缓解，一时间大家又表态文化部的错误还是认识问题，是"身首异同"。

10月28日，夏衍、荒煤陪同周总理会见伊文思，拍下了那张颇有纪念意义的照片。当天，荒煤在日记中写道：

28日　星期三
　　上午准备影协发言提纲。
　　中午总理接见伊文思。
　　晚影协党组会。

正是在前一天（10月27日），周扬通知文化部党组停止工作，会见时他们的心情如何，可想而知。整风从6月开始到10月，天气渐渐转冷形势也越来越接近冰点。从10月21日起,夏、齐、荒煤等六位副部长,在党员干部会上检查,党员干部数十人发言进行批判,共召开十一次批判会。也就是在这时候,中国青年艺术剧院接到上级指示,夏衍的《上海屋檐下》连续进行三场批判演出……在此之前,尽管形势日趋险恶,他们还都坚守在工作岗位上——或许只有工作才能让他们感到些许的安慰,才能让他们保有最后那一点点信心,虽然究竟应该怎么工作,他们早已惶惶然。现在,他们终于停止了工作,最后的一点安慰也没有了,残留的信心在挣扎中消耗殆尽。他们心里十分清楚,自己正一步步接近那个可怕的底线。但有意思的是,10月28日这一天,他们依然站在总理身边,面带微笑接待外国客人,推杯换盏,谈笑依旧……这所有的一切,在过了四十多年后回头细看,是否有些让人觉着奇怪,又是否有着种种理不清的混杂诡异?

周扬还做了一件事情。在反复掂量之后,他让刘白羽约荒煤谈话,动员荒煤在中层干部会上发言批评党组工作——实际上是批判夏衍,以示"党组不是铁板一块",荒煤立刻就意识到周扬这样做是要舍夏保自己。

这或许是周扬在做最后的努力,试图把打击面缩到更小,即证明文化部不是都烂了还可以继续工作。事实上,直到宣布党组停止工作后,周扬还指定荒煤协助刘白羽、苏灵扬抓电影生产,他对形势的估计远没有后来发展的那么严重。他还筹划着今后的工作,要搞生产不能没有懂生产的人,他想要保住荒煤,当然,更重要的是要保住自己。这一点周围的很多人都看明白了。二十年过后,巴金回忆那时的情景说:"我绝没有想到不出一年就会发生'文化大革命',但是我有一种感觉我头上那把利剑,正在缓缓地往下坠。'四人帮'后来批判的'四条汉子'已经揭露出三个,我在这年元旦听过周扬一次谈话,我明白人人自危,他已经在保护自己了。"(巴金《怀念从文》,《再思录》,上海远东出版社1995年3月)

1964年文化部整风,真正的死老虎只有夏衍一个,荒煤有过逃脱的机会——至少是暂时的逃脱,但他放弃了,他拒绝了周扬的提议。我曾经想过,对荒煤来说那可能是一个关口,如果逃脱了会怎样?或许能保住副部长的乌纱帽!但他能逃脱多久?在不久后"横扫一切牛鬼蛇神"的"文革"风暴中依然会跌落马下——我曾问过他,是因为预见到将来而拒绝周扬的好意吗?他说,他可没有那样的远见。只是觉得自己错误很多,不能揭发别人。

他和老头子是脱不了干系的,他认了!

四　狂飙落叶

1964年底,文化部整风进入收尾阶段。1965年1月19日,夏衍在文化部全体党员和直属单位负责干部大会上作检查。因为找不到相关记录,不知道当时参会的人到底有多少,但从两天后荒煤同样在干部大会上作检查、一周后荒煤被周扬约谈通知免职(夏的免职也是在年初)这些情况分析,这是他们的最后一次检查。

很多年后,我有幸看到了一个材料。这是"文革"中散发的宣传册子,泛黄的纸张,正方开本装订,封面的顶端印着一行小字"批判反革命修正主义文艺路线专题反面材料之四",下方是大号字体正式标题:"夏衍、陈荒煤反革命修正主义言论摘编(供批判用)"。材料是1967年6月北京师范大学井冈山公社中文系大队和人民文学出版社上海分社反修战斗班编印的,那时候夏衍和荒煤已经经历了一次次批斗,并分别于1966年、1968年被捕入狱。一位电影界的中年编剧收藏了这本册子,十年后,把它交给了劫后重生的荒煤。2012年,在我采访文学所的一位老先生时,谈起"文革"中的经历,他说也曾经买到过夏衍、荒煤的黑话集,后来把它送给了一位研究"文革"的学者。从他形容册子的样式看,他买到的好像并不是我看见的这个版本,可见当时这些材料的印发还是很广泛的。

这本册子分两个部分,一是黑话摘编,分"反对毛主席、反对毛泽东思想"、"反对党对文艺事业的绝对领导"、"反对文艺为无产阶级政治服务,为工农兵服务"、"歪曲双百方针,大搞资产阶级自由化"等九个部分;二是附录部分,有夏衍、陈荒煤在"假整风"中的"假检查",以及"修正主义的《电影三十二条》"。历史的面孔真是变幻无穷,刚刚过去一年多,在"文革"的新语境中,整风已经变成了"假整风",而检查当然更是"假检查"了。材料的前言历数夏衍、陈荒煤"利用电影为资本主义复辟制造反革命舆论"的罪行,而刘少奇、陆定一、周扬等人则统统成了他们的黑后台。

或许应该感谢两个造反组织的编者,使我们终于在事隔多年后有机会看到夏衍在1964年那场整风中的最后检查。

检查一开始说:

> 我的错误十分严重。我犯的错误不是某一时期、某个问题上

"文革"批判材料

犯的迷失了方向性质的错误，而是根本性的、系统的、背离了毛主席文艺方向的路线错误。

他终于彻底地"认罪"了。他承认在整风中自己"是党组成员中态度最不端正的一个"，并且按照周扬划分的四种类型，把自己归为第一类。在事过境迁的今天，当读到这段话时，我们会被一种深重的压抑感所笼罩而沉默良久，面对历史的变幻莫测我们有时会变得极其无奈。我们几乎无法掂量出夏衍说此番话时的心情是抑郁还是解脱，也很难分辨这种种的"认罪"是否心悦诚服——因为，所有的一切都那么不可思议，更因为他面对的是自己一生真心拥护和追随的党，以及众多和他一样忠诚于这个事业的老部下……或许，还是很多年后，他自己的话能够为我们提供判断的依据：

　　这像是一团乱麻，要把它解开和理顺，是不容易的，要对做过的每一件事，写过的每一篇文章，分辨出是非曲直，那就更困难了。……一九六六年夏天被关在文化部附近的大庙，"革命小将"用鞭子逼着我唱那首"我有罪、我有罪"的歌，我无论如何也唱不出口，可是经过了两年多的"游斗"、拳打脚踢、无休止的疲劳审讯，我倒真觉得自己的过去百无一是，真的是应该"低头认罪"了，这不单是对淫威的屈服，也还有一种思想上的压力，这就是对无上权威的迷信。

　　　　　　　　　　　　（夏衍《懒寻旧梦录》，三联书店1985年7月）

就是这样一个无比复杂无比痛苦的思想斗争过程，他虽然没有经历延安整风的洗礼却在之后一次次的政治斗争中加倍地承受了。无论检查在当时是真是假，或是真假参半，但至少有一点是毋庸置疑的：必须有人作为第一种类型而收场。如果没有，"无上权威"得不到体现，运动何时了结？认罪的意义绝对不止于他们自己，从上到下，几乎所有的人都在等待这场耗费心力的折磨能够结束，等待着翻页，尽快将这一切忘掉。

夏衍的检查分几个部分：

第一，路线错误问题。从三个方面检查：

一是"离开了为工农兵服务、为社会主义服务的方向，片面地强调题材品种多样化，就是用三十年代的、外国的、古代的题材，来抵制和挤掉反映社会主义革命和建设的、以阶级斗争、生产斗争为内容的革命的现代题材"。他是一贯坚持题材多样化的，在这个检查中他对自己的坚持有了一个系统的回顾。从1957年同意钟惦棐等人反对每年规定题材比例；到1959年提出"离经叛道"说，倡导"有意识的创造"反映现实题材以外的"新品种"，大力推荐旧民主主义、新民主主义革命时期的选题和剧目，主张历史题材和现实题材的作品一律平等，不要有一等二等之分；再到1961年把题材多样化进一步理论化系统化，形成一个纲领性的文件（电影三十二条）；就这样，一步步"离开了为工农兵服务、为社会主义服务的方向，不反映阶级斗争、生产斗争而走上了一条资产阶级的文艺路线"。

二是"借口反对教条主义、公式化、概念化，反对粗制滥造，片面地强调影片的艺术质量"。这里，有意思的是他提到自己的真实感觉："我认为公式概念比较少的，是民主主义革命时期题材的作品，而我认为公式概念化比较多的则恰恰是反映当前现实斗争的剧本。"这种感受可以说准确地描述了"讲话"后特别是新中国成立后，由于过分强调文艺为政治服务，在创作上出现的畸形现象。而夏衍承认自己在这个问题上的"错误"："我常常不自觉地不从政治角度来看问题，不从是否对工农兵、对社会主义革命有益、有利的要求来看问题，而首先注意的是作品的结构、对话、细节是否真实、是否完善……"他遵循着一个艺术家对创作的忠诚，也使得自己的检查充满了矛盾。他一方面批判自己对国产影片"直、露、粗、多"的批评，没有肯定反映现实斗争的大胆写作，另一方面却又把这些粗糙的作品和工农兵、革命的需要结合起来，似乎工农兵不需要那些在艺术上更趋完美的作品。他无法自圆其说，内心的矛盾和痛苦纠缠不已，像一团乱麻，只能给自己扣上空洞的批判帽子。

三是不执行党的政策。这里主要谈的是使用干部问题。"片面地强调变外行为内行,实际上是坚持外行不能领导内行的错误思想","我说过,对业务,特别是对创作上管的过严,会使作家感到拘束,还说,管电影的人太多,负责电影业务的人不知听哪一方面意见才好等等"。看到这里,我似乎更加明白了为什么夏衍能够成为艺术家们所倚重的"老头子"。八十年代,因为工作关系我曾经和电影界的人有过不少交道,他们提起夏公很少没有敬重和依靠之感,遇到难解问题时常爱说"去问问夏公"。那是因为夏衍敢于为他们说话,为他们排除阻碍,为他们松绑! 有趣的是,夏衍在检查中还举了例子,说荒煤在一次厂长会议上说"党委中熟悉业务的人不多,管多了,会妨碍百花齐放",对荒煤"电影创作应以导演为主,党支部不能领导创作,只能起保证作用"的主张他完全赞同。在那个时代这样说话且说得这么直白,荒煤的胆子是够大了! 夏衍没有经历过延安,荒煤可是从延安整风中脱胎换骨走出来的人,但在艺术生产中却常常把那些原则抛向脑后,对人才的喜爱和竭尽全力为人才创造条件,总是被他们自觉地摆在首位。难怪他们的身后会汇集起那样一支队伍,也难怪在屡次被批判时他们都要叹息,自己只是个文人,要改造好不容易。

检查谈到的第二个主要内容是三十年代电影戏剧问题。事后看,这是一个让夏衍长时间以来纠结不已的问题。直到八十年代,他谈到的有关三十年代的很多问题都可以在这里找到解读的背景。作为三十年代左翼电影的开拓者,究竟怎样看待这段历史,看待这个时期的作品,以及那些曾经参与了这场血与火的考验的左翼战士们,是他于困顿之中始终坚守的一个主要问题。

他承认,之前自己在电影口全体干部会议上所做的初步检查,对三十年代问题一直是在"辩解和解脱"。他梳理和分析了在这个问题上自己的主要观点:认为"三次'左'倾路线时期的电影、戏剧工作,已经有了正确的党的领导";认为"讲话"明确的许多根本性的问题,在讲话前的白区"基本上得到了解决";认为三十年代的电影文化工作在领导组织等方面,都有了一套经验;认为三十年代的许多影片是革命的优秀的作品。应该说,无论从哪个角度看,夏衍的这些观点都相当超前,不用说在五六十年代,即便是在今天也可能有不同的意见。自然,在检查中,分析是为了批判,但与前面提到的路线问题同样,他的梳理和分析是具体的翔实的甚至是生动的,批判是空洞的——他只能做到这一点。

让人饶有兴味的还是他举出的一些事例:当柯庆施提出大写十三年的时候,电影不得已规定了"六、三、一"的题材比例(现代题材百分之六十、历史题材三十、其他十),夏衍说自己不但"没有积极的去组织百分之六十的现代革命题材,而相反地担忧百分之三十的历史题材能否完成"。又例如他对新中国成立后文艺经营管理方式的质疑,不止一次地提出"为什么抗战时期的抗战演剧队三十来人可以走遍大江南北,屡演不衰,而现在一个剧院有了三四百人还经常闹剧本荒,不能演出新戏?"等等这些事例让人看到在不同时期,他在同一个问题上想方设法的坚守。

他不能不谈到"老头子"问题。这是一个让他觉得强加于人并备感苦恼的问题。他是一个廉洁自律的人,一向不喜欢有什么个人的小动作,多年来在政治的漩涡中摸爬滚打,也很怕沾惹上山头、宗派这类的问题,所以一提到这个问题内心就很抵触:"我自问三十多年以来,对党没有二心,个人也没有野心,对宗派主义这个问题解放以后也一直还有警惕,所以一提到这个问题,思想上就有委屈,并多方给自己辩解。"事实上,即便是在这个检查中,他依然是想不通的。他拒绝那种"老头子祖师爷的地位不是客观形成的,而是自己苦心经营所造成的"说法,而只从"客观上既然形成了这么一种印象,那么首先应该检查一下我自己如何对待这个问题"的角度来反省——这是他的底线,即便是在最困难的时候他还是做了保留。他也挖到了不能正确对待的根源是因为自己独立惯了:"抗战以前,我负责电影方面的工作,在当时环境下缺乏集体领导,电影方面的工作主要由我出主意,想办法,很少在党内商量";"抗战时期我做的主要是新闻和抗战方面的工作……组织上是单线联系,经济上是自筹自理";1942年到了重庆,解放战争时期又被派往国外……这的确是一个真实的原因,他长期工作在特殊的环境中,独当一方开拓局面,复杂的斗争环境铸就了他独立、果敢的风格,也助长了他的个性和"自由主义",他认为对的就坚持,他喜欢做的就去做……说来说去还是那个问题,因为"一直在蒋管区",缺少了"讲话"的磨砺,对于党的规矩,总有那么一些不适应、不接受,他的书生特质总比别人更加突出一些。就好比很多年后,他感叹周扬的变化太大了一样,他虽然也有变化但毕竟没有那样的巨变,而这保持不变,是否也正是吸引着许多艺术家们、让他们乐于亲近他的地方就不得而知了。

检查的第三个问题是组织路线。第四个问题是犯错误的原因。他用了很大的篇幅检查自己犯错误的原因。这就是世界观问题——主要是人性、人道主义问题。很多年后读夏衍的这个检查,我想,尽管他前面提到的问题都很严重,但这最后一个问题对于他来说或许却是最艰难的问题。对于一个有着独立思想意识的知识分子来说,作出这样的自我否定是极其痛苦的。在1964年那一个又一个的深夜里,他彻夜难眠,回顾自己从青年时期走过的道路,分析自己的理想与追求,他向自己的灵魂举起了带血的刀子。

他这样剖析自己早期的思想:从五四时期起就读了不少十八九世纪西方的文艺作品,"资产阶级的民主、自由平等、人道主义等等,很早就在我身上扎下了根子"。他喜欢狄更斯、史蒂文森这些一直被看作是典型的资产阶级人道主义作家的作品,他的创作对象也多是城市贫民和知识分子,他对他们充满了"同情、欣赏而不是批判"。事实上,早在四十年代,他改编的《复活》、《芳草天涯》就被人说成是宣扬人道主义、人性论而受到批判。当他看到何其芳发表在《新华日报》上的批判文章时,心里很不好受,思想上很有抵触情绪。"反右倾"时他再次受到批判,虽然也写了自我批评的文章，但那确实是"欲斩马谡，含泪踌躇"。现在，他不能不再次对自己下狠手。他举了自己的很多作品，如《上海屋檐下》、《赛金花》以及自己作为领导花费很多心血帮助创作人员改编的《早春二月》等等，承认这里面有很多"感情是旧的，应该埋葬的东西"，但是自己的确在"灵魂深处喜欢那些人物"，"舍不得把它丢掉"，"这种资产阶级人道主义、人性论，在我的思想里是很牢固"。他的这一部分检查与其说是批判倒不如说是痛苦的思想搏斗，读过的人都会感觉到作者深陷其中的挣扎和矛盾。作为一个政治上要坚决跟党走的人，必须抛弃自我，抛弃自己在艺术上的"自由主义"，但他始终没有做到。他自认自己世界观没有改造好，"不仅影响了年青一代，而且影响了参加过延安文艺座谈会的一些中层干部"。读到这里又让人不禁掩卷自问，这影响或许不是夏衍个人的，那屡被批判的人道主义和人性论到底有多大魅力，可以连绵不断地缠绕着人们，给人以莫大的影响！夏衍是痛苦的，因为真诚而痛苦，也因为追求而痛苦，他清楚自己真正要决裂的是什么，却想不通那东西到底对革命有什么样的危害？对人民有什么样的危害！1941年他在写作《于伶小论》时赞颂道："我们这位作者所最值得使人珍爱的，是他洋溢着的人道主义。人道主义使他同情弱者，人道主义使他憎恶强暴，人道主义使他带着不愉快的心情来正视现实，也是人道主义，使他从现实社会的矛盾苦恼，怀疑追索而走向了学习一种可以解决这一切苦恼和矛盾的理论。"难道昔日他敞开心扉赞颂的今天已不再适用？难道建立了政权后就只讲阶级斗争不要人性人道主义？难道革命和自由、民主、科学是不相容的吗？这些问题自五六十年代以来就一直徘徊在他的心中，和很多人的浑然不觉人云亦云不一样，他苦苦求索和探寻，而这探寻即便在八十年代也是极其困难的。

一向与疾病无缘的夏衍终于病了。或许是因为精神上的压力实在太大了，想不通也不能违抗，要听话，要检讨，又有许多无法说清的问题和无法抛弃的想法……他的烟吸得更猛了，睡眠更少了，人也更瘦了。他患了心脏病，又得了一种奇怪的神经性皮炎。他去医院，碰到陈毅告诉他：心脏病是最好的一种病，马克思一叫，坐上直升机就走。他倒真希望如此，但他必须耐下性子与慢性皮肤病作斗争，那病发作起来全身上下瘙痒难忍，坐立不安，简直无法忍受。他去看医生，这个也不行，那个也没有办法，病灶渐渐地侵犯到内脏，他无奈地承受着精神上和肉体上的痛苦折磨，后来，幸亏有朋友帮助找到了一个老中医，吃了些药，慢慢的，才算是有了好转。

五　空谷孤松

　　1965年2月，在夏衍作出最后的检查之后，中宣部通知影协：在文艺大批判中，只"还两笔账：夏衍《电影论文集》一笔，《中国电影发展史》一笔"，不涉及其他。这个通知体现了周扬的想法，把整风问题集中于三十年代，尽量缩小打击范围。
　　4月，夏衍等人被中央正式免去职务。
　　从青年时代就习惯了把自己没日没夜地投入到革命工作中的夏衍赋闲了。没有会议，没有成堆的要批阅的文件，没有要见的人，更没有等着要修改的剧本，有时候甚至连可谈话的人也没有……这是一种可怕的寂寞，好像一个人被突然抛弃在荒野上，四顾举目无亲……有人正是因为害怕这种被抛弃的感觉，不得已作出让自己终生后悔的事情，而夏衍坦然地将自己置于这孤独和寂寞之中。
　　很多年后，著名演员金山这样讲述在那寂静无声的日子里，他所看到的夏衍：

　　　　只见一位清瘦的老人，孤独但却平静地坐在一间不大的空屋里。书架上琳琅满目的书不见了，墙上的一些名人字画不见了，书桌上的两架电话也没有了，几乎连一张报纸也看不到，屋内空空如也，只有一位还在顽强地呼吸着的老人。使我有空谷孤松之感。
　　　　　　（金山《回忆片段》，《忆夏公》，文化艺术出版社1996年6月）

金山是来向夏衍辞行的,他告诉夏衍自己就要到外地去养病了。夏衍有些意外,沉默片刻询问金山身体如何,并叮嘱他注意身体。金山点头答允,问还有什么事情自己能够代办。夏衍想了想,说希望金山去找廖承志反映一下他所考虑的工作问题,他想从事日本人物研究。听着夏衍的嘱咐,金山心里涌动着种种说不清的感觉,一个看似山穷水尽的人,到了这个时候,还在希望能够尽自己的一点力气为党工作……他无论如何都不相信眼前这位相识了几十年,在艺术上、人品上都使自己受益匪浅的长者是一个"反党的坏人",但他能说什么呢?他们都沉默着。到了终于要分手的时候,金山紧紧地握住夏衍的手久久不忍放下……

在周总理和廖承志的关照下,夏衍去了对外文委亚非拉文化研究所任研究员,他坚决拒绝做所长的建议,只保留了副部级待遇。这年的9月,文化部召开文化局(厅)长会议时,陆定一、周扬仍旧把他请上了主席台。此时,被免职的荒煤已经去了重庆,齐燕铭也被免职——在荒煤看来,齐燕铭是最冤枉的,刚刚到文化部两年多,因为是党组书记就要承担责任。这是暴风雨来临前短暂的寂静,一切似乎又恢复到从前,他们又有了新的工作。整风的大幕已然落下,对发生的一切他们虽然存着种种困惑但也并无更多怨言,或许他们都有种解脱的感觉,一场政治风波总算过去,假使能够就此打住,也谢天谢地了。但是,没有料到的是,等待着他们的是一场更大的灾难。

仅仅过了不到一年,他们就被"文革"的狂潮再次裹卷到一起。

1966年5月,正在山西介休参加农村"四清"运动的夏衍,看到了《五·一六通知》,他随即回到北京自动"投案自首"。与此同时,荒煤在重庆看到《人民日报》的文章公开点了自己的名字,又看到江青的《纪要》发表,他有种预感自己要回北京了,果然,不久他就接到了被召回的通知。

6月,他们被集中在社会主义学院办"集训班",这一次,他们都升级成了黑帮,和文艺界几百号"牛鬼蛇神"一起接受集训——实际上是

1932年，夏衍与妻子蔡淑馨、女儿沈宁合影

黑帮审黑帮，小黑帮批大黑帮。夏衍、齐燕铭、荒煤因为属于早已名誉扫地的人物，自然要在大会上接受其他黑帮们的批判。"8·18"之后，暴力的狂潮凶猛袭来，文化部的当权派们被弄到了文化部旁边的一所大庙里，剃光了头接受革命群众的批判，游街示众、挨打挨骂成了家常便饭。还有造反派不知从什么地方弄了一首歌，硬是让周巍峙谱成曲子，教给大家唱，歌词就是重复的那么几句"我有罪，我们是牛鬼蛇神！我们是牛鬼蛇神，我有罪……"。第一次学唱这首歌的时候，夏衍"无论如何也唱不出口"，唱不出口就要挨"革命小将"的鞭子，对夏衍来说心里的痛比鞭子抽在身上还要厉害。

　　他们曾有过短暂的喘息，那是在派性斗争进入高潮的时候。造反派一时顾不上他们，荒煤就搬进了文化部后楼职工宿舍的一间小屋子里，齐燕铭因为天天挤公共汽车来接受批判索性也住了进来，夏衍则每天由儿子送来学习和接受批判。这间小屋成了他们三个人集中学习的地方。小屋里常常热闹非凡，来揪人的，来搞调查的，还有本来没有什么事也要来看上几眼拍拍桌子呵斥一顿的，等他们应付完那些来往不断的人安静下来的时候,他们总要彼此会心地笑笑,或者悄悄地说个笑话安慰自己。夏衍的幽默好像与生俱来,被人剃光头时,他说"没关系,洗头方便"。被群众组织拉去游街示众时,他又总结说"比较起来,'示众'最简单,比回答那些逼供信的问题好多了"。一次,造反派押着他到家里抄家,一群人摔摔打打,闹哄哄地翻找黑材料,给屋子贴封条,他却不慌不忙地搬了几张桌子和椅子到院子里,并悄悄地对家人说:你们可以吃饭用。

12月,北京一个寒冷的深夜,凌晨一点钟,夏衍的家被一群凶暴的红卫兵闯入,他们把夏衍从床上拉起来,蛮横地把人架走。

那天,在文化部那间小屋里,荒煤在睡梦中被屋外呼唤自己名字的声音惊醒,他慌忙穿上衣服跑出去,走廊上昏暗的灯光下是夏衍女儿沈宁充满惶恐的脸庞,她望着荒煤,只说了一句:爸爸刚刚被人抓走了……就说不下去了。送走沈宁,荒煤再也无法入睡。天一亮,他跑遍了文化部大楼各个革命组织去打听消息,没有一个人能够告诉他,夏衍被什么人抓走了,抓到什么地方去了,回答他的只是大声的呵斥:你管他干什么,有人抓他,自然有人会管他!你还是老老实实交代自己的问题吧!

拖着疲惫的身体,荒煤又不顾一切地赶去了夏衍的家,把自己打听的情况告诉夏衍的家人。临行,夏衍的夫人泪眼模糊,言语不清地往荒煤的口袋里塞了一包油炸花生米。她知道荒煤随时可能被任何一个群众组织抓去批斗,斗完了又随时可能从游街的车上被赶下来,随便扔在一个什么地方,经常连饭都没有的吃,身上揣一点东西可以充饥。

离开南竹竿胡同,冷风像刀子似的刮着荒煤的脸,看着满大街行色匆匆的人们,他茫然地想到,夏衍被拉走的时候有没有来得及揣上点什么,他是否穿着足以御寒的衣服……

1943年,夏衍曾经在重庆写下有生以来唯一的诗作:

献给一个人

献给一群人

献给支撑着的，

献给倒下了的；

我们歌，

我们哭，

我们"春秋"我们贤者

……

此诗写给那些在动荡的战争岁月为民族存亡而苦苦支撑的剧人们，但夏衍万万没有想到，这诗也勾勒出几十年后那个寒冷而漆黑的深夜，他被夹在一群人中踉跄而去的背影。

这一年，夏衍六十六岁。

……

刻入年轮的影像

一 扶杖而立

1977年8月4日,盛夏里热得让人难以喘息的一天,送别何其芳的追悼会在北京八宝山革命公墓礼堂举行,经历了九年牢狱之灾的夏衍第一次出现在人们的面前。

事隔多年后,文学所的老人们还会记起八宝山那个不同寻常的早晨:湿热的空气中弥漫着伤痛的气息,从岁月的尘埃中走来的一个个熟悉又显陌生的身影,一双双紧紧地握在一起的手和欲言又止的表情……这个追悼会的不同寻常,不只是因为何其芳的突然离世带给人们的震惊和痛楚,还因为追悼会开在"乍暖还寒"的时节,虽然粉碎"四人帮"已有半年,但许多历尽浩劫的文艺界人士头上还戴着种种政治帽子,他们渴望着一种更深刻变革的来临,为此也期盼着能和老朋友们堂堂正正聚在一起,而何其芳的去世正好为大家提供了这样一个公开露面的机会。

那天,前来吊唁的人络绎不绝。虽然次日新华社的通稿上只出现了刚刚恢复工作的郭沫若、王震、沈雁冰,但文学所的人清楚地记得:周扬来了,夏衍来了,冰心来了,叶圣陶来了,还有林默涵、张光年、冯牧……

在众多久未谋面的政界、文艺界人士中，夏衍的出现无疑给人们留下了极为深刻的印象。

他本来是不打算去的。文学所的工作人员两次电话通知，他都告之不能前往。打电话的人不免心生疑惑，是否因为何其芳曾经对他所作的批判？历史上，何其芳对夏衍有过多次批判：四十年代，何奉命从延安到重庆贯彻"讲话"精神，对夏衍刚发表的《芳草天涯》作出了颇为偏激的批评；1959年反右倾，何其芳再次发表批判夏衍的文章；1966年4月"文革"风暴初起时，何其芳又在《人民日报》发表了《夏衍作品中的资产阶级思想》对其进行更加全面的批判；直到"四人帮"垮台后，这位老朋友还在报上写文章，说夏衍在三十年代写了《赛金花》这样一部坏"电影"（他甚至把话剧说成了"电影"）。所有这一切，夏衍是非常清楚的。1966年那次批判，他正在山西介休参加"四清"，从中央人民广播电台的播音里获悉情况，并在同一天的日记里简单地记下："听广播，何其芳文章要点。"那时，离《五·一六通知》发布仅有一个月的时间。多少年来，尽管持续不断的批评"就像寺院门前的一口钟一样'逢时过节总要敲打一番'"，但夏衍始终很难想通，就连何其芳四十年代发表的有关《芳草天涯》的批评他也无法认同。很多年后他写道："我丝毫不否认像我们这样的人的头脑里有'资产阶级思想'，但我还是想不通：对敌人当然不该容忍，但是不是夫妻之间有一点容忍就一定是资产阶级思想？"无论什么时候站在何其芳面前，他还是会直言不讳地说出自己的观点。

事实上，他不想去确实有他的想法。1975年夏衍是依照毛泽东"周扬一案，似可从宽处理"的批示被释放的。出狱时，他曾要求给一个审查的结论，专案组的头目蛮横地说：结论没有，但可以告诉你，敌我矛盾作人民内部矛盾处理！从那以后整整两年的时间，他的问题都以种种理由拖着得不到解决。他的身份还是"从宽处理"的"敌人"，他家的门前还经常有鬼鬼祟祟的人在巡视。直到出现在八宝山的这一刻，他还没有得到恢复组织关系的通知，"四条汉子"

的帽子还戴在头上……

然而,他还是来了。他绝不会因为过去的批判而对老朋友耿耿于怀——自己在历史上也曾犯过"左"的错误,以往的种种批判绝非个人之间的事情,而是一个时代的产物,更何况在经历了"文革"残酷猛烈的批斗之后,那些早已算不上什么。更重要的是,他想要看看那些劫后余生的老友们,一些老友的亲切探望已经使他在"压城的夜气中望到了光明,在炎凉的世态中感到了友情的温暖"。

那天,冒着酷暑,拖着瘦弱的身体,夏衍挂着双拐出现在人们的面前。那一张张沧桑洗尽而又怀着顽强希冀的脸让他感动,当他在哀乐声中,一步步走向何其芳遗体时,历史的沉重感猛烈地袭击着他的胸膛。一年多前,他曾走进北京医院向周恩来遗体告别,那时他出狱仅仅半年,在邓颖超的关照下,好不容易争取到告别的机会。那天,他脚步沉重得几乎无法前移,回到家中他这个自称"铁石心肠,很少流泪"的人禁不住大哭一场,这是他有生以来第二次大哭,第一次是母亲去世。向

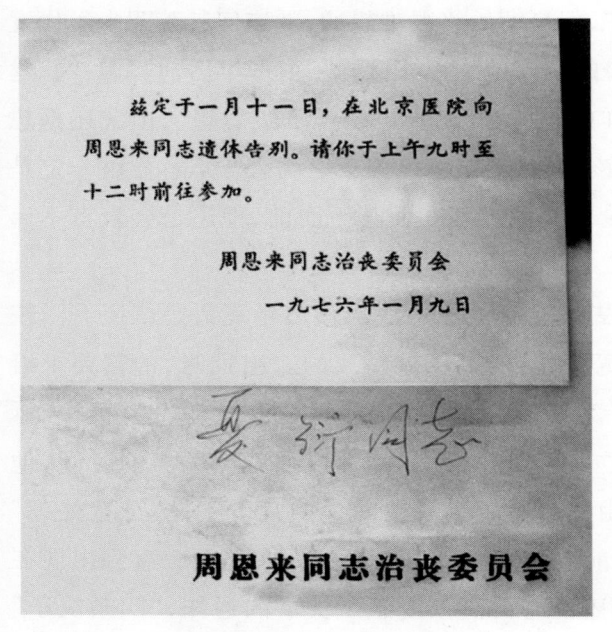

夏衍收到的向周恩来遗体告别讣告

何其芳告别虽有所不同,但他仍旧感慨万分。他庆幸何其芳终于看到了粉碎"四人帮"的胜利,没有像一些老朋友那样坚持不到"文革"结束就惨然离世;他也为何其芳遗憾,他们再也没有可能在一起讨论历史和文学那些难解的问题了,他宁肯有机会和这个单纯的诗人进行激烈的辩论,也不希望看到他就这样默默地躺在那里,和那个残酷的年代一起黯然远去……

那个酷热夏日里夏衍的身影印入许多人的眼中,几天后,著名戏剧家李健吾在给老友巴金的信中,描述了自己所见到的情景:

> 其芳同志追悼会和遗体告别会,人很多,礼堂容纳不下,天热,我在里面站了十分钟,气短头晕,便挂杖出来,同志们劝我在树荫处休息。所以我没有听到悼词,但是看到夏衍公一步一瘸而至,两人握手问好,不禁伤神。……

(《李健吾书简》,《收获》2013年第3期)

昔日八宝山的一幕同样清晰地印刻在七十七岁的夏衍心中,十几年后,那些记忆化作对李健吾的怀念出现在他的散文里:

> 我们再次相见,是在1977年的何其芳的追悼会上,那时,我的"问题"还没有作出"结论",去参加追悼会的时候还挂着双拐,这是我"文革"以后第一次在公共场合露面,人们都用惊奇的目光注视着我。而他却从人群中挤出来,紧紧地握住我的手,凝视了一会之后,只说了一句:"见到你,太高兴了!"他依旧是那样豪放、爽朗,丝毫不把我当作"不可接触的人"。我鼻子有点发酸,这种友谊实在是太可贵了。

(夏衍《忆健吾》,《文艺研究》1984年第6期)

之所以记忆深刻,是因着朋友的真挚友情,更因为那个时间对夏衍来说是一个历史的拐点——乌云还未散尽，希望就在眼前——就在参加何其芳追悼会几天后，夏衍终于得到了恢复组织关系的通知。说来凑巧，恰逢他加入共产党五十周年，为此，他感到激动和兴奋。然而，十年"文革"的余毒是不可能一下子消失殆尽的，尽管恢复了组织关系，还参加了国庆招待会，但"四条汉子"的帽子依旧戴在他的头上，他的复出比一般人更加艰难。

这年秋天，白桦、吴雪、欧阳山尊等人邀请他观看白桦的新作《曙光》，席间休息的时候，一个锅炉工突然在院子里大吵大闹，抗议剧院敌我不分，居然把文艺黑线头子夏衍请到剧院看戏，还公然坐在休息室里做指示。那人从锅炉房冲出来要驱逐黑帮分子。吴雪等人急忙上前阻拦并解释，但锅炉工根本听不进去，说前天的报纸上还提到以"四条汉子"为首的文艺黑线，你们说是冤案，拿红头文件来！幸好休息时间已过，戏还要继续演下去，锅炉工在众人的劝阻下总算没有冲进休息室把夏衍揪出来，刚刚还在为夏衍残废了的腿而难过的白桦为眼前的一幕所震惊：

> 整个过程夏公全都听见了。当时的我忽然觉得不寒而栗，好像觉得"四人帮"并没抓起来似的。同时也很歉疚，请夏公来看戏，却让他受辱。而夏公却处之泰然，好像什么事情都没发生一样。在我们送他上车的时候，他扶杖站在车门外，向我们从容不迫地讲完他的观感和意见。

（白桦《我还是流了泪》，《忆夏公》，文化艺术出版社1996年6月）

我是多年以后在读《忆夏公》这本书的时候才获知这一情节的，我的震惊却和白桦当时的感受没有什么两样。要知道，事情是发生在粉碎"四人帮"一年多之后！那个年轻的锅炉工何以如此憎恨"四条汉子"，他和他（们）有什么不共戴天之仇？以至于让他在那样的时间、那样的公众场合，仍旧不顾一切揪住不放！那些年，阶级斗争的论调是怎样渗透人心,而当它统治着人们的头脑时,一切又变得多么可怕……以夏衍的阅历,他是不会在意一个锅炉工的叫嚷的,但这年轻人的叫嚷或许又比什么都更让他感到心寒和心痛。他的腿是在狱中让年轻的军人踢断的,他挨过红卫兵小将的鞭子,受过他们的辱骂,直到"四人帮"被粉碎后他还因为"四条汉子"受到斥责……然而,夏衍未露声色,他泰然处之,扶杖而立,从容不迫地说完自己的意见,显示出一种我自岿然不动的定力。

事后,他在给李子云的信中提到那天的事情,关于锅炉工一事只字未提,重要的是他对《曙光》的看法:

> 《曙光》这个戏我看过,觉得比一般的戏好些,主要是题材突破了清规戒律,写了一个反对"肃反扩大化",观众联系现实,反映是强烈的,也由于此,有人反对,竟说这是赫鲁晓夫的"解冻"。我看后肯定了这份胆量,也提了一些意见,主要是人物性格的刻画和结构方面的问题。我还是坚持"写真实",和反对"直、露、粗、多",这是九死不悔的主张。"文化大革命"中未被骂倒,现在还是有机会就讲。
>
> (《夏衍全集》第16卷,浙江文艺出版社2005年12月)

透过一部戏,他看到了思想解放阻力重重。1975年出狱时,他曾为自己有一个"养起来"的结论而庆幸,因为"四害横行",如果在那个时候被"结合"并不是他内心所愿。而此时,"四人帮"被粉碎,形势日渐好转,他再次燃起了要尽己所能为党工作的革命热情。尽管积重难返"上有盖子,下有钉子",但他认为对形势不必过于悲观。

"我不急,能策杖而观天下治,已经很满足了。"

二 大树的印象

夏衍复出了,当他艰难地站起身后,立刻就把目光投向他的战友们。他为巴金在报上发表的第一篇文章而感到高兴,为柯灵的重新出现而喜慰交集……他又和周扬站到了一起。

两人劫后第一次见面是1977年。那天,周扬由夫人苏灵扬陪伴走进南竹竿胡同那所被好几家挤占了的四合院,夏衍已经拄着拐杖迎候在房门口了。他们的手紧紧地握在一起,彼此无言对视良久。夏衍还清楚地记得十年前他们的最后一次见面,那是在一个叫大红门的地方,他们这些"牛鬼蛇神"都被关在那里。偶尔的碰面,瞬间的擦肩而过,不可能有任何方式的交流,但那仓促间的一晃还是给夏衍留下了很深的印象。后来他们都被转到秦城监狱,却彼此根本不知音信。十年生死两茫茫,再见时不能不让他们有了一种恍如隔世的感觉。

那天,随同而来的露菲记下了当时的情景:

> 他们走进屋里,夏公艰难地走到椅子旁,他放下手杖,将好腿屈下,然后坐定。这时一只大黄猫走来卧在他的腿上……
>
> 周扬同志和苏灵扬同志坐在两个小木凳上。周扬同志问:"还好吧?"
>
> "还好,活着就是幸运。"
>
> "是啊。"
>
> (露菲《夏公是一本大书》,《忆夏公》)

他们就这样开始了谈话。他们谈到"文革"一起挨斗的情景,不知下一次批斗时是否还能见到对方;他们谈到狱中的关押,夏衍觉着隔壁关着的很像是周扬;他们谈到同样折磨着他们的三十年代问题、谈到十七年问题;他们相互关切地打听一些老朋友的下落……当他们谈到那些令人心碎和愤怒的事情时,他们的口气是平静的。他们彼此心照不宣,谁都没有问起夏衍的腿是怎么断的,周扬的耳朵是怎么残的——他们不诉苦,面对历史他们更多的是警醒和叹息……就在那平和的谈话中,夏衍清晰地感觉到周扬变了。一个人的变化之大有时是很让人惊奇的。夏衍曾经感慨周扬到延安前和到延安后的变化,感慨他新中国成立前和新中国成立后的变化,惊讶他如何成功地隐去自己三十年代的潇洒风度变成一个彻头彻尾的党的政策代言人……而现在,他又一次感慨周扬的变化。他的目光没有了昔日的盛气,取而代之的是一种凝重,说到动情之处时他的眼睛里竟盈满着泪水——这在过去是难以想象的,连他的语言也变得朴实和真诚起来……夏衍不能不感叹,虽然1964年的那场整风周扬让他吃了不少苦头,他骂过周扬,恨过他,但在随后而来的"文革"风暴中他们是"同案犯";"文革"过后,他们同是九死一生的幸运者。尽管他们彼此的性格有很大的不同,但此时此刻,夏衍更多有的还是一种同命相连的感觉。

那次见面后,应刚刚担任广东省委书记的习仲勋邀请,夏衍、周扬、张光年、李季等人又一同去了广州。这一次,夏衍与周扬谈得更多,彼此对文艺界的种种情况交换了看法。在同游肇庆缅怀陶铸当年踪迹的时候,一向不写诗的周扬欣然命笔,夏衍则乘兴写下"虽饱尝忧患,然老而益坚,豪情盛昔,为可慰也",词句寓意深刻,充满着豪情和对自己对战友的鼓励,引来了大家的阵阵掌声。广州之行,夏衍和周扬相处融融,当夏衍提出想要回北京,说"我想我的猫了"的时候,周扬的眼泪突然又盈满了眼眶。在大家的劝说下,夏衍还是在广州度过了新年。从此,在文艺界思想解放的风口浪尖夏衍始终给予周扬坚定的支持。

那时,夏衍内心惦念着的还有一个人。

1978年元旦刚过,远在重庆图书馆抄写卡片的荒煤突然收到一个包裹。包裹是别人从邮局取来的,就放在荒煤的桌上,一眼看到那上面熟悉的地址,他的手臂就不禁颤抖起来。他急匆匆剪断密密的针线,里面露出他喜欢吃的花生米和香肠。那一粒粒脆生生带着香味的花生米,让他立刻想起了十多年前那个令人揪心的日子,他跑遍了文化部整个大楼的每一个造反派组织,向人打听夏衍的下落,然后又跑到夏衍家去报信。临走,夏衍夫人泪眼模糊地往他的口袋里塞进了一包花生米……他料定包裹里一定还有别的东西。他慌忙翻动花生米和香肠,果然露出一张纸条,那上面正是夏衍苍劲有力的字体:"这是探路,收到后请即来信。至盼。夏衍。"他的眼睛模糊了,和夏衍中断了多少年的联系啊? 整整十二年了……

　　荒煤怀着激动的心情立即回信,很快又接到夏衍的来信,要他马上写一份申诉材料,由夏衍通过方毅直接转交到邓小平手上。荒煤遵照夏衍的意思将申诉书寄出,不到一个月的时间就有了消息。那些日子里,夏衍关注着荒煤的一举一动,他们频繁通信交换情况。荒煤中断了十几年的日记又开始重新书写了,从中可以看到夏衍和他的一些交往:

1978年2月1日
　　　　……中组部来电话,说我的申诉经讨论报中央批准……尽管事先听到消息,仍不免紧张、兴奋、激动。
　　　　晚发一电报及航空信给夏公。

1978年2月2日
　　　　上午再写一信发夏公……

1978年2月8日
　　　　接夏公信……

1978年2月15日
　　　　接夏公11日信……当日发信夏公、光年。

1978年2月25日
　　　　下午二时至市委宣传部看书面结论……
　　　　即晚写信告夏公……

　　　　(《陈荒煤文集》第10卷,中国电影出版社2013年11月)

　　2月25日,荒煤平反的结论终于来了。这显然是一个不能让人满意的结论,留着的尾巴不止一条。一向足智多谋的夏衍早已预料到问题不可能彻底解决,他事前一再叮嘱荒煤,审查结论只要不是叛徒,其他都不要计较，立即回京再说。荒煤牢记夏衍的嘱咐，签了字，表了态（也还是抑制不住地对三十年代口号问题、执行修正主义文艺路线问题谈了一点自己的看法）。在离开北京十二年后，他终于又踏上了回京的路程……

荒煤不止一次地讲述这段往事，他的情绪深深地感染着我。我知道，这不只是夏陈之间的故事，更是时代的故事。记得就是在那段黑暗与光明交接的日子里，我刚刚从部队回到北京，曾经多次看到父母亲和他们的老朋友们聚在一起，为他们其中的一个人如何获得平反恢复工作而绞尽脑汁出谋献策，二十出头的我为他们送过信、跑过腿；也曾亲眼看到北京灵境胡同中组部的门前，申诉的人们排着长龙般的队伍在寒风中等待领取谈话的条子，这里接待的都是相当级别的干部，还有多少怨民分布在全国各省市甚至乡村……荒煤是有幸的，他不必去中组部门前排队拿号，他在夏衍的帮助下迅速地站了起来，走向前列。夏衍知道，新的时代需要栋梁之材。他以朋友的无私友情关注着许多人的复出，想方设法帮助他们，这里面有三十年代的老友，有五六十年代曾经为中国电影事业作出贡献的中青年艺术家们，更有那些受他牵连而倒霉的人……

也就是在那一年，刚刚走进文学研究所的我，因为工作的缘故初次见到了夏衍。

我是奉命到夏公家送信的。那时候他的家已经搬到了北小街。第一次走进那所并不起眼的小院，我在院子里见到了夏公的女儿沈宁。她领着我一直走进夏公住的小房间，映入眼帘的是简单的家具，靠墙一张小床，一个骨瘦如柴的老人正坐在床边的椅子上看书，他整个脸凑在书前一个字一个字地阅读，脚下还卧着一只懒洋洋的大猫。或许这第一次见面的印象太深了，此后，每当想起他来，我脑子里就常常出现一个蜷曲着瘦小身躯读书的老人和猫。说实在的，第一次见面他打破了我想象中那个叱咤文坛的夏衍形象，他不过是一个读书人，是一个慈爱的老人，他和我父亲一样超级爱猫，他指导家人给猫准备吃食；因为平

1985年3月,巴金、冰心、夏衍摄于冰心寓所

房潮湿,猫弄得满屋子都是跳蚤他也无所谓;他不仅爱自己的猫,当外孙女从房上引来了串门的野猫,他也一样请进用餐……但就是这第一次见面,我还是感觉到了他的与众不同,他说的不多,可当他微笑着抬起头来的时候,你却会觉得他好像什么都知道。而随着后来的逐渐熟悉,我愈发觉得他那视力微弱的眼睛好像有着洞察一切的能力,瘦小的身体里面似乎蕴藏着一种惊人的力量。

那是一个生动的充满着朝气的年代,经历了十年劫难的文艺界正期待着一次空前的聚首——第四次文代会的召开。而文艺界的老人们最操心费神的也是这件大事。筹备的过程很不容易。最初,思想解放的力度不大,思路也不清晰,进展更是迟缓,夏衍曾经用生动的语言形容这种局面:"只闻楼梯声,不见人下来。"直到胡耀邦主持中宣部工作后,确定让周扬、夏衍等人进入筹备小组,工作才得到了真正的进展。

1979年秋末,文代会在人们的盼望中如期举行了。报到的那天,正逢夏衍八十寿辰,尽管他不事声张,还照常接待了日本客人,但一些外地来的代表们依然记得他的生日，人们络绎不绝地来到医院看望他，有人送来了鲜花，有人送来了字画，有人带来一盒点心，还有人悄悄地留下一个写着心里话的字条……衷心地祝福这位历经沧桑的世纪同龄人。

虽然身体不适，夏衍还是出席了文代会的开幕式。当国际歌奏响，间隔了十几年的大会终于召开的时候，没有人不感慨万分。有一个细节让我难以忘怀：大会提议为那些在"十年动乱"中被迫害致死的作家、艺术家们致哀，这时候，会场上响起一个又一个的名字，那是一份长长的名单，一段艰难而刻骨铭心的历史，一个个惊心动魄的故事："老舍、田汉、阿英、赵树理、周立波、郭小川……"当那一个又一个熟悉的名字在人们的耳边回响起来的时候，少不更事的我在会场的一角，听到了周围人禁不住的唏嘘声。我看到在主席台上，夏衍和所有的人一样艰难地站起身来，向那些故去的人们鞠躬默哀——那一刻，无论是坐着轮椅、被人搀扶着的老人，还是两鬓斑驳的中年人，或是初出茅庐的青年人，许多人都禁不住热泪盈眶。

第四次文代会上，夏衍承担了致闭幕词的任务。对这样一个大会的闭幕词应该讲什么，他是经过深思熟虑的。那场巨大的灾难对文艺界的伤害极其深重，许多人还沉浸在刚刚过去的噩梦中，他们怀着悲愤的心情述说十年所遭受的种种非人待遇和许许多多骇人听闻的悲剧，还没来得及从巨大的悲痛中走出来考虑更深层的问题。而夏衍所思考的是这场灾难是怎么发生的？究竟为什么会发生？我们目前面临的任务是什么？带着这种深刻的思考，他起草了自己在大会上的闭幕发言，并把它交给了周扬等人过目。

然而，事情并非一帆风顺。此时，文艺界高层对形势的认识已经产生了明显的分歧。到了大会闭幕的这天中午，周扬突然急匆匆地出现在夏衍的病房里，他告诉夏衍，林默涵提出，由于闭幕式上有好几位政治局委员出席，能否把闭幕词压缩一下，或者干脆不讲。夏衍听了毫不犹豫地回答，如果事先与我商量删去一些段落原本是可以的。但是现在不成了,因为闭幕词已经作为文件发给大会的每一位代表,临时删掉,一定会引起人们的诸多猜疑,这样做怕是会起到不好的作用。周扬听了,没有再说什么起身离去。这个细节荒煤等人都知道,他们很紧张,生怕夏衍的闭幕词不做了。过后知道的人又非常感慨,相信以官场的标准权衡,很多人都会选择放弃,而夏衍却没有这样做。他有自己的原则。

十一月十六日,第四次文代会闭幕式在人民大会堂举行,夏衍代表主席团致闭幕词,他把一个区别于许多官样文章的闭幕词呈现给了大家。

闭幕词的中心是反封建和讲科学。针对文艺界一些对"思想解放持有疑虑、害怕乃至反对"的现象,他旗帜鲜明地提出,这正是因为"'实践是检验真理的唯一标准'的讨论进行得不够深入的缘故"。他还进一步解释,"我这样说,是因为不久之前,文艺界曾经吹过一阵'冷风',有人把思想解放、文艺民主和'四个坚持'对立起来,有的人甚至把社会上一小撮坏人和无政府主义者造成的社会不安,也归罪于思想解放过了

夏衍在第四次文代会主席台上

头。我认为,这些看法是极端有害的。"

最让人感到震撼的是他关于反对封建主义的一段:

> 过去我们往往把"百家争鸣"实际只归结为无产阶级和资产阶级两家的争鸣。但三十年来的实践证明,这两家之外的封建主义一家,却一直在顽固地妨碍着我国社会的前进。因此,为实现四个现代化扫清道路,我认为,反对一切形式的封建主义,如家长制、特殊化、一言堂、裙带风、官僚主义等等,同反对资产阶级个人主义、无政府主义和形形色色的派性一样,都应该归入我们创作的重要任务之列。

(夏衍在第四次文代会上的闭幕词)

很久以后,我都记得当夏衍讲到这里时,会场上响起长时间的雷鸣般的掌声,这掌声是献给一个历经风雨洞察一切的智者。掌声中,夏衍抬头注视着会场上的人们,有记者拍下了这个历史性的镜头。他的面色是严肃而凝重的,清癯的脸上有着深深的雕刻般的皱纹,他没有戴眼镜,向前平视的眼神让人有种目光如炬的感受。大会宣告闭幕了,会场上响起少先队员的鼓号声,数十名佩戴红领巾的孩子们飞奔上台,向国家领导人和主席团成员献上鲜艳的花朵。坐在夏衍一旁的薄一波热烈地和他握手,并把自己的一束鲜花送给他,表示对他讲话的高度评价和敬意。胡耀邦对他说,闭幕词应该全文发表。夏衍问:文章中点到康生的名字,因为中央没有正式宣布,是否应该删去?胡耀邦说:不用,迟早要宣布的。但第二天《人民日报》发表时还是做了改动。

人们又开始往"老头子"那里奔了。年老的,年轻的,有成就的,还有像张暖忻那样完全默默无闻的小字辈——从公共汽车上下来径直走进四合院,敲开夏衍的房门,掏出朋友的介绍信作自我介绍,然后读剧本、请教问题,并从此成为出入夏家的常客……一次,我到他那里去,谈到自己正为许多想不通的问题而苦恼交困,他没有正面解答我的问题,却告诉我:一定要多读书,读一些中外历史,读一些自然科学,读一些明末清初的笔记、小说,还有"五四"前后的代表作等等他的意思是什么都要读一些,不怕杂,只有不断地积累知识,才能看清历史面对现实……他还说他自己就是这样坚持读书的,眼睛实在看不清楚就让别人读给他听……那天,离开他的时候,我觉得内心平静了许多,我骑着自行车轻快地在弯曲的胡同里穿行,好像把缠绕着自己的那些令人焦虑的问题都甩到了身后。我知道人们为什么喜欢到他这里来了,因为他识才懂人,更因为和他谈天是一种享受。他的思维永远清晰透彻,他的智慧、尖锐和幽默总是天然地融合在一起。对于他的风格,王蒙说是"一针见血",周扬说是"精明强干",而夏衍自谦为"经久耐用"。

三 向历史问询

　　1975年的那个夏天,夏衍拄着双拐拖着残疾的腿走出监狱。他的家人永远都忘不了他当时的样子:苍白的脸颊,瘦骨嶙嶙的身体,他的锁骨被打断过,眼睛受到严重的损害。他回到了离别九年的家,亲人好友见他归来唏嘘不已,那只忠实地坚守了九年,白天四处觅食,夜晚总要悄悄地回到旧宅等待主人的老狸猫,居然在见到他的隔日倏然死去,那一刻,他心中的痛楚有多深,是一般人无法想象的。

　　从走出监狱的那一刻起,夏衍似乎就想要把噩梦般的经历永远埋进心里。他也较真,当专案组通知他可以回家的时候,他提出要给一个说法,放也要放得明白。但出狱后对自己将近九年的悲惨遭遇却固执地保持了沉默。他的儿子说:"当初是怎么抓进去的,怎么打的,我一直问,他从来一个字不讲。"朋友吴祖光理解他的这种做法,当他得知夏衍出狱的消息赶去探望时,"我一句也没有问过他这九年当中受苦受难的境况,我完全理解他的心情,把这一段惨绝人寰的遭遇看作是二十世纪人类的耻辱。后来夏衍同志曾经对我说过,有许许多多外国朋友询问他经受九年监禁虐待的情况,他一概不予置答。我认为这是由于一个中国人的自尊心——不用说他还是一名真正的共产党员——不允许他讲述这样的耻辱和黑暗……"

事实上,他有自己的看法。身处风雨飘摇的时代,有多少家庭在残酷的政治洗劫中妻离子散,而自己一家人安然无恙,儿子和女儿都组成了家庭,家里还增添了新的生命,一大家子十几口人还有让人疼爱的猫……五十岁就交了"华盖"运的夏衍已经满足了。在他看来,生活原本就充满了荆棘,道路原本就是艰难曲折的,重要的是要经得起波折,要有生命的韧性。

没有人听到他述说那段往事。无论是首次与周扬相聚,还是出狱三年后第一次见到他的"同案犯"荒煤,他都不曾提及,而他们也都自觉地对那些黑暗和不堪保持着尊严和沉默。或许,在他们这一代共产党人看来,个人的伤害不足挂齿。然而,对于一个民族、一个国家来说呢?十年的伤痛难道可以在"向前看"的欢呼声中被悄然掩埋,经历了劫难的一代人是否应当遗忘和保持沉默?!

和许多人一样,当那场史无前例的"文化大革命"来临的时候,夏衍并无思想准备,在至高无上的精神权威和暴戾面前,他也有过从不服到诚心诚意"低头认罪"的经历。

1971年的"林彪事件"对大多数中国人来说是一种警醒,然而这警醒却难以打破多少年来靠日日夜夜宣传教育所堆积起来的领袖神话。记得那时候我刚刚走进部队,一个月的新兵训练结束后被有幸分配到了机关,当林彪出逃的消息传达到我所在的部队时,最初的那种紧张困惑和不安连我这个新兵都清晰地感受到了。但是,人们很快就找到了宣泄的渠道。部队开始从上至下没完没了地学习表态,控诉林彪试图谋害伟大领袖毛主席这一不可饶恕的罪行很快地把人们从疑虑之中引导出来转为愤怒和同仇敌忾。一个寂静的夜晚,我在睡梦中被窗户上的击打声叫醒,拉开窗帘我看到一张年轻的充满惶恐的脸,那是和我一起入伍的朋友。我开了门把她让进屋里,好一会儿才从她语序混乱的述说中弄明白她惹的祸。她所在的连队一连很多天开展学习,每个人一遍接一遍地述说毛主席的伟大功绩批判林彪的歹毒,几乎人人声泪俱下。轮到我的这位朋友发言时,不知为什么她笑了起来。顿时全体哗然,质疑和怒斥转到了她的身上,接着是组织严肃谈话,问她笑是什么意思,甚至要追查背景,她害怕极了,趁站完岗的时间悄悄跑来找我商量……那个没有月亮的晚上,只有十八岁的我们被惊慌和恐惧紧紧包围着,我没有追问她为什么会笑,她也说不清楚自己为什么会笑,反正就是忍不住笑了,觉着有些好笑……我们只是彼此紧紧地靠在一起,感觉到今后或许还会面临更加严酷的什么……

震惊世界的"林彪事件"带给所有人的震动和警醒是不同的。在北京的监狱里,夏衍先是凭着一个老记者的机敏很快捕捉到了那个惊人的事实。接着,他就陷入了真正的思考。从1973年到1975年他有了两年"独房静思"的机会,对自己经历的前半生历史进行了初步的回顾。特别是当他获得"恩典"可以看马克思主义经典著作的时候,他"边读边想,边联系过去几十年间的实际,才觉得'渐入佳境',别有一番滋味了"。思想的真正升华是在他出狱后独自在家的日子里,"我没有浪费时间,从'天安门事件'之后到一九七六年秋,我一直闭户读书,从实出发,又回到虚,从看史书出发,又回到了哲学。为了解决一些长期以来想不通的问题,我又读了一遍恩格斯的《自然辩证法》。这本书我二十年代就读过,后来又不止读过一次,可是现在再读,感受就很不一样了,这本书照亮了我的心,从辩证的认识论来回忆自己走过来的道路,才惊觉到我们这些一直以唯物主义者自居的人,原来已经走到了唯物主义的对立面!这就是公式主义、本本主义、教条主义,也就是唯心主义。"(夏衍《懒寻旧梦录》,三联书店1985年7月)

回顾历史,分析"文革"发生的原因,他认为不能将其简单地看作是几个人的问题,而应该从体制的角度考虑。"1949年之后,体制上照搬苏联的一套,全面实行计划经济,这么多人口,从吃到穿都管起来。没有经过彻底的民主改革,封建主义也没有彻底反掉,就进行对资本主义的三大改造,宣布进入社会主义。在这之后,就总是想方设法将社会主义搞得纯而又纯,于是一次又一次地搞政治运动,甚至希望将血液都全部换过,于是发动了'文化大革命'。"(李子云《与夏公聊天》,《我经历的那些人和事》,文汇出版社2005年1月)

然而,作为领袖个人是否负有责任呢?这是很多人都在思考又是许多人一再回避的问题。1980年在有四千高级干部参加的讨论《关于建国以来党的若干历史问题的决议(草稿)》的会上,不少人的发言涉及对毛泽东个人的评价,认为草稿中的许多说法是为毛泽东的错误辩护,"按原稿的意思,毛泽东思想只包括正确思想,错误思想不属于毛泽东思想,这在逻辑上是不通的"。多数人认为,在总结历史教训的时候绝不能"为尊者讳"。

发言中,夏衍概括性地评价了毛主席晚年的错误,出语惊人:"拒谏爱谄,多疑善变,言而无信,绵里藏针。"(郭道晖《四千老干部对党史的一次民主评议》,《炎黄春秋》2010年第4期)无论他的评价是否准确,却以无私无畏的精神把一个多年来高居于人们之上的"神"彻底地请了下来。任何人都应当为自己的行为负责,任何人都有权利对领袖人物作出自己的评判。然而,这在现代中国是无法想象的。说出这种评价,对一个为党奉献一生的老共产党员来说要具有怎样彻底的唯物主义精神是不言而喻的。他一定经过了长时间的缜密思考,经历了痛苦的思想斗争。很多年后,当人们依然还在为领袖的那些神圣光环而困惑的时候,我看到夏衍的这段话,钦佩之情油然而生。我曾经就此询问过夏衍的女儿沈宁,连她都感到惊讶:这是老头子说的吗?他竟然有这种胆魄!然而,这就是夏衍,他就是这样"一针见血"!

同是1980年,在北小街街口那所僻静的小四合院内,风吹动着树枝发出沙沙的声响,一只黄色的大猫弓着身子无声地从房门口走过。

在夏衍的卧室里,有人在一字一句地朗诵台词,那声音抑扬顿挫,时而舒缓,时而激扬,时而又是低沉得似乎难以继续……朗诵者是人到中年的作家白桦,而那个剧本便是后来轰动全国、引来了长时间大规模批判的《苦恋》。

夏衍从一开始就关注并指导着《苦恋》剧本,这个细节是多年后白桦在接受记者采访时谈到的:

> 我们共同的师长、前辈剧作家夏衍先生要看脚本,那时夏衍的眼睛已经看不见了,由我朗诵,用当时时髦的盒式录音机录下来,请夏衍听。夏衍先生听了以后表示不太赞同拍纪录片。他说,让黄永玉自己来演是很滑稽的。他建议还是写个艺术片,不一定要写黄永玉,就是写一个艺术家。……结果我们还是尊重夏衍先生的意见,重新为一部艺术片作准备。原作我也给夏衍先生听了,他认为太长,我们就听从他的建议删改成一集。
>
> (白桦访谈 《〈苦恋〉带给我沉重的磨难》)

按照白桦们最初的设想,是拍一部黄永玉的纪录片,没有故事,只是一些发生过的事情,照电影诗的样式来做。夏衍的意见使这个剧本发生了根本性的改变,从真实地记录一个人,到集中刻画一个艺术家的典型,从而表现一代知识分子所处的那个时代。夏衍对剧本的关注无疑渗透了他对历史的深刻反思,依照他的观点"文艺创作从题材、创作方法讲,应该没有任何禁区";同时他对剧本的修改建议也是从艺术的角度出发,这样的改变使作品更集中更凝练也更具感染力——特别是后来又改成了一集。

然而,或许他们低估了当时保守势力的强大。1980年的那个冬天,改名为《太阳和人》的电影一出现就引来了整个思想界的震动与争执,有人说"这部电影很恶毒,对着红太阳打了六炮"——指影片最后的六个省略号。面对保守势力摆出的进攻阵势,以周扬、夏衍为首的改革派，守住了最后的防线，坚持这是一部可以修改的作品，对作家应该采取帮助的态度，反对一些人仿照历史的做法主张不加修改、放映后即组织批判。那段时间，在周扬家文艺界头面人物的碰头会上，每次争执都激烈异常。荒煤在1981年2月16日的日记上写道："上午到周扬家座谈。极为愤愤而归，团结不易，夏公提出不再参加会议。"在23日的日记中又说："林、刘又为《太阳和人》的问题大发雷霆，实在令人气闷。"而张光年在这天的日记中说："着重谈了白桦的电影《太阳和人》修改意见，取得一致意见。但白羽、默涵咄咄逼人，碰得夏衍老头气恼不置。"

在这场沸沸扬扬地折腾了一年多的争执中，对于剧本创作之初夏衍给予的关注和指导，几乎所有的当事人都心照不宣地保持了沉默。白桦说："我们从来没有跟别人提起夏衍先生听过这个剧本，按照往常事态的发展，如果有人知道夏衍听过每一次的剧本，他们一定会栽赃夏衍，把他当作'幕后黑手'。所以，我们从来没有说过夏衍接触过这件事情。"

同样的，夏衍也没有说，他对外称自己没有看过剧本。为什么这样做呢？我以为，经历了几十年风风雨雨的他并不畏惧什么，只是更清醒地意识到问题的复杂性。此时，文艺的问题再次以政治事件的形式出现，如果有人知道夏衍关注过每一稿剧本，事态或许会变得愈加复杂和变幻莫测，不仅夏衍会失去话语权，创作者们还将承受更大的压力。事实上，即便如此，也有人在到处宣传这部片子是夏、陈等支持的，进而欲得出第四次文代会后文艺有方向路线错误的结论。尽管《苦恋》出来的时候，荒煤还在文学研究所，根本没有接手电影，但他也依旧被捆绑在夏衍的战车上难逃其咎。

《苦恋》受到了封杀，但夏衍对历史的反思、对中国知识分子在革命道路上遭遇挫折的反思没有停止，他的思考一再出现在许多回忆历史人物的文章中。1994年他在写作《"武训传"事件始末》一文中发出尖锐的询问："写到这里，不免有一点感慨，中国知识分子这样真心拥护和支持中国共产党,而四十年来,中国知识分子的遭遇又如何呢?……我想了很久,但找不到顺理成章的答案,只能说这是民族的悲剧吧!"对于这一质疑,夏衍也有自己的回答。他认为悲剧根源是"轻视、歧视、乃至不信任知识分子的思想和作风,在我们党内有很深很久,也很复杂的基因",那就是"封建、不民主和专断"。

夏衍对历史的问询尖锐执着,无处不在。

1984年9月,夏衍在医院治病,得知原吉林省宣传部部长宋振庭也住进北京医院便前往探视,他的出现却引起了宋精神上很大的震动。告别时,宋振庭紧紧握住夏衍的手,他的眼睛湿润了,心中泛起的波澜久久不能平复。

五六十年代,宋振庭作为吉林省主管文化的领导在电影方面与夏、陈观点相左,称得上是坚定的对立面。虽然在夏衍坎坷的一生中宋对他的伤害算不上最深,但较量却一再发生。特别是在长春电影制片厂从文化部下放到地方领导之后,他们在创作问题上的争执常常搞得僵持不下,牵连了电影界许多人士。争执的核心问题是如何提高电影质量和电影创作应以导演为中心还是以党的领导为中心。宋振庭十分固执,认为夏陈的主张右倾而给以坚决的抵制,在如何对待世界文化遗产问题上他甚至口无遮拦地说:安娜是婊子,罗密欧是淫棍,十九世纪是什么高峰?黄土堆……他的一些简单粗暴的做法令夏、陈无法接受,从而更加坚定了他们"外行不能领导内行"的看法。他们之间的争执也如同文艺界思想政治斗争的一个缩影,起起伏伏,你来我往,其胶着状态甚至使荒煤屡屡产生辞职不干的想法,他觉得矛盾愈演愈烈,再弄下去恐怕自己"连党籍都保不住了"!二十多年后,经历了"文革"残酷迫害的宋振庭对许多问题开始反省,晚年身居病室更没有想到夏衍会来探望自己。"承临探视,内心至感。风烛之年,有许多话要说,但欲言又止者再,后来深夜静思,仍内疚不已。"反复思量之后,他给夏衍写了一封信:

五七年反右,庭在吉林省委宣传部工作,分管文教、电影。在长影反右,庭实主其事,整了人,伤了朋友,嗣后历次运动,伤人更多,实为平生一大憾事。三中全会之后,痛定思痛,顿然澈悟。对此往事,庭逢人即讲,逢文即写,我整人,人亦整我,结果是整得两败俱伤,真是一场惨痛教训。对所谓"四条汉子"之事,庭不知实情,但以人言喁喁,乃轻率应和,盲目放矢。"文革"前庭对周扬同志及我公,亦因浮言障目,轻率行文,伤及长者,午夜思之,怅恨不已。六一年影协开会时,庭在长影小组发言,亦曾伤及荒煤同志,(梗梗)在心,未知陈兄能宽宥否也。

(宋振庭致夏衍信,《夏衍全集》第16卷)

　　接到这封信,夏衍的震动同样很大。他是去探病的,历史的纠葛并没有放在心上,相反还记起宋在陈毅的授意下帮助过张伯驹夫妇的善良之举。往事已遥远,他从来没想过要得到谁的忏悔,但面对宋发自内心的肺腑之言,他也再次陷入对历史的追询中不能平静。国庆节前一日,他提笔给宋振庭回信:"……对于五七年后的事,坦率地说,由于整过我的人不少,所以我认为你只是随风呼喊了几声而已。况且你当时是宣传部长,上面还有文教书记,他上面还有第一书记,再上面还有更大的'左派',所以单苛刻你一个人是不对的。"夏衍的胸襟是宽阔的,绝不纠缠于个人恩怨,正如他所说:"假如我从红卫兵上街算起,把谁打过我,谁吐过我口水,谁写文章批判过我,一直到打倒'四人帮'以后,谁还骂过'四条汉子',一一记在心上,我这个人就活不下去了。"

　　夏衍一方面认真探寻"文革"发生的根源,同时更加关注历史对人的制约,特别是通过自己这一代人走过的崎岖路途,思考为什么"我们这些受过'五四'洗礼的人,也随波逐流,逐渐成了'驯服工具',而丧失了独立思考的勇气"。最终的结论还是因为"科学与民主是社会发展的动力这种思想,没有在中国人民的心中扎根。两千多年的封建宗法思想阻碍了民主革命的深入"。

夏衍与电影艺术家们在一起，前排右三夏衍

他的这种反省包括对自己。在信中，他回忆了自己在历史上所犯的"左"的错误，并指出：

> 任何一个人不可能不受到时代和社会的制约，我们这一辈人生活在一个大转折的时代，两千年的封建宗法观念和近一百年来的驳杂的外来习俗，都在我们身上留下了很难洗刷的斑痕。上下求索，要做到一清二白，不犯一点错误是不可能的。解放之前和明摆着的反动派作战，目标比较明确，可是一旦形势发生突变，书生作吏，成了当权派，问题就复杂了。……
>
> （夏衍致宋振庭信，《夏衍全集》第16卷）

夏衍对自己这一代人的思想脉络做了深刻的剖析，认为多数人属于思想懵懂状态，但也有一些人是在权力面前现出惊人的蜕变。几年后他又在给柯灵的信中提及："经过十年的'文化大革命'我确实也受到了很大的教育。其中，最突出的一点，就是人是会变的，'人心'是复杂的。有好几个我几十年的'老友'居然为了做官而上了贼船。"在做出这种描述的时候,他的内心充满了痛惜,他能够想到那几位"老友"昔日作为朋友时的美好,却无法接受他们出于私欲作出的选择和背叛!历史是残酷的,在任何一个大风大浪的关口,同一个战壕的战友或许都可能分道扬镳。

无论是对社会还是对个人,夏衍的反思都具有一种历史的穿透力,或许正因为有了这种穿透力也就有了面对历史的幽默。1974年夏衍在狱中曾经把明末清初流传很广的一首打油诗作了改写,对那个荒唐的年代给予辛辣的嘲讽:

  闻道人须整,
  而今尽整人,
  有人皆可整,
  不整不成人。
  整自由他整,
  人还是我人,
  请看整人者,
  人亦整其人。

四　请恕我执拗

反思是历史的需要,坚持却是夏衍的个性所在,这种坚持表现在许多方面。

三十年代问题一直是夏衍的一个心结。

1980年初,夏衍的《一些早该忘却而未能忘却的往事》在《文学评论》上发表,从而又一次将自己卷入三十年代问题的激烈争论中。

文章是针对《新文学史料》发表的茅盾文章《需要澄清一些事实》所附冯雪峰的一个材料所写的。几个月后夏衍在给编辑部的一封信中对自己写这篇文章的目的再次做了明确阐释:"从六六年起,我与世隔绝了十年。七八年,我因病入院,在《新文学史料》看到了冯雪峰同志的文章,一时激动,写了那篇'往事',写这篇东西的目的,主要是想说明一下一九三四年周扬、阳翰笙、田汉和我四个人去见鲁迅先生的因果,和引起两个口号争论的经过。"

半个多世纪前的那段血与火的历史,承载着夏衍和许多左翼文化战士的青春、热血、理想和牺牲,他们年轻的心曾经为此而跳动。于泥泞中前行,于无望中开辟出新局面的经历是他们永远引以自豪的。然而,从五十年代起这段历史便开始遭到质疑;六四年文艺整风,三十年代问题已经成了夏衍的一个重要罪状;到了"文革","四人帮"更是从鲁迅文章里找到了批判的依据,"四条汉子"这个使用频率极高的政治词汇几乎在全国家喻户晓,不仅让夏衍付出了九年牢狱之灾的代价,也让许多受牵连的人妻离子散甚至失去生命。而这段历史中屡屡纠缠不清的就是他们和鲁迅、冯雪峰等人的关系。

正是这个原因,当夏衍看到冯雪峰1966年写的材料时无法抑制自己的"一时激动"。一位年近八旬的老朋友恳切地对他说:"你得承认,你已经是风烛之年,来日无多的人了,你们这些人不把过去亲身经历过的事情实事求是地记录下来立此存照,那么,再过些年,'文化大革命'前后某些人凭空捏造,牵强附会,以及用严刑逼供制造出来的污蔑不实之词,就将成为'史实',这是对不起后人的事情。"朋友的话给他留下深刻的印象,他无法不说,作为主要当事人之一,他认为自己是最有资格说明"因果"和"经过"的。

文章先是送给《新文学史料》,那时候《新文学史料》还是内部发行,在他看来这样更合适,"如果在公开发行的刊物上发,势必又要作许多改动也。"孰料,事情却没有那么简单。他的文章在《新文学史料》受到挫折。

夏衍的文章最终在《文学评论》上发表。其中,荒煤起了决定性的作用。事实上,此前冯文就经过荒煤的手,在是否发表的问题上,荒煤很感犹豫,觉得"应该慎重",他担心这样一个材料会引出种种麻烦,但周扬看后却认为茅盾的文章和冯雪峰的材料一起发表也没有什么问题。然而,周扬没有想到的是,冯文的发表随即引起了一场轩然大波,而最早站出来说话的就是夏衍。

夏衍的文章在《新文学史料》的遭遇使他很不高兴,荒煤则认为,既然冯文已发,夏衍的文章自然也可以发表。以他的敏感和慎重,他当然也预料到夏文可能引起的进一步争论,但他的三十年代的情结同样严重。1978年春,他到文学所上任的第一次就职演说,就直言不讳地谈到自己头上还没有摘掉的"攻击鲁迅"的帽子——仅仅是因为当年写了一篇支持"国防文学"口号的几百字的小短文。那帽子实在太沉重了,作为"同案犯"的他因而也更加理解夏衍。在得到另一位同样对三十年代问题耿耿于怀的老兄沙汀的支持后,他从《新文学史料》把夏衍的文章取回,经相关领导同意,在自己主持工作的"文评"上发表了。

即便做了思想准备,但夏衍文章发表后引起的轰动还是超出了他们的预想。很多年后当往事已经遥远,我再次翻看当时的材料,发现夏文给自己招来的麻烦几乎接连不断。反对的声音连成一片,但仔细看,却会发现在诸多反对者中没有一个人,如夏衍一样是当事人。他们要么是资深鲁迅研究者,带着根深蒂固的对鲁迅的崇拜和坚信,从鲁迅的文章中找出"铁证"予以驳斥;要么是冯雪峰、胡风的支持者,抑或同情者——两位先生在新中国成立后的遭遇足以让人想到就为之动容;也有一些并不相干的人,他们想不通,刚刚在第四次文代会上受到极大拥戴的夏衍,为何在这个时候发出这样的声音。夏衍为自己竖起了一座高墙,一个偌大的反对阵容——不仅有鲁迅这面伟大旗帜,还有诸位自五十年代就饱受打击、伤痕累累的政治受难者,还有那些对所谓"文人相轻"怀着极大兴趣的人们……反对的文章纷纷而来,以至于给他的改革者的形象蒙上了另一种颜色。

然而,让人惊奇的是夏衍的坦然,他甚至对自己经常被人们拿来用以证明他也"左"过的那个五十年代"爆炸性的发言"也不后悔,他说"那次讲话,现在想来,除了有点感情激动之外,讲的全是事实"。他说的很直白。当然,事实在非同一般的时刻讲出来起到了非同小可的作用,但他本来就不能不表态,所讲的事情又非捏造,也就没有什么可悔的了。

我记得那个夏天前后的焦虑,我频繁地穿梭在老人们之间送信送材料,我并不知道每封信的详细内容,也搞不清三十年代的那桩没完没了争论不休的公案,但我清晰地感受到周围那种激烈的甚至有些激愤的氛围,那情绪不仅仅来自对立面,有些一直对周扬、夏衍的思想解放表示衷心拥护的人也发出了质疑。因为是秘书可以无话不谈,我曾以小字辈的身份和荒煤讨论,问题是为什么要惹这个麻烦?记得荒煤的回答很简单,他说,夏公只是要说自己亲身经历的事实,而这个事实也关乎着许多人的命运。对"事实"这个概念,当时我没有什么特别的感受。很多年后,在我经历了世上的种种风雨从涉世浮浅变得老成起来的时候,我才更深地体会到要说出事实和坚持事实是多么困难!这正像荒煤在给沙汀的一封信中所说的"真相不是简单可以说明的",何况,每个人有着自己认为的事实,又何况这事实在不同的时候和不同的境遇中说出会起到不同的作用。追求事实的真相有时候会给自己带来灾难性的后果,这或许正是许多搞政治的人所回避的。

这确是极其复杂而又麻烦的事情,不仅仅关系到说不清的过去,更关系到文艺界重整待发的当前,难怪后来周扬叹气说:"夏衍同志这文章如果不发就好了,我对陈荒煤打过招呼的呀!"执文艺界牛耳的周扬希望团结,一切有碍团结的事情最好都不要发生,那可能会坏了大事。但夏衍不仅在周扬的劝说面前绝不动摇,而且对周在鲁迅研究会筹备会上的讲话也有自己的看法,他在给周扬的一封信中说:

请恕我执拗,还要提一下冯雪峰问题。我写的关于冯的文章后,为了这篇文章雪系用各种方法对我进攻,连刊物《文学评论》和陈荒煤同志也受到了不小的压力。我意尊文谈冯的一段,似乎过了一些……他们目前骂的是我,实际上是否定"左联"也。

(徐庆全《文坛拨乱反正实录》,浙江人民出版社2004年4月)

在这场争论中,夏衍也有让步,那就是他在几个月后发表了一封致编辑部的信,并决定从准备出版的近作集中抽掉《一些早该忘却而未能忘却的往事》。但这样做的原因更多的是因为文章中所涉及彭柏山的事情有误,他做了更正,也不愿意让家属受到更多的伤害。

然而,这绝不意味着他会放弃自己所坚持的原则。即便在最困难的时候,他也不会放弃说出事实的机会。"文革"中,当他经受了六年牢狱折磨第一次获准和家人见面时,在看守严密的监视下他偷偷塞给女儿一个字条,字条是从手纸上撕下来的,他用烧焦的火柴棍在上面写了四个字"不白之冤"。"文革"后,第一次与周扬见面谈到三十年代问题时,他就表示:"'四人帮'把一些事实搞颠倒了,先把事实弄清,怎么认识、评价,那是可以讨论的。"八十年代中期,步入耄耋之年的他,虽然早已不再有那种"一时激动",但他为历史正名、为后人留下第一手材料的不懈精神依然丝毫不减。在极其忙碌和紧张的日子里,他仍旧以虚弱的体力,昏蒙的连写一个字条都很费力的眼神,一笔一画地,冒着酷暑和寒冬,熬过无数个日日夜夜写成了三十多万字的巨著《懒寻旧梦录》,书中所涉三十年代史实和"往事"一文提及的没有任何不同,只是少有了情绪的流露,不发表推测性的意见,行文中蕴含着"锐利而又沉稳"的风度。他说:"我是主要当事人之一","明知其有,而加以隐讳,也就是失真。"《懒寻旧梦录》是一部记录了一个世纪腥风血雨,融汇着一个智者深刻反思的大书。有意思的是他自己对书的评价,他曾笑对友人说,他的回忆录是"既骂人也骂自己"——或许这就是他的与众不同,写传既不是为自己更不是为哪位尊者树碑立传,而是对历史有一个交代,正是在他对往事的笑与骂、歌与泣之中,读者见识到了一个文人的良知和一个革命者的真正责任。

我一直在思索夏衍的这种执拗,不知算不算偏执,算不算不顾全大局?但我总也忘不了那个夏天,他埋头在又小又旧的书桌上写作的身影,也忘不了他执着的眼神和坚定的语气。我佩服他的坚守精神,敬重他的执着。我相信事物的多面性和复杂性,尊重每一个依据事实说话的人,他们不仅遵从自己的良心,更希望对得起后人,他们的坚持为后人的研究提供了更多的依据和选择。夏衍就是这样的人,他一心追逐事情的真相,而不在乎被人说成"纠缠历史的旧账"。或许每一个研究历史的人更应该感谢他的这种执拗,没有对事实的执拗,历史或许会成为一面之词,呈现出另一种貌似清晰的混沌。

夏衍晚年重要著作《懒寻旧梦录》书影

五 "书生作吏"

八十年代初,二十多岁的我因为工作关系有幸接触到文艺界的一些头面人物。他们有着共同的特点,就是夏衍所说的"书生作吏"。

他们中间的多数人来自解放区,曾经是较为单纯的书生,又有着"兼济天下"的抱负。新中国成立后,当官员那顶帽子压在头上之后,"问题就复杂了"。他们有的挣扎于书生和官员的角色之间呈现出种种矛盾状态;有的逐渐失去了文人的立场,不再对现实持有质疑的态度;还有的则裹挟在政治的漩涡中彻底地改变了自己……回头看,无论结局怎样,或许很难把责任归咎于个人。那是一个极其特殊的年代,面对理想与信念的围困,个人与集体的巨大矛盾,他们痛苦地挣扎。到了八十年代,他们之中的大多数人幡然醒悟,而此时,已经到了垂垂暮年……在经历了和他们的种种交往之后,我曾经仔细地思量,透过覆盖在他们身上的层层表象感受着他们深埋在岁月坚硬年轮下真实鲜活的本性,体会着他们的魅力和缺憾,也常常在他们的经历中感受到一种说不出的伤感。我时常想,假如他们没有"作吏"又会怎样?他们的才华、他们的性情会显现出什么样绚烂的色彩?但历史是没有假如的,因而我也常常在伤感中感到迷茫。

在我所熟识的这些人中,夏衍是一个"特例"。他与众不同,始终喜欢把自己定位于"知识分子",并以"知识分子"为荣;他有坚定的共产主义理想,但也努力地做自己;他绝不苟同,更不会做什么讨好迎合的事情;他睿智,且有着一种让人骄傲的力量;在这些人中,他几乎是唯一一个让我不感到伤感的。写着他的时候,我感受到的是另外一种情绪,一个人的真性情能在风云变幻的官场中如此坦荡地显现,让人觉着:痛快!他的性格吸引着我,也让我着迷。

第一次见识到他的睿智和坦率是1978年,文艺界的思想争论呈现激烈的态势,形势变得愈加复杂。一次,我随荒煤到北小街去看夏公,他们谈到许多情况,深陷其中的荒煤感到十分郁闷。夏衍则用平静的口气分析说:现在文化界实际上存在着三条线,一是……既不懂理论也不懂业务,也不用心学习;二是……主张文艺为政治服务,思想僵化保守;三是以胡耀邦为首的改革开放派,但今后可能会遇到很大的阻力。他对形势的分析绝不遮遮掩掩含糊其辞,让一旁静听的我有了一种耳目焕然一新的感觉,他对改革派将遇到巨大阻力的预测很快就被历史证实了。那次,他还谈到自己一段时间以来一直在思考的问题,认为多少年来一直提灭资兴无是不科学的,无产阶级应该全面地继承人类的文化遗产,包括资产阶级的文化艺术、科学成就等等,不能笼统地提灭资兴无。后来,这些问题随着他的进一步深入思考,写进了他的回忆录《懒寻旧梦录》里。

  1983年,周扬卷入一场"异化"的争论中被搞得疲惫不堪,与此同时夏衍也因为一篇文章引来上层极端不满。起因是"现代派"问题。那时候,文坛还没有对外开放,高行健的一本《现代小说技巧初探》引来了年轻作家们对西方文化的兴趣和讨论,也招惹了另一些人的反感,视其为洪水猛兽。面对这种情况,巴金发表了致瑞士作家马德兰·桑契女士的《一封回信》,谈到对所谓"西方化"的看法,认为"形式是次要的,它是为内容服务的",一些作家"在探索使用新的形式或新的表现手法,他们有创新的权利。他们或成功或失败,读者是最好的评论员"。现在"东西方文化交流日益频繁,互相影响,互相受益。……不必害怕'你化我、我化你'的危险"。接着,夏衍发表了《与友人书》。文章从当前文艺状况谈起,提出需要不需要借鉴现代派的问题,文章的风格冷静平和从容大度,体现了一位从"五四"运动走过来的老作家,对当下问题的深刻思考和对未来形势高瞻远瞩的估计。然而,原本是艺术上的讨论却又一次被政治形势所裹挟。这篇文章正撞在清理精神污染的枪口上。在中宣部的一次会议上他的观点被某领导人总结归纳为:一、对文艺形势的估计,夏衍认为还是处在一个拨乱反正的过渡时期。而这位领导人明确指出"拨乱反正已经完成"。二、文艺界领导的主要任务是什么,夏衍认为各级文艺领导该是实行文艺民主的时候了。这样提法不符合文艺界实际。光讲实行文艺民主,不讲集中,不讲纪律,用这种思想去指导文艺改革,只能带来片面性。这位领导的讲话清晰地勾勒出领导层对文艺界形势和领导方向上的不同看法,核心问题是应该继续实行民主开放还是民主开放已经过头了。有领导人的讲话更加火药味十足,认为"文艺界出现了反对社会主义的文章","不能因为我们社会中反革命是少数,就不同他进行斗争"。"我们应照什么样的组织原则对待夏衍同志?夏衍同志发表这样重大问题的文章,是否应该打个招呼?……有些人,特别是有些号召力的同志,以民间自居。"(顾骧《晚年周扬》,文汇出版社2003年6月)夏衍接连遭到点名批评很快在文艺界传开,引起了很多人的联想和不安。此时,反对资产阶级自由化的浪潮正风生水起,夏衍、巴金在一些人眼里已然成为自由化的代表人物。对此,夏衍并不在意,组织也是人组成的,那些自认为代表了组织的人是否就一贯正确呢?历史可鉴。他对周扬的事件也持有自己的看法,曾明确表示:"……对周扬的态度就是'左'的表现。"后来,当周扬的事情发展到极其严重的程度,周扬在巨大的压力之下愈加忧闷不解、重病不起的时候,夏衍充满义愤,他走进了周扬的病房,关切地慰问他,并且幽默而又一语中地对周扬说:你的文章没有错,错在那是你写的啊!

时间是无情的,随着岁月的延伸,夏衍的体力日渐衰弱,原本瘦小的身躯愈加萎缩,但他的思路却还是那么敏捷、条理清晰。1991年有关领导部门发出通知,今后文联各协会不再召开代表大会,协会的理事将由上级单位推荐产生。这一决定引起了文艺界众多人士的不满,反应强烈。事实上,1979年第四次文代会筹备中,协会的性质就在争论中。高层领导们讨论此问题时有不同意见,夏衍则明确提出自己的观点:"各协应成为真正的'人民团体',而不要政府来干涉,即'尊重各协自主权'。"他的意见得到了多数人的赞同。短短十年之后,群众团体的性质和权益又一次受到质疑,夏衍觉得必须再次站出来表明态度。和荒煤商量后,决定以他个人的名义给中央负责此项工作的李瑞环写信,

1985年，习仲勋看望夏衍，祝贺夏衍从事文艺工作55周年。左起：夏衍、习仲勋、荒煤、丁峤

直接传递文艺界的意见。荒煤保存的材料中留有此信的抄件，且在这里全文抄录如下：

瑞环同志：

  最近文艺界对于中央宣传部九月十一日转发的文联党组"关于各全国性文艺家协会开会换届工作的请示"的通知，各地都有许多不满的意见。上海友人函告，巴金同志（他是中国作协主席、全国政协副主席）对此事也有强烈的反应，他认为这样一件文艺界体制改革的大事，事先没有任何协商，就下命令要人民团体执行，这是不妥当的，他说，如认为现在的"作协"不好，那也可以中央下命令解散，然后再行改组。

  文学艺术是个体生产，作家、画家、作曲家……都是个人从事创作的，所以文艺家协会是艺术工作者自愿结合的人民团体，而不是"团体会员"的联合（这也是世界各国的惯例——荒煤补充）。"文联"成立于建国前（1949年7月），各艺术家协会相继成立于五、六十年代,各协会的章程,都经党中央审议批准,特别是周恩来同志的亲自审查,逐条修订,所以如要修改章程,也一定要按章程通过各文艺界代表大会审议批准,而不能由党委"推举"代表作为理事,再由理事会推举常务理事会选举主席与副主席。关于党领导人民团体问题,十三大的报告中有详细阐述,现在也不宜随意修改。

(现在美国以及某些西方国家妄图以所谓民主与人权问题对我国施加压力。我们既不能屈服这种压力,但也不宜给以任何借口制造舆论。随着世界形势的发展,我们今后还要努力开展与西方、第三世界爱好和平、进步人士的文化交流活动并积极广泛团结台湾、港澳及海外华人艺术家,把我国文艺界协会一律改为团体会员,对此也是极为不利的——荒煤补充)

目前世界风云变幻,国家要有一个安定的局面,文艺界也是如此。文艺界是"知识分子成堆"的地方,历来是敏感区,所以我希望这种容易形成思想波动、对团结不利的事,总还要三思而行、协商而行为好。(第四次文代会的章程与报告当时是经过邓小平同志主持,政治局会议吸收文艺界许多同志参加讨论后决定的。现在作出重大的修改,至少应由中央书记处讨论后再做决定——荒煤补充)这一意见请赐考虑。并转江总书记和宋平同志。

夏衍

九一年十一月二十九

在夏衍的一生中,像这样直率地提出自己的反对意见不知有多少回了,他明知这样做必将引起一些人的不满,但事关重大,他态度坚决下笔仍毫不留情。信送出后,他并不抱太大希望。孰料,半个月后得到消息,各协会的现行体制及换届程序不变,如要改变必须报请中央审批。力争有了结果,夏衍感到欣慰也颇有些得意,他在给友人的信中愉快地提及此事,觉得自己是做了一件有意义的事情。所谓点燃自己照亮别人吧。

不知从什么时候起，文艺界的人们都习惯地称夏衍为夏公，电影界的人们更是把他视为"老头子"，尽管他对"老头子"的说法并不看重和喜欢，却也无法摆脱人们对他的这种认同。事实上，正是因为这种说法，自五六十年代起便给他招惹了不少麻烦，也让他吃了不少苦头。其实，令一些人头痛的"老头子"夏衍也有不固执的时候，他对这个世上的纷扰心如明镜，既坚持原则也体晓大局。1985年电影脱离文化部归属广电的问题，引来了电影界争议纷纷。搞了一辈子电影的荒煤尤为想不通，他曾经写过报告论证电影和电视的关系，明眼人一看便知他是主张用电影带动电视，但结果却是将电影系统全建制地从文化部转入广电部。电影与媒体截然两码事，荒煤担心这样做的结果会使电影越来越向宣传喉舌靠近。他毫无顾忌地写信给最先提出此意见的胡乔木，得到的回答模棱两可态度不明。他想不通，接着又给王兆国、胡启立写信，还要四处呼吁……看到荒煤如此忙碌和执着，夏衍开口了。那天在夏衍家，当荒煤再次谈及此事时，他幽默地阻止说：这件事你怎么还看不明白，归根结底是让电影摆脱夏、陈嘛！荒煤吃了一惊，在夏衍会心的一笑中竟有种茅塞顿开般的感觉，从此再也不为此事折腾了。夏衍的判断是否准确无法考据，但也就是在同一个时间里，一位驻外大使夫人告诉荒煤，她刚刚回国就受到某位部长夫人的警告："姓夏的不就是想当祖师爷吗？你看看，无论什么人到了北京都要去拜见他，把剧本啦、电影啦、作品啦都往那里送。为什么不往这里送呀！……"如此"高水准"的话让那位朋友目瞪口呆，也让荒煤备感无聊。不过，无论有些人怎么想，荒煤始终认为人们推崇谁为"老头子"，愿意往哪里跑，不是"权力"能够左右的。后来，他索性发表了《我们需要这样的"老头子"》，让心中的郁闷一吐为快："一位勤勤恳恳，忠心耿耿，饱经坎坷，却始终战斗不息地为中国电影事业的创业和发展作出了贡献的老人，就是被真正尊敬为'老头子'或'祖师爷'，又有什么了不起呢？""难道这样的'老头子'很多么？""我们正好需要更多这样的'老头子'。"

1993年夏天，夏衍与荒煤并肩拍下了这张照片

　　1993年初夏，一个清爽的早晨，我陪荒煤去看望夏公。那段时间，夏公的身体越来越虚弱，而荒煤总是隔一段时间就去看他一回。每一次，夏公都坐在他习惯的位置上，荒煤坐在他的对面，夏公一句玩笑式的"夏陈路线又汇合喽！"常常让性情忧郁的荒煤变得轻松起来。他们有时谈笑甚欢，有时话虽不多却彼此心知肚明，也有的时候，他们什么话都不说，屋子里静悄悄的没有一点声音，家人发现他们就那样面对面默默地坐着，相信，那个时刻对他们来说是最难得最美好的，几十年间的是是非非纷纷攘攘都离他们很远，他们体味着平静、恬淡和久远。然而，这样的时间是短暂的，忽而，夏公会从静默中睁开眼睛，"你看到最近有一篇文章……""好像是上个月？""不，是这个月×号！"夏公肯定地说，荒煤总是惭愧自己的记忆力永远赶不上夏公，于是他们又开始新的一轮讨论……

　　1993年夏天的那次探望，我请了一位摄影家，想要给两位老人拍几幅好照片。那天，沈宁在家，夏公的精神也格外地好。当拍过几张照片后，那位摄影家突然小心地问：夏公，您能站起来拍一张吗？我们全都愣了,我知道夏公的身体不好,轻易不便站立,为了拍照让一位九十多岁体弱且腿脚残疾的老人勉力实在于心不忍。但我也知道,夏公好强,甚至从不允许别人拍他躺着的照片……就在我们还来不及阻止摄影家请求的时候,夏公已经大声地说:"我怎么不能站起来!"接着,他便用足了力气,一手挂着拐杖一手抓住荒煤的胳膊一下子就站了起来,我们都禁不住叫起好来,惊叹老人瘦弱的身体里蕴藏着那么大的力量。于是,在一片欢笑声中他和荒煤手挽手拍下了那张珍贵的照片。

一年多后,夏公离开了我们。荒煤重病住院,消息是在实在无法隐瞒的情况下告诉他的,荒煤泪流满面,亲自口述,嘱咐我代他起草一篇文章在《人民日报》上发表。那天口述之后,他凝望着他们两人的那张合影对我说:你记住,他永远站着活在我的心中!

那一夜,我无法入睡,眼前总有夏公的身影在闪现,我记起他在一篇文章中说过的话:这是一个雨雪交加的年代,又是一个晨光初展的年代;这是一个腥风血雨的年代,又是一个英豪辈出的年代;这是一个充满朝气的年代,又是一个积习难改的年代……窗外北风呼啸,我仿佛看到一个人、一群人,他们挺着腰杆,从这样的一个世纪的风风雨雨中走过……

我爬起来,在灯下铺开纸,开始起草荒煤嘱托的文章,我为文章起了这个题目:

"他永远站着活在我的心中"。

沙叶

生命的承受

生命的承受

一 1978年的时候

1977年9月,照例开始了北京最好的季节,夏季进入尾声,清爽的空气开始驱散纠缠了人们数月的烦闷和燥热,天空时而湛蓝如洗,连盘旋飞翔的鸽子发出的鸣叫听上去也显得格外清亮提神。

那天,七十三岁的沙汀走进了西裱褙胡同何其芳的家。这是他复出后首次进京,他是带着自己的小说来征求意见的,到京的第二天便迫不及待地来到了老友的住处。他不能不来,然而又不敢走近这已是人去楼空的老房子,那房子里真的就没有了昔日的主人吗?他觉得有些恍惚。何其芳的家门紧闭,一位邻居——文学所的老工人把他让进自己的家里,提起去世只有两个多月的所长不禁唏嘘不已。不久,何其芳的儿子回来了,沙汀跟着孩子走进了老友的家门,一眼看到墙上镶着黑框的遗像,他才真切地感受到再也见不到挚友这个残酷的事实。他弯腰鞠躬,眼泪滴落到地上,终于止不住地痛哭起来,哭得像个孩子!

早知道差这么几天就再也见不到何其芳了,他会不顾一切地早些赶来啊!他们相识于三十年代,一起走过黄土漫漫的山路奔赴延安,一起在"鲁艺"教书,一起随贺龙去晋西北和冀中打仗,又一起返回延安并回到"鲁艺",解放后他们虽各居一方,但每次见面都交谈甚欢……他知道何其芳还有许多宏大的写作计划,原以为"文革"过去,在度过了漫长的冬夜之后,他们又可以聚在一起畅谈彼此的创作设想——他是多么希望看到何其芳写出发自内心的诗歌啊!世界上的事情真是难以预料,新生活刚刚开始,何其芳竟停止了歌唱,这实在让人痛惜!直到哀悼的唁电发出后,他还在给老友巴金的信中说:"若果你所得传闻有误,老艾同我的唁电想必将成为笑柄,那该有多好呵!然而,三号《人民日报》所载他的《北京的早晨》,却又明明白白标为'遗作'!这还有什么话好说呢!"

更难以意料的是,几个月后——1978年3月,他被调来北京,接任何其芳,做了文学研究所的新所长。

据周扬对荒煤讲,调沙汀做文学所所长最初是胡乔木的主意,沙汀比较痛快地答应了。那是一个百废待兴的年代,他必须紧紧跟上飞速发展的形势,而北京正是那形势的中心。饱受"文革"重创的文学研究所也正需要有人担当起引领大家前进的重责。就这样,他走进了何其芳曾经创建并工作过的地方。

我就是在沙汀与文学所同仁的见面会上,第一次看到这位老前辈的。二十年前,我曾经在《生命的执着》一文中描述了自己最初的印象:"他人又瘦又小,眼睛挺有神,走进会场时腰挺得笔直,步子敏捷,话虽不多但很热情。和身材较胖,脸色有些阴郁,说话声音也很低的荒煤同志正好形成了一个鲜明的对比。"(《生命的执着》,《收获》1992年2期)正如文中所说,当年,作为所长办公室的秘书,我很快就和他熟悉起来了。首先,他那写在很小的纸头上的蝇头小楷让我大伤脑筋。我不仅要每每耐着急躁的性情仔细辨认,而且不能不惊叹一个老年人能写出需用放大镜才能看清的字体,这需要什么样的功力——后来我才知道,那是他年少时在一个老师的指导下,用铁笔在沙盘上练出来的。不仅如此,我还必须加倍小心,不要在繁多杂乱的公文中把他那些小纸头弄丢了,因为它们多数是装在最不起眼的旧信封里的。他的办事认真也

沙汀　生命的承受

沙汀手迹

让我难忘，他很少说空话，每件事都交待得详细具体，直到要求我也和他一样，非邮寄的信件也用旧信封……那些年，文艺界非常活跃，各种会议和活动多得数不清，但他不喜欢开会、讲话，也不喜欢参加各种活动，常常因为躲过了一次会议、一个活动而欣喜得像小孩子中了奖一样，这更让我记忆犹新。

　　实际上，有一个问题一直让我感到疑惑：1978年的那个春天他为什么要调来北京？因为此后他不断地回四川，或频繁地往返于北京—成都，我明显地感觉到他的不适、不耐或不甘，这疲惫的奔波让我不解他当初的那个决定。我清晰地看到一个老年人内心的焦虑和矛盾！这矛盾既与两个城市的地域环境生活习性有关，似乎又有着更深的历史

157

和文化的渊源。1991年,为了给《收获》写那篇人生采访,我曾和他进行过较为正式的交谈,但不知为什么我却没有向他提出这个我一直都在揣测的问题。他调任北京是因为要继承老友何其芳的心愿吗,是因为他的创作需要北京的文化氛围吗,是因为北京有他的许多老友,像周扬那样与他有着很深关系的人能帮他驱走老年的孤独和寂寞吗?……显然,这些是理由,但又似乎不是真正的理由。很多年后我才意识到,真正的理由或许就是他需要工作。和许多经历了十年磨难的老同志一样,能够重新为党工作是一种荣耀和责任。那时候,只要给他们一份工作、一个岗位,他们会毫不犹豫地承担下来,如同历史上很多党需要他们的时刻一样。何其芳是这样,沙汀是这样,荒煤和许多老同志也都是这样。就是这么简单的理由。于是,他来了。

然而,世上的事情并没有那么简单。从一开始,沙汀或许就隐约地感觉到了这其中隐含着的深刻矛盾。他对自己的定位是作家,而作家重要的是要有作品,他知道自己内心更重视的是什么,不过一个老党员多年培养出来的政治责任感让他把矛盾的另一面暂时淡化了。

但是,一个重大决定带来同样大的变化却是回避不了的——他面临着极大的不适。北京这座城市的生活让一个七十多岁的老人感到了真正的惶惑。他在给巴金的弟弟李济生的信中真实地述说自己的苦恼:"我现在住在'华侨大厦'407房间,出街吧,风沙大,且无人领路,真令人有寸步难行之感;打电话也困难!你知道的,我耳朵不中用了。我打算事情稍有头绪后就暂回成都,等把房子给我找好了,再把家搬来。老这样住下去,既于心难安,多少也有些闷气。"(《巴金与友朋往来手札·沙汀卷》,上海社会科学出版社2009年6月)半个月后,他又在给巴金的信中总结道:"我的情况是:工作没头绪,生活不正常,不安定,有时深以为苦。"(《巴金与友朋往来手札·沙汀卷》,上海社会科学出版社2009年6月)他需要面对的问题实在太多了,心烦、疲惫无可奈何地包围了他,让他感到了焦虑!好在这个时候他抓住了另一个人。

荒煤是他最好的朋友。他们相识在三十年代的上海,经历了延安时期的同甘共苦。当荒煤在"文革"前夕的文艺整风运动中被逐出北京贬到重庆的时候,他们曾经相约见面促膝而谈。1965年冬,那场席卷全国的大风暴已然初起,他们还有过一次会晤和深谈。他们谈到了"文化革命",谈到了整风运动,谈到了夏衍的来信和近况……虽然有些看法还很模糊,但在那个风雨飘摇的特殊时期,能够毫无顾忌地倾心而谈,对他们来说已经是一种安慰和幸运了。沙汀在当天的日记中兴奋地写道:

> 这是一次对彼此都能发生促进作用的谈话。相当痛快,也许正是因为这样,当他晚上偕同他爱人张昕来看我的时候,我们又愉快地谈了很久……我觉得今天特别愉快,是近年来很少的,因为我们相识三十年了,一向都谈得来。解放后虽也见过好多次面,但还没有这样畅畅快快地谈过。
>
> （沙汀日记,1965年11月12日）

然而,1978年3月,当沙汀第一次向刚获平反来到北京的荒煤摆谈自己的要求时,荒煤断然拒绝。理由是"我可没有那个理论水平,根本就不能考虑"。谈话不欢而散。看着三十年代就患难与共的老哥脸上失去了笑容,现出一副苍老的模样,一向重感情的荒煤尽管心中也很难过,却并没有松口。沙汀绝不善罢甘休,他认定既是文化人又有行政能力的荒煤是帮助自己的最好人选,并一再要求周扬出面劝说荒煤。周扬履行了自己对沙汀的承诺,但这仍旧没有从根本上动摇荒煤的决心。于是,沙汀拿出了最后一着,他索性找到荒煤坐着不走,"老兄,你可把我这老哥折腾坏了,老实说,我也打定主意了,你不干,我也不干了,我们一起去找周扬……"他还又规劝又讽刺地说,"你也老了,回到文学界研究点什么嘛,你当了那么多年的官,苦头还没有吃够?!"荒煤无可奈何地笑了,仍旧表示已经和张光年谈好去作协,这样不好交代。谁知沙汀听了一拍大腿满面笑容,"这个好办,我去找周扬,让他和光年谈！"几天之后，荒煤和沙汀到301医院看望周立波时，沙汀竟得意地在朋友面前宣布："这就是我的副所长——硬是我抓壮丁，抓来的！"就这样，荒煤这个六十五岁的"壮丁"，文化部原副部长当上了文学所的副所长。

　　沙汀太满意自己的这个决定了，把如此沉重的担子放到荒煤身上，他心里踏实多了。当然他也不能完全不管，在一些重大问题上荒煤总是要和他做充分讨论研究，特别是那个他总挂在心上的三十年代问题，他就发挥了很大的作用。但他也一再向荒煤发出呼吁，他亲切地不断拍打着荒煤的手臂说："老兄，你要给我点照顾啊！你就放开手干吧，我信得过你！我也不会撒手不管，上面还有周扬把关嘛，你看呢？照顾照顾你老哥吧……"荒煤无可奈何。每当沙汀说到自己已经七十四了，他便顿时想起自己也六十五了；沙汀说到自己还想写点东西，他心里也不由得嘀咕：我也应该写些东西啊……但看到老哥那一脸愁苦的恳切表情，荒煤这个老弟也只好点头应允无话可说了。

　　当会议和公文如潮水般地出现在面前时，沙汀却在忙乱和惶惑中更加明晰了自己内心深处存着的那个想法：他原本是为了创作来到北京的！他正在构思一部表现六十年代农民巧妙抵制上面瞎指挥的小说，本以为北京开阔的视野和活跃的气氛对创作有利，要命的是，他发觉那想法和现实有着多么大的矛盾！即便有荒煤这个"副部长"挡着，他也不可能推却掉所有的会议——许多会原本就是属于他这个著名老作家的，还总有一些要找上门来的人，一些不能不看的文件、不能不回复的信件，一些总也躲不开的问题……烦乱的心境使他的创作计划迟迟得不到推进，而他又时刻都忘不了他还有东西要写，"阎王爷"正在不远的地方瞅着他呢！他不能不变得烦躁和焦虑起来，不仅为自己，也为别人！他惦念着巴金的身体和写作，想象着他如何能摆脱掉那些会议、躲开那些无可奈何的露面，担心他为这些消耗掉宝贵的时间和所剩不多的精力……甚至当他看到荒煤终于被琐事缠绕得焦头烂额时，他也不无歉疚地抓住荒煤的手说："老兄，你也得抓紧时间喽！"

他在苦恼中开始想家了。1978年7月,他在给巴金的信中这样描述自己近况:"我们住友谊宾馆。常有罗荪一见,倒还不感寂寞。只是有时仍然想家。我住的底楼,有时中外学童上学,行经窗外,我总忍不住要同他们打打手势,有的偶尔也在窗前窥看,因之更想家了。好在荒煤他们近来都主张我回成都住段时间,到秋凉时返京。实际,自从搬来西郊我早已不上班了。'文研所'又将全部搬去东郊,以便修建新屋;接着还将进行整风学习。凡此我都无法插手,走的问题院部也同意了。"(《巴金与友朋往来手札·沙汀卷》)

1978年那个炎热的夏天,北京文艺界正热闹非凡,一个接一个的会议、一部又一部引人眼球的新作品层出不穷,人们围绕老问题新问题展开激烈的论争……但这都抵挡不住一个老作家内心真正的苦闷和孤独,在那个有着宽大的琉璃瓦翘屋檐的宾馆楼房的窗口,他独自站立,与窗外背着书包而过的学童摇手呼应。从年初到夏天,仅仅半年不到的时间,他就极其想要回到那个他生长的熟悉的地方去了。

二 灵魂的执著与苦痛

那些年,我曾经很多次走进沙汀在北京木樨地的那个家。

他总是坐在一张普普通通的书桌前,胳膊上戴着一副旧套袖,全神贯注地伏案写作。天暗的时候,他会开起一盏台灯,橘黄色的灯光照在他消瘦的脸上,把一条条皱纹勾勒得十分凝重。他一天几百字的向前推进,写累了,就看书,人半躺靠在藤椅中两只脚跷在桌子上,一副怡然自得的样子,实际上是在思考问题。

常听到一些老作家说,人老了,写散文回忆录容易,写小说特别是中长篇小说总觉力不从心,但沙老却坚信他晚年写的小说一定比过去的好。中篇小说《木鱼山》的构思是从1978年就开始了,这期间《红石滩》的写作也在进行。1983年《木鱼山》终于接近尾声,一个结尾就写了几个月,在语言结构上反反复复地推敲修改,每一句话都不肯轻易放过。结尾的两段文字最初是写在协和医院药房的纸袋上,他正住着院,那天早上在病房中醒来,多日来一直在酝酿的两段话流水般地涌过脑际,他急忙抓住枕边的药袋写在上面。

小说终于完成后,他让儿子把书稿送给一楼之隔的邻居荒煤,请老朋友提意见,并再三交待送去时如果是家属接收一定要打收条。那天,荒煤回家很晚,家里人笑着赶紧把稿子交到他手上,并告知那是给沙老爷子打了收条的。荒煤正陷在连续不断的会议中,只能每天晚上抽空看一点。约莫过了半个月,他终于带着意见去看沙汀。他是做了思想准备要挨老哥批评的。果然,一进门,沙汀便疾步奔了过来,一拳捶在他的胸脯上:啊哟,龟儿的,我以为你把小说枪毙了呢!我做梦都梦到你送稿子来!那天,他们谈了很久,荒煤不仅对小说提了意见,两人还一起讨论出一个结尾的修改方案,直到沙汀拍了下桌子,大声笑道:好,对头!

《木鱼山》在《收获》发表了。荒煤还发表了《沙汀近作〈木鱼山〉读后》。遗憾的是,整个文坛对作品的反应不是很大。那时候,一大批青年作家正在兴起,各种流派和思潮纷纷涌现,人们对表现农村题材的作品似乎不感兴趣了。沙老有些伤感,我以为他会就此搁笔,但他只沉默了很短的一段时间,就接着写作他的第三部中篇小说《红石滩》了。

和历史上的每个时期一样,他永远都不是置身世外桃源的人。他关注着周围的许多人和事:文坛的动态、文学所的建设问题、文艺界新人的培养问题、老朋友们的近况……在所有这些问题中他最念念不忘的还是有关三十年代的问题。他写给荒煤的一封封信中,总要言之凿凿地一次次提到此事。

> 有两件事我一直挂在心上。一件是分别邀请有关同志写三十年代,特别那位代表从陕北到上海以后引起各种纠纷的具体情况的计划,不知已商同光年同志开始修改没有?此事关系重大,不止是个历史问题,且有很大现实意义,离京前我已向您言之甚详,再

不抓不行了！对于一部分老同志如王学文、吴亮平两位，最好约请一向同他熟识的同志负责联系较为省事可靠。……

（1978年6月7日）

对史的写法，我想应突出"战斗团结"、"环境艰苦"，把内部分歧放到次要地位，而且不应写得过细……至于写法，我以为用"史话"形式和笔调写较好。它不是最后定本的历史书，但也不是"野史"。而我们写它，无非为了保存史料，以就正于"通人"，兼供读书界参考。这样写法还有一个好处，可以避免八股气，让文章生动活泼一些。

（1980年7月13日）

他还在信中不断地嘱咐荒煤："在一定时间内，麻烦事儿会不少的。但是，最好不要与之纠缠，多花一些精力时间抓抓基层，或者说省区的工作，有利于培养一代新人，这才是根本办法！千万不要陷在一个狭小圈子里争长论短，得记住：历史是改变不了的！"历史是改变不了的，这是年迈的沙汀对人生的一种信念。三十年代的他曾经热泪进流地和巴金等人一起为鲁迅抬棺送葬；也曾经在《小说家》座谈会上，激动得站起身挥舞着拳头讲话，呼吁排除宗派主义帮助青年作家成长……他一直不能接受用另一种口径谈论三十年代发生的事情，在他看来那个时候的自己和周扬是真实的，是非曲直可由后人评说，但事实应当属于经历者自己。

正是因为三十年代非同一般的经历，他和周扬的关系也绝非一般。他们相识于1930年，周扬担任"左联"党的负责人时，沙汀曾担任"左联"常委秘书。他们一起度过了提着脑袋干革命的白色恐怖时期，彼此的信任和依靠是在那种特殊环境里培植出来的。沙汀永远都不会忘记，1933年上海7月的一个午后，周扬急匆匆地赶来，通知他有人被捕，要他处理好文件立即转移。周扬走后，沙汀和妻子马上收拾东西，

1985年,(右起)沙汀、周扬、谭林通摄于北京

谁知一个小时后周扬又神色紧张地进来了,告诉他们,弄堂内外警察特务更多了,而且在搜捕人,催促他们赶紧动身。沙汀当时就急得压低了嗓门向他嚷道:"那你还跑来干什么嘛,我们要走了!"他知道周扬比自己重要得多,万一出了差错党会付出更大代价!

沙汀是通过自己的亲身经历来认识人的。他佩服周扬的才华横溢、清醒的头脑和非凡的组织能力;也相信周扬的人品、理解周扬的难处和受到的挫折……几十年的对敌斗争使他树立起一个明确的观念:周扬代表党组织。直到八十年代,他还再三对文学所参与编辑《周扬文集》的张大明说:你们一定要把编周扬的书当成政治任务。这不是他个人的事,他代表党组织。不仅如此,沙汀还对周扬怀有很深的感情,无论在什么地方,他总是记挂着周扬,这也是他八十年代写给荒煤许多信中的另一个主要内容,仅引几处:

> 请千万设法保证一下周扬同志的时间、精力!但望他能在您们的协助下,每年搞三两篇真能解决一些问题的文章就不错了,不

要让他每会必到,每会必讲!

(1980年7月13日)

周辞职事,确实不止是一个时机问题,还同文联的工作有关。有件事我觉得您可事先考虑一下,是否可以在需要时为周(扬)从所里选派两三位同志写回忆录?这不是个人的问题,是一笔文化遗产。

(1982年1月16日)

参加作协理事会会议的同志回来后告诉我,他们带有周扬同志的录音回来,可是至今尚未听到,我上次写信给您说过,对于他那份健康情况说,辞掉中宣部副部长职务也好,可以坐下来写回忆录,现在我还是这么想,不过当时多少有点情绪,没有考虑到这事有个时机问题,现在他当众道出辞职原因,中央又尚未批准,一些传闻就不起作用了。

(1983年1月6日)

周扬同志病情如何时在念中,行前灵扬同志不肯让我去医院看他,至今思之,颇为怅怅。……

(1985年6月2日)

周扬对沙汀也同样怀有很深的情感。沙汀在北京期间,他多次前往木樨地或医院探望,有时还请秘书代为探望。我曾听说一件趣事。一次,周扬听说沙汀很记挂自己,就主动和苏灵扬上门看望沙汀。三人谈了一阵,临行时,沙汀要送。他身上穿着一件棉背心,衬衣露在外面,急急忙忙往脖子上胡乱缠上一条围巾就往外走。周扬怕他出去受凉坚持不让送,站在那里不动,两人相持不下。急得苏灵扬在一旁直推周扬,"你快走啊,你走了他就不送了嘛!"于是,周扬急急出门,沙汀也迈着小步子一路紧跟过去,一把抓住苏灵扬正在关上的大门,只听沙汀"哎呀"一声,苏灵扬大喊:"你看你!你看你!"原来门框夹住了沙汀的手指头。沙汀不顾疼痛仍旧挤身出门,快步追上周扬,拉住他的手一再叮嘱道:你一定要注意身体啊,这不是你一个人的事呦!……那天,周扬走了很久,沙汀都平静不下来,像个孩子似的有些手足无措。

既然坚信周扬代表组织,沙汀对周扬的意见总是非常尊重坚决执行。然而,在历史上决定人生道路的关键时刻,沙汀却没有听从周扬的意见。

那是1939年冬天,在延安,沙汀完成了《贺龙将军印象记》、《随军散记》等作品之后,提出离开延安返回家乡。

到延安只有一年多时间,经历的是一种全新的生活。与领袖毛泽东的会面,充满勃勃朝气的"鲁艺"教书生涯,重要的是他还和何其芳一起带领二十一个学员随贺龙上了前线。骑马,行军,在敌人的枪林弹雨中穿行,与英雄将军在隆冬的深夜里交谈……他接受着战争的洗礼和考验,也改变着自己。

他不能不承认,初到延安时曾经感觉到一种失落感,虽然那种失落逐渐被新生活新人物所挤占取代,但内心却依旧对乡土有着一种不可排遣的眷恋。除此之外,他与延安的主流文艺思想似乎也并不合拍。在一次座谈会上,有人大谈"旧瓶装新酒",他很不以为然:"120师经常打胜仗,我到前线去只打'败仗'。为前线写作并不容易。"(吴福辉《沙汀传》,北京十月文艺出版社1990年6月)

离开延安的要求是以妻子身体不适为理由提出的。一同到达延安的妻子玉颀对新环境始终不习惯,陕北的太阳晒红了她的脸颊,却丝毫没有减弱她思乡、思念母亲和孩子的心情。她一再提出要回四川去。沙汀不在窑洞的时候,娇小美丽的玉颀便时常到处寻找、呼喊,有戏剧系的学生见了学得惟妙惟肖,惹得大伙笑成一团。对沙汀的要求,周扬并不理解,他显然是从大形势和沙汀的前途出发对他进行了耐心的劝说,甚至想到要把沙汀的岳母孩子设法接到延安来,但沙汀说这需要回

1938年,沙汀与岳母黄敬之、妻子黄玉颀、儿子杨礼摄于成都

去和妻子商量,结果仍旧还是要回乡。

1939年11月,沙汀和妻子坐在一辆敞篷车上离开延安,他又一次看见黄土漫漫的山路上急匆匆走着的男女青年,他们手持雨具,背着行李,脸上是掩盖不住的兴奋神情,有人索性扯开喉咙放声歌唱《我们在太行山上》。一年前,他也是这样来到延安,现在坐着车向着相反的方向驶去,他不禁生出许多感慨来。

在延安的知识分子中,像沙汀这样仅仅来了一年就回去的似乎太少了。很多年后,在又一次送沙汀返回四川后,我曾就这件事好奇地向荒煤询问:他当年离开延安的真正原因是因为妻子吗?这个行动在当时对他来说会不会有很大压力?荒煤只是笑,回答有些含糊其辞,让我不知所云。我仍旧心存疑虑,记得母亲曾经对我说过,当年在延安,年轻的她因为执意要送一个同到延安的女友离开延安,受到组织的批评,甚至还影响到了转正。当然,那是在中央党校不是在鲁艺,母亲是学生而不是教员,但沙汀的离去就真的没有压力吗?那个长期以来被他自己和人们说了又说的理由究竟是不是主要的原因呢?

后来，我看到了他自己的回答。

大约在离开延安一年后，沙汀在重庆遇到了茅盾。茅盾直接问他怎么会离开延安。这一次，他没有拉扯到妻子，直接谈起了文学上的原因：

> 对陕北的社会生活总不如对四川那么熟悉。在异地，写点散文报导，还可以，写小说就难了。我记得，我还毫不脸红地自夸：在四川，就是有人打个喷嚏，我都能猜到他的含意。
>
> （沙汀著、秦友甦编辑整理《沙汀自传
> ——时代冲击圈》，北岳文艺出版社1998年1月）

只有这时，在自己文学事业最早的支持者面前，他才敢于正视自己心中永远难以驱赶的乡土恋情——那深深的泥土中埋藏着自己的创作生命。当年，在上海正是茅盾告诉他，你应该回到四川去写你的生活。沙汀觉得，茅盾为自己指明了道路，为此他一直铭记在心，感激不尽。

1980年沙汀在给一位研究者的信中说，离开延安"也有创作上的考虑，对西北、华北的风土人情太不熟悉，我之所以写出《记贺龙》、并乐于写他，他的语言和四川无大差异，可说是原因之一。《闯关》之所以淡薄，也可以由此去找原因"。（黄曼君、马光裕编《沙汀研究资料》，中国社会科学出版社1986年3月）

创作才是他离开延安最根本的原因，但那理由在当时是无法明说的，很可能会被理解为不愿意写解放区，因此只能掖在别的理由背后。无论如何，1939年沙汀还是听从了自己内心的呼唤，而他的好友周扬最终不仅同意了他的要求，还委派给他两项组织上的任务——设法让延安的《文艺战线》在重庆出版发行；帮助延安招揽文化人才。这使得他的离去更增加了一层意义。沙汀很感谢周扬，他清楚地记得两年前他携妻儿从上海踏上返乡的路途时，周扬赶到车站送行，等车的时候，突然遭到日本飞机的轰炸，整个车站弥漫在战争的恐慌之中。那时，看着站台上的周扬,他心中涌出一种要在战争中牺牲自己的冲动。而这一次的离去,沙汀内心却是十分复杂。有人批评他"临阵脱逃",他不以为然。但毕竟他的行为和当时的大形势是那么不协调,他明显地感觉到这其中存在的矛盾,一个革命者和一个作家的矛盾,以至于在后来很长的时间里他不能不存着一种负疚心情。

1965年冬,沙汀在成都与荒煤的那次深谈中,道出了埋藏在自己内心深处的这种愧疚:"我自己就老是忘不掉自己的几本烂书,总想让它们保留下来,而别的战线上的同志就不是这样。为党工作了就算了,因而能够不断前进……"述说中充满着对自己的批判。

1977年,当他听到好友何其芳去世的消息后,伴随着悼念之情浮上心头的也有一种负疚,他在给巴金的信中说:"我们是一道去延安的,一道在'鲁艺'教书,后来又一道随贺龙同志去过晋西和冀中,并又一道返回延安,仍在'鲁艺'教书。而最大的差别在于,他决定留在了解放区,而后又在重庆公开以共产党员身份为党在文艺界工作!凡此,都是我想起很难受的,感觉我该向他学习的东西太多了!"(《巴金与友朋往来手札》)尽管不愿提及,但这差别在沙汀心中显然是留下了很深的印记。

八十年代末,他在回忆录中再次批评自己:"……刚到延安,接见其芳和我的时候,毛泽东同志就明确提出'文艺工作者应该到前线去!'我却仅止三五个月就离开敌后了!随又离开延安。这算什么样的学生呢!我说更多感慨,太轻描淡写了,实际上是深感羞惭,特别在看了今年5月23日的《人民日报》以后!……"(《沙汀自传——时代冲击圈》)

他经常陷于这种自责的痛苦中。那愧疚像一颗种子埋在他心灵的土壤里,随着岁月的绵延,不但没有消失,而且几乎伴随了他一生。

三 选择与代价

1982年春天,沙汀把关系从文学所转入中国作协,成为驻会专业

作家。离开文学所,他很有些舍不得,在给荒煤的信中说:

> 我一向是留恋文学所的,因为尽管尚有残余派性,绝大部分同志却都有真本领,有钻研的干劲! 权术在这里不会有多大市场。
>
> (沙汀致荒煤信,1982年1月16日)

"权术在这里不会有多大市场",这或许是沙汀对八十年代初的文学所作出的评价。沙汀虽然在文学所待的时间不长,却对这个集体有着极为准确的判断和很深的感情期待。他觉得文学所是个读书做学问的好地方,作协怎么样? 他说不清楚,但有一点是明确的,他讨厌权术,也绝不想掺和行政方面的事情。

我还是经常去他那里,有时跟着荒煤一同去,有时自己去。去的时候如果遇到他在写作,我就悄悄地坐在一旁,看着他沉浸在自己的小说世界里。碰上运气好,他正在看书,他就会放下书本和我谈天说地。有时候他还留我吃饭,他家里有一个从四川来的老保姆,做得一手地道的川味饭菜,每次我都吃得兴致勃勃,他牙不好饭量很小,却总是饶有兴味地看着我吃,一边款款摆谈。

他喜欢说的还是四川。一盘菜会让他想起家乡春天田野里发芽的各种植物;报纸上一个无关紧要的报道会让他忆及家乡的一个人一件事……联系到北京时,他总是摇头。不止一次,他嘴巴一瘪一瘪地说:我在北京待不惯喔,看不懂这些人在想什么,四川人脚指头动动,我都知道他想些什么哩! 我听到过不少老年人怀念家乡时情感深切的表述,却很少有人像他那样说起家乡时如此自信自如,那些幽默的语言时常让我忍俊不禁。

随着时间的推移,沙汀的身体越来越差,他常常被各种各样的疾病所纠缠,时而胃痛,时而牙痛,时而又是感冒肺炎、便秘、失眠……面对病痛他有时候很烦躁,像个孩子似的发脾气,叫嚷着:"不行喽,要翘辫子喽!"有时又显出一副无所谓的样子,"管它,反正师陀不也是这样,不也挺好!"事实上,他很坚强,一直坚持锻炼身体。有时爬楼梯,一连几层走上走下;有时到附近的河边去散步,腰杆挺得笔直,步子照样走得很快。一次,他一个人快步走在河边,不慎摔了一跤,被一个好心人扶起来送回家,也没有什么大事,过后他还颇有些得意。

尽管衰弱,写作却是他永远都不能停下来的事情。他写短篇小说、写回忆录、写散文,最倾注心血的还是中篇小说《红石滩》。那是他八十岁上完成的最后一部作品。远在五十年代,当他在四川华阳县石板滩参加土改时,小说的大体结构就形成了,最初题目定为《应变》,取材于安县西南地区。他出生在安县,少年时代曾经和舅父一起在西南一带跑码头,"皖南事变"后又在那里隐蔽了将近十个年头,对那里的一切几乎了若指掌……要不是新中国成立后没完没了的行政工作和一次次的政治运动,小说或许早就写成了。虽然迟迟没能动笔,却时时牵挂于心头,古稀之年写起来,倒像是一次故地重游。

1986年《红石滩》终于发表,那年他八十二岁。两年前因病住院胃被切掉三分之二,用他的话说:"好危险啰,差点就报销了!"打那以后,他就变得越来越消瘦,瘦得全身好像就剩下一把骨头,让人碰上去都会吓一跳。有时候我觉得他简直就像是一片随时都可能被风吹落的树叶,但他却依然那么顽强地支撑着,迎风站立。我常常想,支撑他的是什么呢,是不是他梦里都牵挂的那片土地?尽管在北京的日子里,他得空就回成都住上一阵子,可返回北京后他依然强烈地思念着那里。我有种感觉,他绝不会让自己在远离家乡的地方彻底倒下,终归还是要回到那个生他养他、他为之献出了一切的地方去。

四十年代初期,沙汀曾经又一次面临着选择。

1939年他从延安出发,一路颠簸回到安县,把妻子安顿在岳母身边后,便只身前往重庆,带着几分歉疚的心情全力投入工作。此时的重庆已经成为抗战时期的一个教育文化中心,大批文化名人汇集在这里,他为鲁艺联络了不少人才,并最近距离地感受到周恩来朴实细

1985年,沙汀回到睢水关与儿子刚宜摄于旧居的核桃树下

致令人敬佩的工作作风。1941年元旦刚过,震惊中外的"皖南事变"发生,面对突变的政治局势,南方局贯彻"隐蔽精干,积蓄力量"的方针,决定将大批进步文化人士进行疏散,疏散的主要地点是延安、香港。沙汀参加了组织疏散的工作,经常忙碌到深夜。欧阳山、草明决定去陕北,茅盾、以群去香港,杨骚去南洋……沙汀也不能不考虑自己的去向。

延安仍旧在等待着他,周扬多次托人给他带信,每封信都流露出关切和希望,劝他重返鲁艺。组织上也有这个意思。怎么办?他再次充满着矛盾。

他冷静地分析自己,审视自己的全部写作积累和计划。回到家乡的感觉依旧是那么的好,创作的冲动被耳闻目染的环境所强化着,新的想法时时都会冒出来。《在其香居茶馆里》写得那么顺手也让他激动不已——那或许正是一个新的开端。有种声音在不断地对他说:这块乡土有他的童年,有青年时代如许的回忆,有他的父老兄弟,在这块土地上,他能够获得新的艺术创造力。

这一次,他断然做了回安县隐蔽的打算,并说出了自己的决定,幸运的是这个决定得到了周恩来的理解和支持。当他有些不安地表示一段时间以来,自己进城太少、工作做得也少的时候,周恩来微笑着打断他说:你住在乡下写东西,当然进城的时间就少了嘛!东西写得怎么样啊？周恩来还亲切地握着他的手频频嘱咐他回乡要多加小心。

他是那样的感动！原以为只有自己清楚，那回乡的决定是需要极大的勇气的，但似乎一切已被细心的周恩来所体察。其实，远离了革命队伍，尽管有思想开明又有一定社会背景的舅父帮助，自己究竟会面临什么样的情景，他一时也难以预料，但无论如何他不能放弃隐蔽下来进行写作的机会。他心里也很难过，想到在如此险恶的形势下周恩来和其他同志的安全，就感到忧心忡忡。

他走向自己出生的地方，那里山清水秀，同样也黑暗贫穷。几个月后，国民党下达了对他的缉捕密令，在舅父的帮助下，他在安县、绵竹、茂汶三县交界的睢水关隐蔽起来开始写作。1944年他奉命前往重庆参加整风学习，见到以群的那天晚上，他哇啦哇啦地谈起自己几年来隐蔽的情景，直到深夜，才在以群的劝阻下在临时搭起的绷子床上躺下，但照旧说个不停，其间还跳起一两次，跑到以群床边坐下继续对他施以疲劳轰炸。三年的时间实在太曲折太孤独了，他只有这时候才有机会对老朋友倾诉……也就是那次整风学习时，他再次接到何其芳带来的周扬的信，明确劝其重返延安。周扬用鼓励的口气说沙汀近几年来写了不少作品，但周扬认为，"还是继续反映敌后抗日根据地的现实生活斗争，意义较为重大"。学习了整风文件的沙汀，本已很有些"羞惭"之感，读信后心情更加复杂。但几天后，他还是在回信中说，反映落后生活，讽刺和暴露，是不如歌颂党和党所领导的根据地重要，但自己不熟悉川北以外的生活，只能"退而求其次"。八十年代，沙汀撰写回忆录时分析自己当时的思想状况，认为自己坚持这样做并不是怕艰苦，家乡的情况比起根据地"好得有限"，主要还是"创作上的原因相当突出"。这一次，虽然没有返回延安，但王若飞轻声细语的一句"怎么走了就不转去啦？"却让他在此后的半生中始终难以忘怀。

他就这样再次回到睢水。除了1946年一次短暂的重庆之行外，直到解放再没有走出山沟。将近十年的时间里,他辗转于一个又一个村野,走到哪里国民党的缉捕密令也会随之而来。1947年国民党四川省政府通缉沙汀,要安县将他"缉拿归案,就地正法,以烟匪报闻"。1948年国民党四川省保安司令部"综合一周匪情"称:"安县奸匪杨子青(即沙汀),用川西北籍地方亲属关系掩护其工作,以睢水乡一带为根据地。"国民党想方设法打听其下落,但始终没有找到沙汀隐蔽的地点。在一波紧似一波的形势中,他东躲西藏。在没有窗户的破旧柴房里;在半夜总有异常响动,传说有狐仙作祟的山脚下酱园中;在大山里寒冷的冬夜;在矮小的米柜、木墩和小学生用的作业本上写出了他一生中最重要的代表作品。1948年中秋前夕,他终于胃溃疡发作吐血不止,这一次,他以为自己真的要"完了",最终却靠了服童尿、棒子搅团(玉米粥)脱离了险境。他刚刚喘息过来身体还未恢复,又不得不因为形势紧迫而继续转移,很多年后,他都清楚地记得自己那次逃亡时装扮的模样:头上戴着用"博子帽"改造的"毡窝",一根农民用的青布帕子紧压眉头,几乎遮掉一半眼睛;颈项上则用毛线围巾裹住,连整个下颏也捂住了。因为步履有点蹒跚,还拄了一根竹棍。……

拖着满身的病痛,他以对生活和写作的顽强希望挺过最艰难的日子。孤独中他不断地给巴金、以群、艾芜等人写信,用的都是岳母"敬之"的名字和地址。那一封封送往远处的书信维系着他和外界的联系,也传递着他在危难中向朋友们发出的求助讯息。

1946年3月27日致巴金:

> 局势日非,家庭负担日重,我也许永远要作乡下人了。

1947年7月7日致巴金:

> 我近一两月的情形,颇为不佳,穷、病,以及其他,逼得人情绪很坏,本年生活特别艰窘。我的病依旧是胃神经痉挛,似乎较前尤

甚。为保护老本钱,暂时决定休息数月,再事写作。

1947年8月3日还是致巴金:

心情却很沉闷,有时且几乎近于麻痹!""内人又将分娩。"

(吴福辉《沙汀传》)

早在上海时期就结识的巴金,正主持着文化生活出版社的工作,积极支持进步作家的写作和大后方文化事业。沙汀早期的主要作品都是文化生活出版社出版,而此时,巴金写给沙汀的每一封信都充满了对朋友的关爱和支持。

1945年10月2日巴金致沙汀:

我近大半年来生活很乱,整天为了一些杂事忙着,不常给朋友写信。但偶尔从以群处得到一点你的消息,知道你生活安定,甚慰。

1945年12月12日巴金致沙汀:

我已返渝,《淘金记》改订本收到,当托便人带沪,俟渝版销毕即在沪排印,请勿念。

1946年8月7日巴金致沙汀:

《淘金记》七月五日左右出版,已寄了两册给你,由文协转,不知何时可以到你手边。你要改的六个地方,已照你的意思改正(重排)了。长篇你想给沈先生(指沈雁冰,即茅盾——作者注),自然没有话说。其实我愿意你把它给文生印行。但我也不愿意使你为难。总之,一切请你自己决定,我不会怪你。

1947年7月25日巴金致沙汀：

长篇已送给沈先生了，既然他已不编书，我当设法把稿子取来。我们可以提早付排，不过十月前后恐不能出版。

1948年4月29日巴金致沙汀：

《还乡记》在沪排，已在看初校（二校归我看），出版期大约在七月中旬，《巡官》我替你改了个名字：《堪察加小景》（因害怕真正巡官们见到书名，发生误会），稿已早寄重庆排，五月内就可寄出纸型，大约跟《还乡记》同时出版。《风波》稿我未见着，《老烟》一篇恐来不及取消，等我写信到重庆去问问看……你两书出版，今年总可以收入一笔版税。要是你有什么大问题，不妨来封信，我找文协试试看。

……

（《巴金与友朋往来手札》）

睢水关十年的日子里，沙汀奇迹般写出的一篇篇作品就是这样通过巴金、以群的努力和读者见面了。当沙汀挣扎在死亡线上的时候，妻子玉颀代笔给巴金写信求援："最近三四个月来，我们几乎无时不在闹穷，只因我们知道目前出版界的困难情形，不好一开口就说钱。最近承你关心，未经要求，便一再设法帮忙，心里的激动真是难以形容！因为今年以来太穷，又时常感觉孤单无助。总之，我十分感激你的关怀，若果书店不过分为难，当然希望秋节前能再有一笔钱来。……"巴金接信后当即筹措，竭尽全力助朋友渡过难关。

在那些沉重得几乎快被埋葬的日子里，不知沙汀是否曾经想过，假如没有离开那个艳阳高照的延安，假如"皖南事变"后听从周扬的召唤从重庆回到朝气勃勃的鲁艺，他会怎样？跟上队伍，至少不会独自"飘

1987年，沙汀和巴金在成都

忽于康定、川西北一带"在恐惧和孤独中度日，至少不会承受如此沉重的家庭负担，至少在快要病死的时候可以及时得到救助……那或许就是他为选择付出的代价！然而，他也得到了期盼的结果——迎来了自己一生中创作的最鼎盛时期。很多年后，当他已成为一个耄耋老人时，回首漫长的岁月，他说：

我之所以能写点东西，全靠睢水关那十年！

四 困 顿

和八十年代那次赴京一样，我始终没有弄清楚，五十年代的沙汀为什么要从四川调往北京。

1950年初，在度过了又一个漫长寒冷的冬天后，沙汀终于在靠近绵竹的"板栗园"里听到了解放的消息，并奉命立即进城。

结束了十年半囚禁的亡命生涯，从未有过的自由感觉在胸中激荡，"可以在自己的土地上走来走去；可以自由呼吸，不会再有迫害、通缉，更用不上提防失踪和集中营了!"

他从单枪匹马的生活中走出来,开始了新的生活。首先要恢复组织关系,成都没有人能够证明他的身份,只能请求组织上去问周恩来。一段时间后,证明来了。周恩来批转徐冰(周的秘书,和沙汀在重庆有密切联系),徐冰写得明确、具体,但也附带着说明"长期未过组织生活,得加强对党的路线、方针、政策的学习"。

伴随振奋之情而来的是角色在一夜之间起了彻底的变化。他成了军管会文艺处的干部。脱下长衫,穿上崭新的四个兜的灰布制服,他穿着总觉不大舒服,尤其不习惯用皮带,硬是让妻子把裤子改造一下装上了松紧带。他人也还是显得有些散漫,头发总也理不齐,衣服扣子很少扣全,虽然文风一贯冷静但对人对事依旧很容易激动,遇到争论激烈的问题,照样会激动地站到椅子上去发表自己的观点……更重要的是他还是不想管事,老想写东西。

和所有的人一样,他面临着一场真正的思想改造。

那个伴随着他的老问题,依然会出现在面前。在成都欢迎贺龙的茶会上,他因了种种复杂的心理,竟没有勇气前去向贺龙敬酒,直到贺龙亲切地大声呼喊着:"沙汀啦!我们同道打过几天游击呵!都不来见见面啦?!"他才在众目睽睽之下走上前去。而当贺龙告诉他组织上要他去重庆工作时,他虽未明说脸上不大情愿的表情却立刻就被贺龙看透了。一天,吃饭的时候,贺龙回忆起当年对他离开解放区的劝阻,照例尖锐又风趣地说:别人都是老婆跟着老公走,你呀,怎么老公跟着老婆走啊!同饭桌的人都笑了,只有他哭笑不得。

或许直到这时候,他才开始真正认真地审视自己,意识到"从思想、从工作作检查,那确是一个重大错误","其中最根本的一条是创作思想问题"。不过意识归意识,改变却是艰难的,从成都到重庆路途并不遥远,他是在一连三次调令下达后,才不得不动身的。第一次,干脆拒绝,说要搞创作。他知道,一旦走上领导岗位,行政工作和创作的矛盾将永远无法摆脱。第二次同样不理。到了第三次,领导的一句:"同志,这是西南局第三次调你到重庆啊！……"他心虚了，赶紧上路。

几十年后，他在回忆录中写道：

> 1950年，四川全部解放，我奉调前去重庆筹备西南文联，从一位老区的文艺工作者那里读到一篇陈云同志的讲话，这篇讲话的对象，是一批经过整风即将下到基层去落户的同志。他明确地提出：党员作家，首先要做好一个合乎党章要求的党员，然后才能做好作家。一个革命作家，首先应该成为一个合格的革命家，然后才能做好革命作家。而这以前，在思想感情上，我可老把作家放在首要地位！所以才有"退而求其次"的糊涂思想。
>
> （沙汀著、秦友甦编辑整理《沙汀自传——时代冲击圈》，
> 北岳文艺出版社，1998年1月版）

1950年，似乎是一个分水岭，在那之前他是把作家放到前面，在那之后他把革命家放到前面了。事实上，作为一个三十年代"左联"的老党员，他好像已经游离得够久了！

我是在写这篇文章的时候，才读到他1984年写下的这段话的。事有凑巧，1991年当我为了写那篇人生采访和他对话的时候，我也曾经向他提出过同样的问题。

> 一次，谈话中我问他："说说看，你是一个革命者还是一个艺术家？"他立刻回答我："我是一个革命的艺术家。"我有些不满意这个回答，开玩笑说："这个说法似乎有些过时了。"他听清后大声反驳说："不管别人怎么说，我就是这样！"说完，就不吭声了。他坐得很直，两眼向着前方，穿过黑暗不知他都看到了些什么？我离他很近很近地望着他，我觉得我似乎是想寻找一个答案，一个我认为更真实更确切更能接受的答案。
>
> （《生命的执着》，《收获》1992年2期）

1954年沙汀在北京东总布胡同寓所

　　那时候,我为什么对这个问题如此感兴趣？因为我正处在一个充满个性的年代,而在他身上明显表露出来的人性、情趣和写作风格都彰显着他作为艺术家突出的特点……但我却忽略了他生长的那个特定的历史环境,他具有的永不磨灭的政治理想。他再三强调自己"在构思任何一篇小说的时候,从没忘记考虑这篇小说是否对人民有利"。在我看来,革命家和艺术家这两者是有区别的,而他却强烈地渴望统一。或许正是因为如此,尽管历史一再证明他回乡的选择是正确的,但他却每每为自己另一方面的"错误"而愧疚！

　　那次谈话时,他的眼睛已经失明,虽然他坚定的语调和投向深深黑暗的双眸使我很受震动,但直到很多年后我才体会到他的回答中蕴含着的复杂意义。那不是造作,更不是掩饰什么的大话,而是他们那一代人最真实的经历和追求。我们无权否定那追求,却分明清楚地看到这其中充满着的矛盾、痛苦和牺牲。

　　事实上,他真的陷入了困顿之中。

1953年4月他奉命调往北京,这一次还没等他拒绝,代表组织谈话的林默涵就摆出了更坚决的态度,他只有服从。

迎接他的是忙乱不堪的行政工作和严峻的政治运动。他可以看到大形势,内心却总觉得缺了什么最重要的东西,他固执地恪守着自己创作上的信条:"我愿意在一个狭小的范围内看得更深一点,更久一点。与其广阔的浮面,倒不如狭小而深入。"结果,只过了一年多时间,他就开始不断地找周扬等人要求回四川去。妻子也和延安那次一样,再次表现出强烈的回乡意愿。在他的一再坚持下,组织上最终批准了他的要求。

他终于回乡了。到成都后迫不及待地写信向巴金报告自己的情况,巴金立即复信,对他即将开始的创作充满了期待之情:

沙汀兄:

信收到,知道你终于回到了四川。可以准备你的创作了,很高兴。你的身体虽然稍微差一点,但也不算十分坏,只要工作不太紧张,就很容易恢复健康。我还是忙,最近要去印度开会(说是五月内回来),本来早就得离开上海了。但是我在搞一本关于契诃夫的小书,要求延迟到十九日去北京。当初还想趁这时间写一篇谈路翎《洼地战役》的文章,现在来不及了。出国我不怕,我只怕出国回来后没有时间写东西。望你常来信,有什么新作品,不要忘记寄给我一本,我喜欢你写的东西。此致

敬礼!

巴金

三月十六日

(《巴金与友朋往来手札》)

沙汀越来越深地感受到老朋友的理解和支持。事实上,巴金自己也同样为各种各样的会议和接踵而来的活动而忙碌着,苦恼于无暇写

作。那些年,每当赴京参加全国人民代表大会,他们两人总是同住一个房间,亲密交谈相互鼓励。在沙汀后来经历的痛失爱妻的人生最艰难时刻,巴金更是想尽办法从精神和物质上给予沙汀一切能够做到的支持,那真挚情谊令沙汀一生铭记。

然而,这一次,他们所期待的创作自由并没有因为沙汀的回乡而获得。他被选为四川文联主席,日程表上的会议和工作更加多了。他陷在搞不完的政治运动、忙不完的文山会海、理不清的人事纠纷中,一年里消耗在宾馆、饭店、会议室的时间就要有半年以上。剩下的时间还要写不少应景文章,小说呢,只有放在最后面。他还是有空就往乡下跑,但来去匆匆的行程让他很难静心写作。他忽而羡慕老友艾芜,能为躲避杂事干扰而远离家乡;忽而又为自己的无法摆脱而懊恼。其实,那个时期,许多著名的作家都有同样的经历,同样的苦恼,不过沙汀在这方面的不适表现得更加强烈和固执。他从内心发出深深的概叹:"我认为这是生命的一种浪费,可是我已经没有多少生命来浪费了!"(沙汀日记,1962年5月28日)

1962年6月13日,沙汀早早起床,准备上午认真做一点事情,他端坐在书桌前,拿出小说《入党》的稿子刚刚写了一两百字,又想起了许多

1960年,沙汀与孩子们摄于北戴河。右一:萧珊

杂七杂八的问题,一时竟感觉头脑昏昏,再也无法写下去了,只好恼火地搁笔休息。他在当天的日记中写道:

>　　休息当中,看到新寄到的《上海文学》。一口气读完了巴公的文章。这是他在上海文代会上的发言(即《作家的勇气和责任心》——作者注)。前一部分,在谈到作家的顾虑,批评界的框框和棍子时,问题提得相当直率。我觉得,他这篇发言,是经过好多苦恼才写出来的。
>　　巴公显然有不少闷气。当他谈到自己白发日增,记忆衰退,而又急于想写东西的时候,我的印象特别深刻。这也许由于我自己在创作上最近也感觉"时不我与"。而解放已经十二年了,这十二年可写的又少又质量差,所以很想立刻写封信给他。他有些意见不错,但是,也有些意见值得考虑。他前一向来信,说相当疲劳,现在我似乎更理解这意义了。
>
>　　　　　　　　　　　　　　　　　　　(沙汀日记,1962年6月13日)

　　沙汀变得非常烦躁不安,"哪怕给我一点点时间,我就可以写出一篇小说来,但是就偏偏不给我这一点点时间啊!"或许,没有一天他不在为自己的无法静心写作而焦虑,越是焦虑就越无法静心,越不静心也就越是焦虑,他陷在苦恼和无奈的循环往复中度过了自己一生最宝贵的十几年。又度过了"文革"荒唐的十年。

　　1980年,当沙汀"深感时间紧迫,便不顾一切地投入到创作中去"的时候,他在《红岩》上读到了周克芹的长篇小说《许茂和他的女儿们》。激动之余,他中断自己的写作和周扬一起在《文艺报》发表了关于周克芹小说的通信。他认定那是一株生长于乡间泥土的好苗子,和以往扶持高缨、克非等人一样,他密切地关注着周克芹的成长。他为周的小说写评论,提出肯定意见,对缺点也毫不客气地提出批评。当周克芹成名之后由于生活问题引来各种麻烦和非议时,他鼓励周说:你根本就不要理会,找一个地方躲起来,躲他几个月,小说就出来了!对周克芹从简阳迁入成都担任各种职务,他一直不以为然,一个作家离开熟悉的环境陷入是是非非的行政事务中,其生活积累和创作才华还能够得到充分的发挥吗!他深知年轻作家成长的艰难,更清楚名利、官位以及随之而来的一切对他们来说意味着什么,当他最终看到周克芹深陷其中,并因病过早地离开人世的时候,他感到的是痛心无奈和说不出的伤感、遗憾。

回首自己一生的坎坷道路,那沉重的教训难道还要在下一辈人身上重复下去吗?他不止一次地总结说:"我们的领导体制不行,作家就是搞创作的。""十七年的教训之一,就是浪费文艺生产力,把不少能搞创作的人都弄去搞行政工作,使他们无法写东西。还有一点是在题材上片面追求大与新……"(张大明《晚年沙汀》,《新文学史料》2006年3期)

他还有一个重要的心愿,就是希望在有生之年撰写自己新中国成立以来的经历,总结历史的经验教训。可惜,他的回忆录只写到新中国成立初期就再也无法继续下去了。

五 归 宿

1991年初,正在紧张地赶写回忆录的沙汀突然遭受到沉重打击,他的一只眼睛失明了。

听他的秘书秦友甦讲,半年来他一直身体不适,在成都住院间发现患青光眼。医生频频叮嘱,不要看东西了,不要写作了,他听不进去,回京后依然全力以赴地写作。他总觉得自己事情做得太少了,"这样混下去,无论如何是不行的!已经开始吃八十六岁的饭了!还能有多少时间让我混呢?!"为了抓紧时间,他在白天拉上窗帘开起台灯进行写作,殊不知,这正犯了青光眼的大忌,他的右眼突然失明了。

失去了一只眼睛的沙汀仍然没有停止工作,靠着另一只眼睛的微弱视力,他戴着眼镜,拿着放大镜继续写作。这期间肺炎等疾病连连袭来,几个月后,他的另一只眼睛也看不见了。

　　一个视创作为生命的人失去了眼睛意味着什么?他将怎样面对这残酷的现实,又怎样面对自己晚年踌躇满志的理想?我简直无法想象,只能从心里为他感到深深的担忧。

　　一天,我跟随荒煤去看他。走进他那间小屋,他正一个人坐着,傍晚的夕阳照在他的脸上,他睁着眼睛呆呆地面对着寂静的空间。在他面前的那张桌子上,已经没有了往日那些摆起来的书本、摊开的纸页,甚至连茶杯、笔都没有,那是一张为防止失明人打翻东西而空置的桌子。我走过去伸手扶他,他立刻问:"哪个?"我大声地报出自己的姓名,他没有听清楚。我又喊了一遍,他才露出笑容:"噢,是你这个女子……"笑容里带着欢喜和无奈。听到荒煤的声音后他立刻又变得小孩子般地急躁起来,"你看看,我这里成了什么?又是马桶间,又是睡觉的地方,偏偏就不是写作间!"说着气恼地直摇头。

　　出现在我们面前的沙汀表现得非常坚强。他已经开始从最初的烦躁不安中渐渐地挺过来,开始学习使用录音机,学着自己做生活上的小事,包括不要护士搀扶自己在屋子里走路等等。那天,他先是兴致勃勃地给我们表演了几下,然后就拉着荒煤坐下来说各种各样的事情。他说有一篇文章找不到了这令他十分着急;他说他还有许多事情想写;说自打周扬去世后他就一直想写写周扬,在活着的人里面,他和周扬的交往应该算是最深的了,想不到周扬走了才几个月苏灵扬就跟着走了……眼下,就快到清明了,他很想去八宝山看看周扬、苏灵扬,但是自己的眼睛……说到这里时,他声音哽咽了,眼窝里闪出泪光,荒煤的眼睛也湿润了。

　　他和荒煤的对话与其说是谈不如说是喊。两个人都聋,互相大声地喊来喊去,我夹在中间,再帮他们喊一遍,屋子里顿时喊声一片,间或还夹杂着笑声。有时候,或许是不想让我和他的儿子刚宜听到吧,沙汀还会把声音压得低低的靠近荒煤,荒煤也随即配合默契地降低了嗓门,两个人挨在一起说着大概连他们自己都听不真切的话,我和刚宜索性会心地笑笑到一边说自己的事情去了。他依旧机敏,过会儿听不到我的动静,会突然停止说话大声问:"喝茶没有?"我赶紧跑过来大声说:在喝在喝!他关切地询问我写的东西,然后又说:唉,我现在也看不见了!于是,我们大家都沉默了下来。

那天离开沙汀家的时候,我的心情十分复杂。看着留在黑暗空间中的他,尽管他坐得依旧笔直,脸上兴奋的红润还没有完全褪去,但我知道,一天天,当他独自面对这沉重的黑暗的时候,他的内心会是怎样的寂寞!听说有时候,他实在忍受不了会发出低低的叫声:"没有眼睛呵!简直糟糕透了!"那声音在空荡荡的屋子里徘徊,每一个听到的人,心都被揪得紧紧的。

不久后,沙汀终于做出决定把关系转回四川去了。彻底地回家,是他的心愿,也是生活的必须——与他同住的儿子刚宜也做了手术,无力给他更多生活上的照顾。

他走的时候是北京入冬的一个日子,因为提前到家里探望过他,我没有去送行,但心中却似乎总有惦记。他这一辈子有多少次离川远行,又有多少次被一种力量吸引回到四川啊!历史上的每一次离去和归来他都充满着希望、矛盾、不安和种种牵挂!而这一次,或许是生命中的最后一次,他似乎无牵无挂,以一种平静和恬淡迎接着命运的安排。然而,我知道,他内心深处仍在希望着,他曾经对我说,他在四川的儿女们已经帮他找到了专治眼病的医生,据说有希望治好他的眼睛呢!"真希望有那么一天呵……"他发出深深的叹息。他记得巴金曾经在一次谈话中说过:如果什么事也不做,活着又有什么意思呢!老友的话真正说到他的心坎里去了,即便是快九十岁的人了,即便疾病夺走了他的眼睛,他也仍旧不甘心纳福享受,他还想做事情,还要写小说……何况,现在,他终于有了一生中期盼的最充裕的时间!

我把他的这种希望告诉了荒煤,荒煤听后久久地沉默。

沙汀走后,我一直惦记着能在四川看到他。机会终于来了。1992

沙汀失明后在家人的陪伴下练习写字

年初夏,借开会的机会,我到了成都,没等到会议开完,我便迫不及待地在朋友的陪伴下来到了他的家。

走进沙汀家的客厅,他正坐着,刚刚点了眼药,双手还撑着眼皮,等待着让药水在眼眶内慢慢地吸收。我站了一会儿,等他完成自己的"工作",然后上前大声呼唤他,他听清后大为欢喜,"北京来的客人,不简单呦!"一边急忙拉我坐下说:"你那篇《人生采访》家里人都看了,说写得好,很像我喔!"我赶紧问:"沙老,你觉得怎样?"他点头说:"好,我喜欢!"我听了也高兴地笑了。

他胖了些,精神也不错。先是连连追问我住在哪里,方便不方便,要我住到家里来,接着又大喊倒茶吃水果之类,一会儿又觉得坐在客厅里不方便,"走,到我的房间里去谈!"说着自顾自地站起就走,我连忙紧跟其后,伸手去扶,他还是那个劲头,说走就走,好像忘记了自己是个失明的人。

坐在他的卧室里,我们又喊了一阵。他关心的很多,凡是北京的方方面面他都爱听,我也尽力地喊些好消息给他听。关于他自己,他说很好,还一再伸出胳膊让我摸摸是不是胖了。却唯独不谈自己眼睛的治疗情况,也不谈写作的事情,我也避而不问。我告诉他,北京他的老朋友和年轻的晚辈们都很惦念他,我还问他想不想北京,他说有时也想,我开玩笑说,回去吧,我陪你回去。他立刻断然回答:不,不回去!

我们要走了,他又要站起来送我,嘴里念叨着:"北京来的,不简单呦!⋯⋯"

那次会议后,我和同事们去了九寨沟。当我走在大山里,听着不绝于耳的簌簌风声,看到河水潺潺流动不息,苍松翠竹在红色的泥土里挺拔屹立⋯⋯我总想起他,想起他艰难漂泊的一生,想起他一次次离开城市,背负着沉重的负担,独自走向山里的背影,也想起他的辉煌、失落和承受⋯⋯

我本是一个不常写日记的人,许多有意思的日子都在我的疏懒中漏过,然而,很多年后翻看自己不多的日记,那天的情景赫然出现在我笔记本的纸页上:

> 我不让他动,用双手去扶他的肩膀,把脸贴近他消瘦的脸颊大喊:"你多保重啊!"我的心涌起一阵冲动,不知为什么我想亲吻他苍白的头发,他满是皱纹的脸庞。他坐着,无奈地朝我伸出手,我握住了,在那一刻,我觉得他像个孩子!
>
> (1992年6月15日)

这是我最后一次见到他。

何其芳

历史的碎片

历史的碎片

一 你的名字是一个问号

1948年除夕之夜,寒冷覆盖着北方大地,位于河北省西柏坡的中共中央会议厅里却被火热的情绪所充盈,中共党政机关的工作人员聚集在这里,等待新年的来临。人们彼此问候,发自内心地祝贺这不同寻常的新的一年到来,并衷心祝愿持续了三年的解放战争取得最后胜利,他们已经在隆隆的炮声中看到了新中国的曙光。

那晚,三十六岁的何其芳也在这个盛大的集会中。两年前,他随组织从重庆撤离到解放区,先是给朱德当了一个月秘书,后到农村参加土改运动,不久前又调往中央马列学院担任国文教员。将近一年的农村生活虽然艰苦但充实愉快,国文教员的工作对于他来说单纯且很容易胜任,和重庆时期的"钦差大臣"角色相比,他显得更加自信和轻松,这样的生活让他感到平静和满足。此时,他穿着晋察冀边区用槐花籽染成的浅黄色的棉军衣,黑瘦的脸庞上洋溢着平和的笑容,看上去和在场的每一个人没有什么不同。

接下来发生的事情却是何其芳永远都不会忘记的。

当聚会达到高潮的时候,人群突然分开来,中间空出了一条长长的通道,毛主席迈着稳健的脚步走过来,他在人群中看见了何其芳,一直走到他面前停下来,微笑着用手在空中画了一个大问号,说:何其芳,你的名字是一个问号。

何其芳不记得自己当时说了什么,或许除了激动什么都没有来得及说。和延安时期比,自己发生了多么大的变化,用他的话说"如果有一面大镜子立在我的面前,我很可能连自己都不认识了",而毛主席却在众多人里一下子就认出了他,毫不迟疑地叫出了他的名字。

不知为什么,一向对主席讲话极其认真领会的何其芳这次并没有仔细揣测主席的话还有什么更深的含义,他只是感受着领袖惯有的幽默和风趣,体会着领袖给予自己的与众不同的关怀,并为之久久地激动和骄傲着。然而,历史的巧合就这样发生了。很多年后,当何其芳走完他文学和生命的最后里程,昔日才华横溢的诗人竟以自己一步一个脚印的艰难跋涉给世人留下了一个无尽的问号。就像有研究者所说,毛主席的那句话,"对于其芳来说,几乎成了他一生的谶语"(贺仲明《何其芳评传》)。

二 无悔的选择

1938年7月,在成都中学做教员的何其芳同卞之琳一起找到了早已是中共党员的沙汀,坚决要求和他一起到延安去。那时他们三人皆以自己的作品蜚声文坛,彼此也才刚刚相识不久。

直到八十年代,沙汀还清晰地记得与何其芳初次见面的样子:"长袍、眼镜、身材不高,油黑的脸显得胖胖的,书生气质相当重。"(沙汀《何其芳选集·题记》)前面几句描绘的是何其芳的外貌特征,后面一句却是对他性格概括性的总结。有时候一个人的外貌和性格可以相差甚远,荒煤在述说第一次见到何其芳时就表示出这样的诧异:"我脑子里的《画梦录》的作者,大概是个瘦弱、苍白的人,因为《画梦录》给我的印象,它的思想与感情是那么纤细、柔弱,还带着些迷惘、忧郁的情调。没想到其芳却是矮矮胖胖,圆圆的脸上带着几分憨笑,也并不显得聪明。"

（荒煤《忆何其芳》）荒煤和沙汀对何外貌的描述大致相同，他们同样注意到的是在那看似普通的外表之下蕴含着的丰富内质。事实上，人是有着许多方面的。初次见面，沙汀对何其芳有些内向的诗人气质印象深刻。然而，几个月后，当他征得组织同意决定与何其芳、卞之琳一起出发时，发觉何其芳已经有了新的变化，他"开展多了。爽直热情，没有丝毫客套、拘泥的痕迹"。这种变化可能与他正在投入的生活有关。他和朋友们一起积极办刊物，不断发表散文，写作风格也从前期诗歌的精美、柔和、惆怅而逐渐转向明朗、尖锐、雄辩。年轻的何其芳正处在极力挣脱迷惘的亢奋之中，他对延安抱有满腔热情，对即将发生的一切充满着新奇和期待，想到将要体验到一种崭新的生活，他整个人都在兴奋中变得开朗起来。

《画梦录》书影

一个夏末初秋的早上,沙汀携年轻的妻子与何其芳、卞之琳一起告别成都向延安出发。最初,他们三人到延安都抱有同一个目的——文学。沙汀希望"住上三五个月,写出像立波的《晋察冀边区印象记》那样的一本散文报道,借以进一步唤醒国统区广大群众,增强抗战力量"。而何其芳和卞之琳想要体验生活,写出更好的作品。他俩甚至没有辞去在成都中学的教员职位,只是请人暂时代课。

然而,阅历和性格上的不同又使他们表现出明显的差异。踏上去往延安的路,何其芳的心情特别激动。当他们因下雨困在一个小旅馆时,何其芳为底层生活的种种黑暗大感惊讶和愤愤不平;他批评过去,连自己的家族在内;他对旧生活的厌恶和孤独感是那样的深切,对新生活的向往是那样的强烈;他心中充满了理想主义的憧憬,似乎一个旧的时代即将彻底结束,一个新的世界就在前面。相比之下,沙汀就显得老成而见多识广,连卞之琳似乎也没有他那么冲动。

经过半个多月的颠簸他们终于到达目的地。延安在他们面前展开了一幅新的画卷,到处是穿着军装的年轻人,到处是歌声,这几乎让所有新来的人都不由自主地激动起来,何其芳更是敞开诗人的情怀一下子便投入其中。一住进招待所他就迫不及待地要求换装,灰色的粗布制服并不怎么帅气,但穿在身上何其芳高兴得像个孩子一样。他还把自己和沙汀等人的长衫西服都拿到南门市场上卖掉,换成卤羊肉、枣糕吃了。穿着新衣服和人们一道唱起革命歌曲,何其芳觉得有种青春的萌动抑制不住地从心里迸发出来。两个月后,在鲁艺的一个座谈会上,何其芳这样发表自己的感受:"说到缺点我却还没有发现。我才到两天。呼吸着这里的空气我只感到快活。仿佛我曾经常常想象着一个好的社会,好的地方,而现在我就像生活在我的那种想象里了。"(何其芳《我歌唱延安》)长期在大后方压抑生活中的何其芳完全被理想和浪漫所覆盖,除了美好看不到缺陷,这里承载着他的全部希望,他愿倾其所有去保护和歌颂它,并下决心要抛弃过去的一切,做一个崭新的人。

更使他激动的是,在周扬的安排下,他们很快就见到毛泽东。会见留给每个人的印象都是深刻的,但影响的程度却似乎有所不同。1977年,重病缠身的何其芳在写作《毛泽东之歌》的时候清晰地回忆了那个场景:

> 毛主席穿着蓝布制服,坐在一张粗糙地制成、没有上油漆的小小的长方形的白木桌前。我们就坐在他对面。桌子和窗子垂直地放着。墙壁糊满了旧报纸。我们是经过外面一间窑洞式的屋子走进里面他办公的地方去的。就像现在可以看到的他一九三八年的照相一样,他有些瘦,但却很健康,充满了精力,黑色的眉毛下面,两只眼睛炯炯有神。
>
> (《毛泽东之歌》,《何其芳文集》第三卷,
人民文学出版社1983年3月)

第一次见到毛泽东,何其芳就完全被毛泽东作为一个"民族巨人"的风度所吸引。在整个会见的过程,他始终以恭敬的态度聆听领袖的讲话,几乎没提什么问题。事后回想起来他埋怨自己的幼稚、粗心,直到在晚年的回忆中还一再检讨"我们有些以客人自居",应该更"像一个战士那样,立正着,举手致敬,等待我们伟大的领袖发出命令,交待我们去完成什么具体任务,然后奋不顾身地去坚决完成"。应该说这次的会见对何其芳有着绝非一般的意义,一向内心备感孤独苦闷的他,终于找到了精神上的依靠,在此后的一生中,他感激毛泽东对自己的关怀,始终坚定不移地以毛泽东的思想作为自己行为的准则。

同是晚年,当沙汀的自传《时代冲击圈》撰写到这个时期时他已经双目失明,只能靠口述记载延安生活的片段,在回忆中他没有详细描述这次会面的情景。印象当然是不会消失的,但沙汀当时更注重的是观察,他是一个习惯冷静思考的人,任何时候都不会放弃观察。他怀着敬仰之心关注着领袖的神态、姿势，在毛泽东的一举一动中体会着他作为一个政治领袖的不凡气度，也没有忘记及时表达自己希望经过延安到前线去生活一段时间的愿望。

虽然来的时候是想要上前线体验生活，但何其芳被延安的气氛迷住了，经周扬一挽留，他立刻同意留在鲁艺做教员。而沙汀似乎总有自己的保留意见，他不大情愿，又不好意思拒绝，只是勉强同意做文学系代系主任，这个"代"字显然是为了脱身而准备的。也就是这个时候，何其芳写出了到延安后的第一篇散文《我歌唱延安》，被延安的青年们传诵一时。

鲁艺的生活是难忘的，留给同伴们印象最深的是何其芳的忙碌认真和率真。他全身心地投入新的生活，竭尽全力地工作着。荒煤记得他风风火火的身影，也记得他遇到问题时"会站在山头大声叫嚷道：'哎哟，怎么得了哦！'使得全东山的同志都知道我们的其芳有了不称心的事"。沙汀则进一步解释这种"不称心"："有时候，就连较为合格的述苦，也会往往叫你感到，他之述苦，只因为他太愉快了，需要换换口味。"那时候，冯牧刚满二十岁，风华正茂，他以一篇《我的写照》考入鲁艺，并深得何其芳的欣赏。有一阵子，何其芳感觉冯牧好像有种忧郁的情绪，便找他谈话，做思想工作。黄昏，他们散步在延河边，何其芳不顾冯牧的解释滔滔不绝地讲述着自己的观点，还掏出小本子一边走，一边向冯牧朗诵他刚刚写完的一首诗："轻轻地从我琴弦上／失掉了成年的忧伤……"这就是后来被许多延安青年们争相抄诵的《我为少男少女们歌唱》。晚年的冯牧回忆说，其实当时他并没有何其芳认为的那种忧郁，但却真的被他的诗触动了，就像"有一根弦被一只轻柔的手拨动了"。即使过了半个世纪，冯牧也能够清晰地记起，当年同学们围坐在何其芳身边，倾听他在一盏小煤油灯旁用柔和的音调朗诵自己诗歌的情景。他觉得那些诗充满了如歌如诉的真情，"把诗人渴求真理、热爱生活、向往光明同时又力求克服隐藏在内心深处的思想矛盾的心境和感情，刻画的真挚而又深沉。"（冯牧《何其芳的为文和为人》）

1938年底,何其芳和沙汀带领鲁艺二十多个学生随贺龙奔赴前线。半年多的前线生活更加坚定了他追求革命理想的信念,也给他的心灵带来了很大的震动;而不得不因为种种原因离开前线——这在一些人眼里无疑是怕苦的表现,又使狂热追求革命的他在内心产生了很深的愧疚和自卑感(直到很多年后,他还一直为此而感到不安)。回到延安后,他被这种惭愧情绪所包围,开始认真检查自己"这是一个可羞的退却,这是畏难而退。"(《星火集·后记》)初到延安时还怀有的一点知识分子的骄傲受到了严重的质疑,努力放弃自我改变自己的念头在这一刻更加坚定不移。他以十倍百倍的认真精神对待学习和工作,以无情的批判态度审视以往的自己。在《一个平常的故事》(1940年)中他描述自己过去黯淡孤寂的生活,称《画梦录》"那本小书,那本可怜的小书",并充满喜悦地宣告"我完全告别了我过去的那种不健康不快乐的思想,而且像一个小齿轮在一个巨大的机械里和其他无数的齿轮一样快活地规律地旋转着,旋转着。我已经消失在它们里面"。从初到延安时"保留批评的自由",到承认"应该接受批评的是我自己而不是这个进行着艰苦的伟大的改革的地方",再到消失在火一样的延安里面,他有了新的目标,并为自己能够这样做而充满喜悦。

回到延安的沙汀,在写出《贺龙传》之后,最终提出离开延安。摆在前面的理由是妻子的身体状况和她要求回乡的困扰,内心的真实情感却是自己对乡土的留恋,与延安主流文艺思想的不合拍。他觉得自己创作的土壤在四川,大山里的那些人物总是吸引着牵扯着他。沙汀谢绝了人们的挽留,在一个初冬的早上,他和妻子一起坐在一辆敞篷车上离开了延安。在卡车扬起的黄土中,何其芳举起手久久地望着远去的车影向他们告别。这一天永远地留在了他们两人的心里。在沙汀,是一种说不清的情绪,他知道自己的执意离开让周扬等人失望了,但他在创作上的固执是什么都挡不住的,况且还有无法解决的家庭矛盾……;留下来的何其芳,同样感慨万千,同来的卞之琳早在实现了上前线的愿望后,回到大后方继续教书生涯了。三个人中只有自己留了下来。他相信自己的选择,他觉得这里是自己真正实现理想的地方。

很多年后,在文学所会议室的墙壁上,何其芳和沙汀的照片并排摆在那里,旁边还有陈荒煤,他们以不同的姿态,不同的眼神俯看着大家。凝望着他们的照片,我的思绪有时候会飘出去很远很远……我不止一次地想象那个年代,他们之间不同的性格和不同的选择,决定了他们以后的许许多多。沙汀走入了他一生最辉煌的创作时期,而何其芳奇迹般地从一个诗人变身为一个文艺批评者,并为后来的理论家身份奠定了基础。时过境迁,我们很难对当年他们的选择加以抑扬,即便是他们本人,每当回忆起这个选择,心情也极为复杂。沙汀对何其芳的选择有着发自内心的赞许,对自己离去的批评也是由衷的,尽管这离去已被历史证明并非错误,而突出的成就无可置疑地建立在这个选择上,但作为一个老党员他也依然心怀歉疚。还有一点是共同的:无论是周扬、沙汀还是巴金、卞之琳,在他们对何其芳的怀念中,都有着一个坚定的结论,那就是,留下来的何其芳成了"知识分子改造的一个好典型"。这显然和何其芳当时的选择有着密不可分的关联。

只是不知道,"知识分子改造的一个好典型"这究竟是不是何其芳心中理想的目标?是不是那一代人的真实向往?而今天的我们又应当如何看待这种改造?

三 最早起来批判的一个

二十世纪九十年代,年迈的陈荒煤看到《南方周末》上黄伟经发表的一篇文章不禁触动了自己的思绪。往事浮想联翩,他在给老友严文井的信中写道:

看到文章中提到那句话:"50年都在干杂事,包括斗人和挨斗……"我也不禁感慨万千! 当然,我们鲁艺文学系几位老友,其芳"参战"最早,从《武训传》大批判开始,到1964年文化部、文联作协整风(抗战期间他也写过什么批判文章),一个天真浪漫的诗人,成为历次大批判运动的先锋。到了"文革"也被"斗"得很惨。

(荒煤致严文井信,《陈荒煤选集》第10卷,
中国电影出版社2013年11月)

隔着半个世纪的风尘,荒煤感叹"老友"们共同经历的坎坷,首先浮现在脑际的便是何其芳。当年那个自豪地宣称:"将来,我的诗就是要比你的读者多!"那个站在山头上大声叫嚷"哎哟,怎么得了哦!"的年轻诗人并没有退出记忆的相册,叠加上的却还有另外一幅幅图景。

1942年4月13日,何其芳和鲁艺文学系戏剧系的几位教员沿着延河走向杨家岭去见毛泽东。陕北湛蓝的天空明晃晃的太阳照耀着他们,虽然越走近毛主席的窑洞,他们越感觉到心跳加快,但谁也没有意识到这次重要的会面以及之后那次更为重要的"讲话"会改变他们的生活道路,成为他们此生永远也难以超越的行为准则。

会见的整个过程是宽松活泼的,毛主席的谈话和提问既幽默也有针对性,这是为他之后的"讲话"作准备。遗憾的是他们几人中没有一位保存一份完整的记录,留下的只是个人的片段记忆。为此,何其芳懊悔不已。1977年,在写作《毛泽东之歌》时,他只能一个个地访问一起参加座谈的同事,把大家的记忆拼接起来,尽可能地还原当时的情景。那次会见中,他们还被招待和主席一起吃了饭。座谈结束后,毛主席把他们送出窑洞走了一段,在一片高坡前,当大家再三请求留步时才伸出手与每个人握别。那一刻,何其芳的感受非常强烈:"毛主席紧紧地握住我们的手,眼睛看着我们,停顿一会儿,好像把重要的革命任务交给我们,期望我们努力去完成,期望我们哪怕献出生命也要努力去完成。"

同第一次见到主席一样,何其芳再次感觉到自己肩负着的重大责任。事实上,他已经做好了准备,即便有千难万险也在所不辞努力完成毛主席交给的任务。

多年后,荒煤在回忆起那个"难忘的下午"时感慨颇多。他还清楚地记得其芳在会见后的激动情绪,并讲述了其中的一个细节:"他非常佩服毛主席对《聊斋志异》中《席方平》这篇作品的分析,并一再埋怨自己,说他读过《聊斋志异》,对其中的故事也比较熟,为什么他就没有能看到作品有这样深的意义。"同样都在谈话现场,荒煤却没有像何其芳这样认真地追问自己,相比之下,荒煤当时倒真的觉察了自己的不足。

那次谈话后二十天,毛主席主持召开了著名的延安文艺座谈会。使知识分子们深受震动的是思想改造问题。用毛泽东的话说 "许多所谓知识分子,其实是比较地最无知识的,工农分子的知识有时倒比他们多一点";"世界上最干净的还是工人农民,尽管他们手是黑的,脚上有牛屎,还是比资产阶级和小资产阶级知识分子都干净"。充满诗人气质的何其芳在会上立即发言表示:"小资产阶级知识分子的灵魂是不干净的。他们自私自利,怯懦,脆弱,动摇。听了毛主席的教诲,我感到自己迫切需要改造。"后来,在小组会上,有人当面表示对他的发言不满,说"你这是带头忏悔"。忏悔又有什么不对? 何其芳的忏悔是真诚的,直到七十年代末写《毛泽东之歌》的时候,他的感觉都没有丝毫改变。他觉得毛泽东的讲话"那样亲切、那样深刻、那样感动人、那样触及人的灵魂、那样富有教育意义。它使我第一次感到和认识到小资产阶级知识分子必须经历从一个阶级到另一个阶级的变化,必须到工农兵中去向他们学习,同时也学习马克思列宁主义,来改造自己的思想感情"。"讲话"后,他开始对自己作全面彻底的剖析,从自己的作品、到内心世界、到对西方古典文学的批判……称自己虽然参加了革命还有一多半是小资产阶级,是个"半人半马的怪物"。他再次找荒煤谈心,"认真地严肃地做了个检查,说他认为报告文学没有什么艺术价值,不过是政治的需要。他认为这种思想不符合毛主席的政治标准第一,艺术标准第二的指示。"因为荒煤从前线回来发表了不少报告文学,何其芳觉得自己对此不够重视才找到荒煤做了此番检讨。其实荒煤恰恰也有同样的想法,虽然多写了几篇报告文学,但内心并不看重,他一直更倾心于小说创作;只是,荒煤并没有想到要检讨自己,他也再次感叹何其芳的认真,感叹自己总是没有何其芳学习得好。

何其芳对自己的检查异常严格,荒煤的检讨则有些被动,总比何其芳来得慢些。这在当时是荒煤觉得自己不如何其芳的地方,在今天却有许多引人思考之处。比起许多人来何其芳似乎在感情上更加单纯,他坚定不移地相信领袖的话就是真理。此外,离开前线的愧疚一直缠绕着他,对自己过去的痛苦认识,也使得他的精神变得十分脆弱。他在《解释自己》一诗中发自内心地叹息道:"我忽然想在这露天下/ 解释我自己,如同想脱掉我所有的衣服,露出我赤裸裸的身体。"要成为一个新人,就必须以批判的态度对待自己,"讲话"给了他一个巨大的动力,而这动力恰好又是来自他最敬佩的领袖最可依赖的精神支柱,自我改造的愿望与外部环境的要求相互契合,一切便水到渠成,发生了质的飞跃。正如荒煤感叹的"自从延安文艺座谈会讲话之后,我们每个人思想当然都有进步和变化。但是,我感到其芳的变化很大"。

问题在于,批判从对自己开始,却不可能止于此。

1944年春天,何其芳被派往重庆宣传"讲话"精神。此时的他已经不是几年前那个满脑子纯文学,"刻意追求形式、意境的美妙,表现青春易逝的哀愁和带点颓伤的飘渺的幽思""和现实生活似乎离得相当遥远"(周扬《何其芳文集·序》)的人了。他被新的思想所武装,坚定、充满自信,并且希望别人也像自己一样"如一个患瘤疾的人为良药所救治"。作为一个改造较好的知识分子典型,他为自己能够承担这个光荣的任务感到自豪。或许内心也还有一种慰藉,毕竟自己过去只是一个写诗的,而现在能够写出理论文章,对诸多复杂的文艺问题发表意见,这其中除了形势的需要个人的努力外,也不无组织对自己的欣赏和重用。

没有思想准备的他在重庆遇到了阻力。国统区的一些人对不久前还写着《画梦录》的诗人有如此大的变化感到惊讶,亦对他迫不及待地想要改变别人的做法感到不屑,简单的现身说法并没有起到好的效果,这不能不使何其芳感到失望和苦恼。带着一些遗憾和不快何其芳回到延安汇报工作,正是在他的建议下,中央决定在国统区开展一场全面的整风运动。重庆之行,也暴露了何其芳的弱点,目光锐利的毛泽东一眼便看出症结所在,批评他"柳树性多"(意指原则性不强),这一批评显然给迫切希望做好工作的何其芳带来很大压力,在此后的很多年里他都不能不时时以此检查自己,校正自己的行为。

相隔半年,何其芳再次被派往重庆。有了上次的不愉快,他开始并不情愿,但组织命令难以违抗,他被任命为四川省委委员、宣传部副部长兼任《新华日报》副社长等要职,负责宣传方面的工作。这一次,他掌管了主要文艺刊物,多次组织文学界的批评活动,还亲自撰写了不少批评文章。批评夏衍的《芳草天涯》就是突出的例子,尽管被批的夏衍并不认同,但事后证明何其芳对他的批判还只是一个开始,此后的几十年里,何奉命认真地阶段性地不断发表批判文章,用夏衍的话来说"就像寺院门前的一口钟一样'逢时过节总要敲打一番'"。在重庆,何其芳还发表了《关于现实主义》一文,以权威身份对冯雪峰、胡风展开批评,并与王戎等人进行争论。总的说来,他工作得十分投入,表现非常努力。

有趣的是,正是1944年重庆之行,他见到了沙汀,那个曾经带着自己一起奔赴延安的"前辈"。短短几年的分手,或许他们彼此都感到了时间的奇妙作用。沙汀风尘仆仆地从安县睢水关的山里赶到重庆。为了路途安全,他的打扮也很奇特,身着长袍、头戴一顶黑色礼帽,手上还有一枚金戒指,活脱脱一个他小说中保长的模样,一开口说话也尽是乡里的故事。因为躲避国民党的缉捕,他隐居在山里已有三年,日子虽然过得颠沛流离，但小说创作却从来没有这么专心致志过。见到沙汀，何其芳将中央的一叠文件交给他阅读，并郑重其事地对他说："让你来是为了参加整风学习，这是很重要的一件事！"事实上，何其芳此次到重庆还承担着说服沙汀重返延安的任务，他向沙汀转交了周扬的信，但是沙汀还是毫不犹豫地拒绝了。他们的谈话并不投机。在沙汀，面对一个几乎全新的其芳除了感到惊讶外，并不为之所动，他对乡土的迷恋是那么固执，"你看在我的家乡，哪怕不出门，有人打一个喷嚏，我都能猜到它是啥子意思哩！"而对于何其芳来说，这样的谈话似乎并不轻松，他虽然几经催促把沙汀从山里叫到重庆来参加学习，却终不能完成说服沙汀回延安的任务，况且面对沙汀突出的创作成绩，他心中也难免浮现出种种复杂的念头。

其实，一个人内心的东西是很难彻底改变的，更不用说像何其芳这样的知识分子。工作之余他仍旧会和人兴致勃勃地谈文学，谈世界名著，时常谈得兴高采烈，沉醉于艺术的享受之中……他的心理很复杂，一方面对自己这些年的创作成就并不满意；另一方面，也觉得没有按照毛主席的教导改造自己做好工作。矛盾的心情和压力相互缠绕，使得他在精神上和身体上都深感沉重和疲惫。最终能够使他受到鼓舞的还是毛泽东。1946年夏，毛泽东赴重庆谈判，在一次和郭沫若、茅盾的会面中当场表扬何其芳："有一个优点，认真。"这次表扬不仅抚平了他心中的困惑和不快，更重要的是他明白了"自己是不大清楚我应该努力发展这点好的因素的。伟大领袖了解干部就是这样深刻，甚至比你自己还了解的清楚"。他感谢毛主席"具体地指明了我努力的方向"。（何其芳《毛泽东之歌》）

认真，或许是对何其芳最恰当的评价了。从此之后何其芳以他坦诚的心怀更加热情地对待领袖的每一个指示和组织交给自己的每一项工作，全力以赴，一丝不苟。对于他这种认真到天真，认真到"傻气"的"书呆子"，今天的人或许难以理解，但作为同辈人的荒煤发自内心地感到理解和同情，他们这一代人又有多少不是从这种"傻气"中走过来

1948年，何其芳在河北

的？"不过是时间、过程有长有短罢了。"1976年春天，何其芳为了撰写回忆录在返回家乡的途中到重庆图书馆查找资料，他明明知道荒煤就被发配在那里抄写卡片，而且要回忆延安那段经历，荒煤正是他寻访的对象，但他还是没有去见荒煤。毕竟，荒煤才从监狱里出来不久，还是文艺黑线的重要人物，是不能串联的——其实，那时候"文革"进入尾声，已有朋友凭着各种借口跑到重庆去看望荒煤了。不过事后，何其芳还是忍不住托姚时晓转告荒煤，请他把回忆到的情况写出来寄给他。他们就这样失去了最后的见面机会。上天总好像有些捉弄人，谁也料想不到，两年之后荒煤来到了文学所，走在老朋友创业并工作了二十年的地方，到处可寻觅何其芳留下的踪迹，荒煤不能不感慨万分，想到他们原本可能有的那次会晤，他在埋怨自己的同时，又不无遗憾地抱怨这位老朋友实在是太"认真"了。

四 柳树的性格

2010年秋日里的一天,下了几天雨的天空终于放晴。文学研究所国情调研的一行人走进万县太白公园何其芳陵园。陵园居高临下坐落于江畔,层叠的太白岩下竖立着汉白玉的何其芳塑像,他神态平和地端坐在一米多高的石座上,目光深邃地眺望着远方。

我们鞠躬并献上鲜花。那一刻,我有种感觉,何其芳离我们很近,在那满山的松涛中似乎可以依稀看到他早年读书的身影,听到他第一次大声地把自己幼稚的诗句念出口的声音……然而,当家乡的主人们打断我的遐想高声地向我们宣布,他们要打出"何其芳这张名片"时,我又禁不住在疑惑中揣测,这里究竟是不是他所熟悉的家乡?他们是否真的了解何其芳?或许,何其芳永远和我们隔着时空的距离……他对于人们,对于文学所的后来人,永远都是一个谜。

新中国成立不久,何其芳受命组建文学研究所,从1952年直到逝世在这个岗位上工作了二十多年。对于文学所人来说,何其芳不仅仅是挂在墙上的一幅照片,他是这个机构的奠基者,为这个机构的建立、发展作出了无人可比的贡献。然而,整个五六十年代,中国社会政治运动一波接着一波,知识分子的命运岌岌可危。文学所逃脱不了这个怪圈,何其芳也逃脱不了这个怪圈。

2011年初春,我在采访文学所老研究员、当代著名学者朱寨老师的时候,听到这样一个故事。当年"反右"运动中,第一个贴朱寨大字报的就是何其芳。朱寨老师来自延安鲁艺,曾经是何其芳的学生,"反右"时他只是一个三十多岁刚刚从中宣部调到文学所的普通干部,何其芳是一所之长,所长贴自己下属的大字报,这听起来让人感到十分新奇。朱寨老师告诉我:上级贴下级的大字报是比较少见,但这是"受命"。何其芳从延安到重庆是"受命",新中国成立后搞文学所是"受命",贴我的大字报也还是"受命"——是受中宣部的命!

是"受命",而且是认真"受命",事情就变得十分严重。朱寨老师清楚地记得,半个世纪前那个不寻常的早晨,自己怎样被人幸灾乐祸地告知:何其芳贴你的大字报了!他吃了一惊,慌忙跑出去看,走廊上的确贴着何其芳写的大字报,那上面的字迹清清楚楚:朱寨发表了许多反动言论,而且至今拒不交待……从那时候起,朱寨便陷入了大字报的包围中,受到中宣部和文学所接二连三的批判。他忘不了那种摆脱不掉的绝望感觉:"有时候也哭啊,看柳树,下雨,滴滴泪,觉得自己就是一块抹布,别人都用批判我来洗清自己。心想,你们都在我身上擦吧,把自己的手擦干净!"

然而,让我更感到意外的是,时过境迁,晚年的朱寨老师一点都不责怪何其芳。那天,他坐在沙发上,身体虽然虚弱但神情矍铄,回首往事娓娓道来,从何其芳如何组建文学所吸纳人才,到他如何带领科研人员严谨治学,如何热情坦诚宽厚待人……话语中充满了思念和赞许之情。就连何其芳对自己的批判他也赞扬说:"他是领导,当时完全可以让别人出面写这张大字报,可他却亲自做了,这表现了他光明磊落的品格,这点是应该肯定的。"尽管朱寨老师的话受到了我的质疑,但他还是固执地坚持自己的观点。

我觉得他的这种看法或许和后来发生的事情有关。当年尽管批判上纲上线十分猛烈,但最终何其芳还是把握住分寸,朱寨没有被定为"右派",组织上作出的结论是"右倾"。不仅如此,后来何其芳还起用朱寨做了学术助手,并且成立了一个学术办公室让他担任主任。领导的充分信任让朱寨非常感动,他说:"这个机构别的研究所都没有,可以说是何其芳专门为我而设的,主管外事和学术,他下去时还把《文学评论》也交给我代管。"听了朱寨老师的一番话,我颇有感触地询问:"这是否表明何其芳对你有种歉意呢?"他直截了当地否定了我的看法,"他对我没有什么歉意。何其芳很正直,贴大字报是好意。"一方面带头开展斗争,毫不留情地批判;另一方面又想方设法给予重用,这究竟说明了什么呢?我依旧感到困惑。那个时代的人面临多么复杂的政治境遇,他们有那么单纯吗？经历了多年政治风雨的何其芳,应该早已历练成熟,他是否有着更加复杂的内心和深不可测的情感呢？

类似的事情不止一件。1954年深秋的一个夜晚,何其芳接到中共中央办公厅送来的毛泽东《关于〈红楼梦〉问题的信》和附带李希凡等人的文章,随即便领导文学所开展了对俞平伯《红楼梦研究》的批判。这一次,他表现得依旧认真负责一丝不苟。文学所所有的科研人员被要求停止正常工作,全力以赴投入批判运动。在二十多天的时间里,何其芳亲自主持召开了六次批判会,自己还发表了文章《没有批评就不能前进》。尽管用朱寨老师的话说:"那些年,文学所在运动方面总是比别的单位慢半拍。"这次也不例外,但准备却是极其认真的。何其芳强调批判的学术性,必须有充分的准备。"提倡说理的态度,尖锐的批评是需要的,但是不等于粗暴。"他的工作也十分细致周到,会前派秘书探望,会中自己多次造访,彻夜长谈,试图说服俞平伯先生。然而,他再次忽略了一点,有时候歪理正是在极其认真的态度下被说成正理的,但即便如此,也仍旧经不起历史的拷问。批判和长谈并没有起到预期的效果,俞平伯先生仍旧坚持自己的一些观点,并当面指出何其芳文章在两个主要问题上与他著作的意思不相符合。俞平伯的观点被一些人认为是对批评"笼统接受具体否定,因为批评者把作者的原意弄拧了"。俞平伯是固执的,因了毛泽东的点名也更加名声在外,到了"文革"大串联时,许多外地红卫兵进京都要面见一下这位"反动权威",批斗一番,据说他不卑不亢应付自如,批判常常以怒斥开始,以哄笑结束。五十年代的那场《红楼梦研究》批判,面对俞平伯的执着,不知何其芳内心有何感受？俞平伯的坚持让他感到无奈的同时内心深处是否还存着另一种尊重……我没有看到何其芳这方面的讲述,他生活的时代还没有来得及对这些问题展开反思,但何其芳的另外一些做法却令人肃然起敬。在批判中,他坚持实事求是为俞平伯澄清了莫须有的所谓"霸占材料"问题。两年后,当研究所评定职称时,他毫不犹豫地提出把俞平伯定为一级研究员,自己定为二级研究员。面对一些人的不同看法,他恳切地说:俞平伯先生是有真才实学的专家,应该定为一级研究员。他是我的老师,老师定二级,学生定一级这是不行的,我们不能因为他受了批判而影响晋级。此时全国性的批判刚刚过去不久,许多人还心有余悸,何其芳的举动无疑显示出他的领导气魄。平日里相处,他不仅始终尊敬地以"俞先生"相称,还在业务上为俞平伯创造种种条件。所有这些,文学所人看在眼里感动在心,直到很多年后,还有人感叹:"假如平老不是在文学研究所工作,而是在其他的单位上班,或在大学里教书,那几年他的日子能好过吗?假如平老碰上的不是何其芳先生这样的好领导,他还能心情舒畅地继续从事学术研究工作吗?……这真是平老不幸中的大幸!"(刘世德《文章千古事,品德万人钦》)自然,"文革"中这也成为何其芳受到批判的重要罪状之一。

或许正是因为对俞平伯的批评,引起了何其芳对原本就非常珍爱的《红楼梦》的研究兴趣。1956年,在经历了一系列大批判之后,中央提倡"双百方针",文艺界学术界呈现出活跃的局面。在对典型问题的讨论中,何其芳发表了《论〈红楼梦〉》一文,批评古典文学研究中的简单化现象,反对把《红楼梦》作为狭隘的政治小说看待,认为任何一个人都绝不是抽象的公式和政治倾向的化身。即使同一个阶级也有不同阶层、不同政治倾向、不同思想、不同性格的人,可以写出不同的典型来。而真正成功的典型,不仅概括了一定阶级的人物的特征,而且"可以超出他的阶级和时代"。文章充满辩证的实事求是的探讨,他的"典型共名说"的观点,具有很高的学术价值,是对简单化、教条化文艺思想的一个突破。然而文章发表后也立刻受到一些人的批评,被指责是"宣传人性论"。何其芳的研究在历史的颠簸中进行,几年后,他也不得不对自己的文章作出自我批评。

樊骏老师是文学所五六十年代成长起来的现代文学学科带头人,众所周知的谦谦君子。早在八十年代初我和他相识时,他的工作认真、刻苦治学和少有的书生气就给我留下了深刻的印象。他独身,但在文学所这个集体中却似乎生活得十分惬意,我觉得他始终是把文学所当作自己真正的家了。然而,很多年后我才知道,在反右运动中他曾经遭到猛烈批判,并被开除出共青团。

事情的发生并非偶然。反右运动中比何其芳更加书呆子气的樊骏认认真真地看了许多书,在会上郑重地发表了关于中国是否可以走议会道路的言论,结果当风向转变后他受到批判开除团籍。据说当时的情况非常严重,人们觉得他可能会划"右派"了,但何其芳没有这样做,樊骏只是被开除团籍后下放到外地一年多时间。试想,一个单纯的年轻人突然被批判、被孤立,然后被下放的滋味有多么可怕。可是在后来与他的相处中尽管我们十分谈得来,却从来没有听他说起过那段痛苦的经历,或许那伤痛隐藏在内心深处,亦或许知识分子的自尊使他再也不愿提及此事。我一直觉得他生活得十分充实快乐,这中间起重要作用的一个人仍旧是何其芳。当年樊骏虽然被开除团籍,但下放后又回到研究所工作,何其芳对他的才能一直非常看重和欣赏,时常委以重任,很多作为"文学所任务"的重要项目都交给他来完成,他们在业务上形成了亲密的关系,也许正是何其芳的这种个人态度给了樊骏安慰和支持,让他逐渐从那些创痛中解脱出来。

尽管何其芳非常重视学术、重视人才,但他从没有想过也绝不可能把五六十年代的文学所建成世外桃源,文学所这个原本应该是一个纯学术的机构从成立开始就是党的文艺战线上的哨兵。它自身也就像风浪中的一叶小舟,颠簸起伏,漂泊不定。在一次访问《文学评论》的前副主编王信老师时,他非常形象地对我描述这种状况:"它有双重性质,摇摆不定。稳定时是以科研建设为主,也有很多成绩,但是一旦有运动冲击就是运动首要了。而且运动频率是很高的……"就是在这摇摆不定中,何其芳的双重角色扮演得更加尽职。运动来了他毫无疑问地走在最前面,运动过去,他兢兢业业领导科研。然而,也正如王信老师所叹息的,这种稳定的搞业务的时间实在太短了,运动的频率又太高了! 我总觉得何其芳是在努力地寻找一种平衡。既坚定不移地贯彻毛泽东思想,又希望能够为自己和同事们寻觅到一个学术空间的角落;既紧跟党

位于何其芳陵园的塑像

的战略部署认真搞运动开展斗争,又尽可能地以个人魅力去抚平被伤害者的创痛,使他们能够在这个集体中生存下去。他从来没有怀疑过毛泽东思想的正确性,然而又不自觉地在某些地方编织着自己自由的梦想。这是否仍旧见证着毛泽东对他"柳树性多"的评价呢?在残酷的政治斗争和学术、人性之间,或许他只能保持着这种"柳树性多";而对于文学所人来说这同样是不幸中的大幸,正是这种"柳树性多"让文学所的老一辈学者们有了喘息的空间,得到了比在别的地方更多的温暖和保护。当然,何其芳的这种灵活性和保护措施主要庇护了那些有才华的人,他没有能力和可能去保护每一个人。即便如此,每一次运动来了,他都要被批评为"右倾",都要进行自我检讨,且检讨的态度十分认真诚恳,但之后"错误"又仍旧无法避免。

熟悉何其芳的樊骏在晚年经常怀着思念之情谈起这位老所长,他曾经很想研究何其芳,他觉得何其芳从三十年代成名以来,就是一个有着不同理解、不同评价的人物,到晚年也仍然如此……樊骏老师迟迟没有动笔,后来病中还感叹何其芳的问题太复杂,但我觉得或许正是因为复杂才留给我们无限的探寻空间。我一直渴望看到樊骏老师的著作，遗憾的是他没有写成就去世了。

五　背　影

1980年，周扬为即将出版的《何其芳文集》作序时这样写道：

> 其芳同志说过："我把我当作一个兵士，我准备打一辈子的仗。""我想我是在攻打着一座城堡，我想我是在黑夜里放哨，我想我不应该有片刻松懈，因为在我的队伍中一个兵士有一个兵士的重要。"其芳同志在走上革命道路之后，就把个人溶化在集体的事业中，在党的领导下，不懈地攻打着一个个的"城堡"。他数十年如一日，完成了一个光荣战士的应有职责。
>
> （周扬《何其芳文集·序》，《何其芳文集》第一卷，
> 人民文学出版社1982年1月）

作为领导并对何其芳有着全面深切了解的周扬，准确地概括了他如何成功地"从个人主义走向了集体、共产主义"，如何毫无保留地把自己融化在革命事业中的过程和成就。

把个人融化在集体中，是何其芳参加革命的目标，但作为一个艺术家来说其结果却并不乐观。我们看到，在出版的六卷本《何其芳文集》中，何其芳这个才华横溢享誉文坛的诗人，最终奉献给读者的诗歌只有一本，占据了一半以上篇幅的则是那些因着革命需要而写作的批评论文集。

新中国成立后，何其芳较少写诗了。他要花费大量时间领导科研，还要积极参加政治运动，绞尽脑汁撰写批评文章。实际上，他很快就意识到自己正面临着的无奈局面，并感觉到了倦怠。1952年，在编辑评论集《西苑集》时他感叹道："我这些论文却既无什么独创的见解，又无

文章之美可言，我写的时候只是努力把要说的话说得比较清楚比较正确，因而大半都是写完以后，就感到兴味索然。"后来他还在给友人的信中明确提到"创作是我的第一志愿，研究是我的第二志愿"。可是问题在于，融入了集体中的他好像已经不知道诗歌该怎么写了。那种发自个人内心的情绪写了或许会受到批评，勉为其难写出来的诗却似乎不大像是诗了。他也曾经把创作的热情转移到小说上。三十年代他有过一次创作长篇小说的尝试，但失败了；五十年代初，当他对诗歌到底应该怎么写感到困惑时再次萌生了创作小说的欲望。他构思了很长时间，想写一部表现土改运动的小说。这次，他不断地向沙汀等老朋友讲述自己的写作设想，请教创作小说的经验。当前几章的草稿终于写成后，他立刻抄写出来交给几个老朋友提意见。然而，朋友们看过后都沉默了。只有严文井坦率地提了意见，认为缺少故事情节，细节描写也不成功，像是"写总结"。这次的失败使他遭受了很大打击，彻底地放弃了写小说的愿望。他陷入创作的困境之中，并曾经在《回答》一诗中流露出自己的困惑，但这困惑显然不合时宜，最终他只有兢兢业业地操持着其实并没有多大兴趣的评论和研究。

尽管何其芳时刻要求自己把革命的需要放到第一位，并得到领导和那个时代的赞誉，但他并不希望这种错位的情况更多地在后人身上重复。文学所老研究员邓绍基清楚地记得，1952年他大学毕业分配到研究所，面临专业选择问题。那个年代，个人服从组织已"习惯成自然"。邓绍基虽然对元代文学更有兴趣，毕业论文也是元代戏曲，但他却抱着坚定的服从分配的决心向何其芳表示，作为一个年轻的党员团干部，即使"不让我搞戏曲、小说，哪怕不搞古典文学，我也会愉快地服从"。然而，何其芳并没有这样考虑问题。在与邓绍基的第一次谈话中他关切地询问邓是不是在大学期间受过批评，当邓绍基坦言曾经因为怀有个人志向而被批评为"有专家思想"时，引起了何其芳的无限感慨。他说："共产党员要服从组织上的工作安排，这是没有疑问的，我来研究所，并不是我的志向，我的兴趣是搞创作，我服从了组织上的决定。但这不等于说个人志向、个人爱好一点都不重要,要知道,个人爱好是有助于工作的。"(邓绍基《何其芳同志同我第一次谈话》)何其芳的话让年轻的邓绍基感到新鲜又兴奋,他得到关照被分配到最喜欢的研究专业,并在这个岗位上成为卓有成就的著名专家。

毋庸置疑,何其芳的这些感慨来自于个人的亲身体验,这也是他们那一代人共同的感受。一九五六年夏天,何其芳因病住院遇到荒煤,两人曾经长谈过几次。在病房中,他们都迫不及待地谈起彼此的创作设想,生活的积淀常常激起创作的冲动,随之而来的却是无法实现的苦恼……他们都发了点"牢骚":为什么我们老是被分配到行政工作岗位上,不能搞一段时间的创作。可是,出了医院,他们还是积极地忙于组织交给的工作,谁也没有机会专心从事创作。后来,何其芳在讲演中进一步描述缠绕着自己的这种矛盾状况:

> 我是不喜欢搞理论的,在整风以前从来没有写理论文章,可是现在的工作岗位决定了我天天要搞理论。个人爱好对我作研究工作也有一定的限制。如果要我选择的话,我宁愿写诗或小说,这样

1952年,陪同苏联文化艺术代表团访问武汉。左四团长吉洪诺夫、左三舞蹈家乌兰诺娃,右起:于黑丁、何其芳、荒煤、荣高棠

花同样的时间,也许写出来的东西要比《论〈红楼梦〉》好一些。

(何其芳《在中国作家协会文学讲习所的讲演》,1957年1月5日)

他太热爱创作了,尽管他的《红楼梦》研究已经在学术界取得了不可替代的成就,但仍然无法弥补他对创作的渴望。正是因为这发自内心的热爱,使他愈加清醒地意识到自己在创作上的退步,随着时间的延伸,这种痛苦也就愈加强烈。"我发现了这样一个事实:当我的生活或我的思想发生了大的变化,而且是一种向前迈进的时候,我写的散文或杂文都好像在艺术上并没有进步,而且有时还有退步的样子。"(何其芳《何其芳散文·序》)可想而知,当何其芳说出这些话的时候,他的内心会掀起多大的波澜!然而,他的表面却永远是那样平和,那样忘我而愉快地接受着一切,那样彻底地奉献着自己,绝不抱怨,更无反抗。直到七十年代末,当何其芳回顾自己一生的时候,表露出的满足仍远远大于困惑和不安,他依旧虔诚地检讨自己:"一个革命者,首先是服从革命工作的需要。凡是革命需要的,都应全力以赴,个人志愿实在不应过分重视……我马列主义没学好,政治路线觉悟很低,行政工作和写的评论文章两方面都有不少错误,对革命没有什么贡献,只是竭尽全力地去工作而已……"(马靖云《永远地怀念》)虽然有矛盾,虽然痛苦,但他始终以革命利益为重,"数十年如一日,完成了一个光荣战士的应有职责"。他也始终无法挣脱革命这个集体对一个艺术家个性的约束,无法真正地清理缠绕着他的历史谜团。

然而,有些细节还是让我难以释怀。

"文革"中,何其芳被批斗打倒,他戴过高帽、跪过碎石堆、挨过造反派的拳打脚踢,最终关进牛棚,连他并"不喜欢"的理论工作也被剥夺了。后来,他随文学所到了河南"五七干校",分配给他的工作是养猪,他再次以极其认真的态度对待组织交给的这份工作。不论是炎热的夏季,还是寒冷的冬天,无论是狂风怒吼,还是大雪纷飞,他都坚持在养猪的岗位上。河南的雨天道路泥泞难走,脚踩进泥里拔都拔不出来。人们总看见何其芳身穿塑料雨衣,肩上挑着满满一担猪食,左手挂着根木棍,右手紧紧地按在扁担上,在泥泞似胶的路上一步一步艰难行走。一次,下大雨,有人惊呼猪跑了,何其芳急忙穿上雨衣胶鞋拄上棍子冲进野地里寻找。他深一脚浅一脚地奔跑在荒野中,黄昏雨幕里,不时传来他"啰啰啰、啰啰啰"的呼唤,那苍凉的声音从近到远,又从远到近响个不停,当终于把猪找回来时,他的雨鞋里灌满了泥浆,脸上却堆满了欣慰的笑容。他保持着自己一贯的一丝不苟的工作作风,为了提高养猪技术,多方请教总结经验,还发挥写作特长把养猪体会编成歌谣,"主席指示:养猪重要。品种要好,圈干食饱。粗料发酵,采集野草。小猪肥猪,多加精料。强弱分圈,隔离病号。夏天太热,河里洗澡。新生小猪,防止压倒。注意卫生,防疫宜早。猪瘟难治,预防为妙;其他疾病,努力治疗"。他细心体会,像研究《红楼梦》中的人物一样琢磨猪的性情癖好,还套用《红楼梦》的诗句概括总结说"猪喜我喜,猪忧我忧"。

终于到了"文革"后期,何其芳从干校回到北京,他又可以和心爱的书打交道了,然而,曾经耗费大半生心血收藏的几万册古书已被查封,他决定抓紧时间从头积累。他开始一遍又一遍地往中国书店跑。那时候,"焚书坑儒"的噩梦还没有完全消散,知识分子心有余悸,有些喜欢的书即使看到了也不敢问津,但何其芳不管不顾。他总是把高度近视的眼睛贴近宽大的书架,一排排一本本地仔细看过去,文学、哲学、历史、经济,只要是看上的他就买。有时候他随身带一个旅行包,把书装得满满的,走在街上像是匆忙赶火车的外地客;有时他就带一个床单,把买到的书裹成一个大包袱背在身上……有人清楚地记得这样的情景:"有一天,我从东单三条穿过东单大街,忽然发现前面有一位矮胖的老人,穿着一件过于肥大的蓝布制服褂子,肩上扛着一把雨伞,而且伞柄朝后,在那弯弯的伞柄上挂着用绳子捆好的几本外文旧书,一走一摇晃,那几本旧书摆来摆去,仿佛主人旁顾无人,悠然自得。这神态颇有点滑稽,我简直想笑,但是,当我发现这是何其芳同志时,我怎么也笑不

1958年在农村,右一戴帽者为何其芳,中为王伯祥

出来。"(姜德明《海王村里客》)

  虽然没有亲眼看到,但何其芳"啰啰"地呼喊着在荒野上奔跑追赶猪群的背影,和他背着成捆的旧书在街头蹒跚而行的背影交织在一起,给我留下了深刻的印象,它织成了一幅奇特的图画,图的主人正是那位曾经写出了《燕泥集》、《我为少男少女们歌唱》的诗人。其实,这也是一幅中国二十世纪知识分子的肖像图。此时此刻,在祖国广阔的土地上,无数知识分子正走着一条"接受贫下中农再教育"实现"斗、批、改"的宽广大道,他们面朝黄土背朝天,经历着身体上和灵魂上的痛苦磨砺而无怨无悔、任劳任怨;他们跋涉在风雨泥泞中,奋战在严寒酷暑里;他们早请示晚汇报批判别人批判自己;他们交流改造体会唯恐跟不上时代的步伐……在那年复一年的荒诞日子里,能够忘却自我大谈养猪上膘经验的又何止何其芳一人,又有谁能说那不是一种幸运呢?!

  1965年,何其芳曾经在《我们的革命用什么来歌颂》中写出自己对诗歌发自内心的热爱:

我的歌啊，如果你的沉默，
　　不过是炸药的黑色的壳，
　　什么时候一声巨响，
　　迸射出腾空而起的烈火？

　　如果你埋藏在我心里太久，
　　像密封在地下的陈年的酒，
　　什么时候你强烈的香气，
　　像冲向决口的水一样奔流？

（《何其芳文集》第一卷）

他是多么想要歌唱，想要爆发，想要像决口的洪水一样把密封在心中的激情释放开来！

然而，他的时间已经不多了。

六　最后的惦念

1976年，六十四岁的何其芳终于和全国人民一起迎来了粉碎"四人帮"的胜利。然而，十年"文革"的残酷迫害、干校的过度消耗，以及日积月累的沉重精神压力已经使得他的健康受到了极大的损害，曾经"总是使人感到精神饱满，从来乐呵呵"的人竟也变得老态龙钟步履蹒跚。除了心绞痛、胃病之外，他还得了一种奇怪的病，话经常说到一半思维就中断了，需要别人提醒才能继续。有时候，走在路上他还会自己突然跌倒，弄得鼻青脸肿满身是灰，爬起来后也不知道应该往哪里去，最终只能由别人搀扶着送到单位或是家里。

虽然岁月的磨难在身体上留下了不可磨灭的印迹，但何其芳觉得自己的心依旧年轻，对文学的热情依然不减。从干校回到北京，他就开始翻译外国著名诗人的作品。他干劲十足,翻译海涅的抒情诗时,不懂德文的他硬是把诗中一个个字用字典查出来,再参考英译和中译进行翻译。后来为了更好地从原著进行翻译,他索性孜孜不倦地学起德文来。他还翻译德国第一位无产阶级诗人维尔特的作品,为此,他给巴金写信说:"最近又在读维尔特的诗,已读完三分之二。全部读完后准备译四五十首,编一本薄薄的选集。但北京买不到 Georg Weerth 的诗集。听方敬说,你在上海仍常去西文旧书店,如遇到 Weerth 的诗集,请代我买一部寄我。Weerth 的全集,东德出版,五卷本,第一卷全是诗。五卷全有,全买,如只有第一卷诗集,也可以给我买。"他还向从干校回京探亲的冯至借书、请教如何翻译歌德的诗……拖着病老之躯,何其芳点灯熬夜地翻译了大量诗歌作品,正是这些译作,成为他晚年的主要文学成就。他还有很多计划:写诗、创作长篇小说、搞研究……粉碎"四人帮"的消息传来时,他拄着拐杖,一连三天参加游行,走得几乎晕倒,由两三个同事搀扶着回到家中。

然而,何其芳精神上的警醒却似乎来得迟缓。1973年到1974年,《红楼梦》再次被拿出来在社会上进行讨论,何其芳的《论〈红楼梦〉》也再次受到批评,他的申辩不仅无法发表还成了文艺界右倾翻案风的代表。仅仅过了一年,毛泽东又发起"重评《水浒》"。这次,何其芳写文章紧跟形势,还在"反击右倾翻案风"中贴出大字报。此时,"文革"已接近尾声,很多人早已看破红尘拒绝染指,何的做法让许多人感到遗憾和不解。有人笑他政治上幼稚,上面下来的精神在肚子里绕个弯都不会。事后,他自己也觉得委屈,"宣传队是中央派来的,我是党员,怎么能反对呢?"或许还是老友荒煤能够理解他的处境,他在纪念文章中说:"我相信,这是老实话。其实,许多人也都有过这种经历,不过是时间、过程有长有短罢了。有的老朋友说其芳终究还是'诗人'的气质多一些,缺少一点政治家的气质,这话也有一定的道理,这并不是贬辞。我倒宁愿其芳是这样一个诗人。不是还有一种卖身投靠、出卖灵魂,追随阴谋家,似乎要爬上'政治家'地位的所谓'诗人'么?"

1976年起，何其芳开始着手实施长期以来的创作设想：以自己的生活经历为基础，写一部表现知识分子如何走向革命道路，并与工农相结合的长篇小说。为了实现这个计划，他在家人的陪同下不辞辛苦踏上了回乡的路程。阔别三十多年，家乡的一草一木一砖一瓦都掀动着他情感的波澜，也更加坚定他创作小说的愿望，然而毕竟年老体衰，文学的才思已被岁月的蹉跎所侵蚀，一年的时间里，他只写了六万字就无法再继续下去了。

比创作小说更加强烈的愿望是写一首长诗《毛泽东之歌》，他这样定位这首诗的意义：

> 一个诗歌作者，如果写过许多好诗，即使没有写出无愧于它的主题的歌颂毛主席的诗篇，也不能因此就否定他是一个诗人。然而，在我国的诗人中，谁要是不曾写出这样的诗篇，那他就还不是当代的中国的大诗人。毛泽东同志的伟大就是如此。

(《毛泽东之歌》,《何其芳文集》第三卷)

何其芳感叹："我是多少年都在想着，构思着这个题目，而且梦想着能够写出这样的诗，像马雅可夫斯基的《列宁》的诗呵！"说这话时，历史的车轮已经驶入七十年代末期，十年"文革"刚刚过去，惊心动魄的现实与无数人悲惨的遭遇激起许多知识分子对毛泽东发动"文化大革命"的思考，对长期以来"左"的路线的思考，对封建主义和个人崇拜的思考，而何其芳似乎丝毫没有受到影响，他依然沉浸在对毛泽东的无限崇拜中。在他看来，使许多人包括自己遭受到迫害的是"四人帮"，与毛泽东和党的路线没有关系。毛泽东去世的消息传来，他怀着悲痛的心情创作了《深深的哀悼》，因为当时的身份无法发表，粉碎"四人帮"后诗歌得以见报。在诗中，他用"黄河也一点不能比他雄伟"歌颂毛泽东。不知是什么原因，编辑同志在编稿中把"一点"两个字去掉了，为此何其芳感到愤愤不平，"我原来是把毛主席歌颂的比黄河更雄伟得多，说黄河一点也不能比。编辑同志却压低了毛主席,抬高了黄河,说毛主席不过可以与黄河平起平坐"(何其芳致宋侃夫信,1976年12月)。对于何其芳来说,毛泽东在这个世上的地位是永远无可比拟的,如果不能写出一首像马雅可夫斯基《列宁》那样的长诗,将成为他终身的遗憾。

他无论如何也不能舍弃这个心愿,于是改变了方法,决定把自己走上革命道路的回忆录叫做《毛泽东之歌》。"请允许我,再做一次努力,用不分行的形式来写一篇《毛泽东之歌》。"怀着炽热的心,何其芳一点点地回忆此生自己与毛泽东的交往:"我想起了过去同伟大的领袖和导师毛主席见面的情景,多次见面的情景,历历如在眼前。这些情景是多么动人,多么深深地铭刻在我心里,多么重要,多么丰富,多么强有力地教育了我!毛泽东思想的阳光使我们温暖,使我们生气蓬勃,使我们像绿色的植物一样茁壮成长。他照到哪里,哪里就亮","这些涌现在我心里的记忆,就像一支鸣响着巨大、雄壮、快乐、深沉、繁复而又和谐的声音

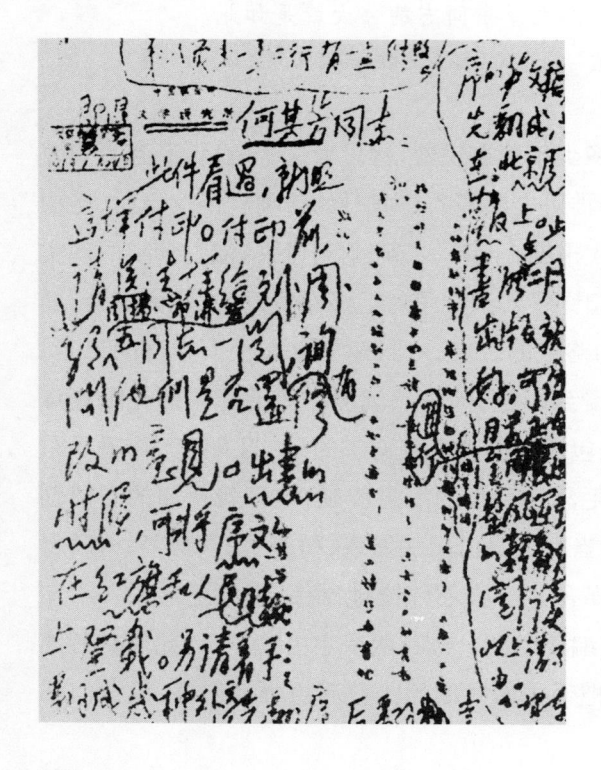

何其芳关于《不怕鬼的故事》致毛泽东信及毛泽东批语(1961)

永远鼓动我前进的歌曲"(何其芳《毛泽东之歌》)。从1938年第一次见到领袖毛泽东,到撰写《毛泽东之歌》,将近四十年的时间里,历史的波折、岁月的消磨非但没有冲淡昔日的崇拜和感激之情,那情绪依旧如此充沛和新鲜!和很多年前一样,回忆录中也充满了检讨和忏悔之意。历史上毛泽东的每一次接见都给了何其芳巨大的鼓舞,每一次教导都成为他校正自己行为的标杆,激励着他努力实现自我改造,而在他自己看来,这改造永远都那么不足……荒煤说"从《画梦录》到热情歌颂毛泽东歌颂毛泽东思想,其芳走的是一条不平凡的道路",他不相信走在这条路上的何其芳内心没有怀疑和挣扎,他觉得何其芳只是将自己奉献得更加彻底。我虽然相信作为老朋友荒煤离何其芳更近,但却找不到这方面的材料。很多年后,细读何其芳《毛泽东之歌》中那些发自肺腑的言语,我们除了感叹诗人精神世界的单纯和忠诚之外,终不能不感叹他作为一个知识分子独立意识的缺失,这和那个早年的何其芳相差太远了!这种变化所带来的究竟是什么,不能不令我们掩卷深思。或许,我们还是应该感叹时间的苛刻,它没有留给何其芳更多重新思考的余地。仅仅一年后,人们的思想就冲破个人崇拜的禁锢,走向一个崭新的天地。不知道何其芳如果活到那时又会怎么想?倘若面对从1975年起在监狱中就开始进行反思,并在七十年代末对个人崇拜有着惊人之语的夏衍,不知他们之间会不会又有一场新的论战?!

谁也没有想到,何其芳的生命会终止在1977年这个新旧交替的节点。"十年动乱"已然过去,新的生活在劫后余生的人们面前展露出美好的开端,身为文学所所长的何其芳不想浪费一分一秒的时间,他迫不及待地想要带领文学所开始新的研究工作。这年一月,他在悼念郭小川的诗歌中抒发自己的这种迫切心情:

  不是不是,明明我的心
  还像二十岁一样跳动,

别想在我精神上找到

一根白发,一点龙钟。

(《悼郭小川同志》,《何其芳文集》第一卷)

然而,积重难返,前进的步伐异常艰难。"文革"不仅使文学所的研究工作搁置不前,而且搞乱了人们的思想,撕裂了人与人之间的关系,使得曾经一流的科研队伍七零八散混乱不堪。这年的上半年,文学所因为"清查运动"而再次陷入争执和困顿中,何其芳也受到批评。此时的他一反逆来顺受的姿态现出了少有的暴躁和不安。他再也不想搞什么运动了!他痛恨"四人帮"的为非作歹,绝不屑于与那些手中挥舞大棒的刽子手为伍,但对参与运动的一般群众却是宽容的。人们都说他有一颗金子般的心,尽管"文革"中也受到一些造反派的打骂,仍以既往不咎的态度对待每一个人,以一视同仁的心怀对待不同的派别。他只有一个希望,把"文革"的一切抛向脑后,尽快恢复学术研究、恢复刊物出版、恢复正常工作。但当他的想法不能实现的时候,他再也不能抑制自己的情绪了。一次清查会上,人们争执不休,他站起来,激动得满脸通红,语言也不利索了:业务工作已经荒废了十多年,现在要赶快搞上去,谁愿意纠缠过去的事情,就让他纠缠吧,这样的会我以后再也不参加了!文学所的人还很少见到他这样激动和不耐烦,这或许是一个老实人积攒了多年愤懑的爆发。几十年间,如果统计一下有多少时间是用在运动上、开会上,那一定是一个惊人的数字!那是对生命的极大浪费,对人才的极大浪费!后来他躺在病床上还叹息说:"以前都说是打麻将能打死人,现在看来开会也能开死人啊!"说这话并非针对文学所的某个人,而是缘于几十年沉重的教训和深深的遗憾,他是多么渴望同事们能够理解自己的心情啊!

一天深夜,伏案工作的何其芳突然大量吐血被紧急送进医院。没想到这一病就再也没有起来。医院给出的诊断是胃癌,文学所的人们闻讯轮流守候在病床前,然而,他却在手术后越来越衰弱,很快陷入了昏迷。偶尔醒来时,他会显得那样不甘和无奈,喃喃地说:我怎么能休息呢,我还有许多事情要做,我的文章的清样来了没有?快、快……他虚弱地伸出手指在床单上画着一个字——"快"……

1977年7月24日,何其芳那颗曾经充满热情、理想和爱的心脏停止了跳动。直到生命的最后一刻,他还念念不忘《毛泽东之歌》的清样。

《毛泽东之歌》是诗人留给这个世界的绝笔之作。

七　还是问号

在文学所的老人们中间,流传着不少关于何其芳的故事:他的博览群书,他的严谨治学,他的爱惜人才,他的热情待人和孩子般的坦诚……老人们时常津津有味地讲述着这些故事,使得我们这些做晚辈的不能不怀着敬慕之心洗耳恭听……然而,事实上,人们的有些讲述在细节上并不一致;也有的时候,人们在讲述中有意无意地悄悄进行着改编和提炼。或许,那是因为文学所人把对昨日的深切怀念,对明天的殷切期望,赋予了这个文学所的开创者,使得他成了"集体精神的象征"……作为文学所的后来人,我感受着这个集体的熏陶,和许多人一样对这位奠基者怀着深深的敬意。我也曾经想过要写写何其芳,但我又时常怀疑自己是否有这个能力,我始终觉得何其芳和其他人不同,他的经历表面平坦实际充满曲折,他的轮廓貌似明朗却不甚清晰。或许,我只能写下一些碎片,而这些碎片的拼接究竟是什么,可能是自己也始料不及的。

记得那一年,我作为所长办公室秘书在收拆信件时无意中读到过几封信。那是一位与何其芳有着较深交往的女青年(写信时她已不再年轻,但信中讲述的是青春的故事,所以我仍旧愿意称她为青年)在读了荒煤回忆何其芳的文章后写下的文字。

荒煤的文章使她认出了那个自己熟悉的何其芳的音容笑貌,她泪流满面,抑制不住多年思念的冲动,迫不及待地一连给荒煤写了好几封信,讲述自己和那个大朋友的故事。或许,她太需要有一个人听她述说自己的思念、听她释放积压在心中那几乎要溢出来的情感了,而这个人责无旁贷地应该是何其芳的朋友,一个真正了解何其芳的人。

这是一个美丽而又伤感的故事。

最初,她是作为一个衷心的年轻读者和他通信的,此后他们之间有着长达十几年的交往直到"文革"爆发。十几年间,何其芳用自己的零花钱资助她上大学,送她走上工作岗位,看着她结婚成家,也始终和她保持着纯洁的深厚的感情。他们一起谈诗,谈论写作;一起划船,一起散步,一起坐在公园参天的古树旁看蓝天上静静飘着的云朵……她说,何其芳为她写作的第一首诗是《有一只燕子遇到了风雨》,还有《听歌》——那两首诗几乎是何其芳五六十年代唯一的不为时事写作的抒情之作……然而,让她悔恨不及的是"文革"前夕他们中断了联系,她遗失了他写给自己的三百多封信……那是多么珍贵的三百多封信啊,为此她痛心不已! 如今,只有一次次地读着"一曲高歌人不见,萧萧木叶下楼前"的诗句,体味着逝去诗人的寂寞情怀……只能在痛惜中祈盼着有一天能够在诗人的墓碑前倾诉自己的追悔……

她讲述的这个何其芳的故事,和早年那个单纯的何其芳离得很近很近。那是一个有着普通人善良美好感情的何其芳,是一个充满诗人浪漫情怀的何其芳;同时,那也是一个历尽劫难和痛苦的何其芳。何其芳对她称,自己是《圣经》中的"约伯"——一个正直,敬畏神,远离恶事的耶和华的仆人,甘愿吃尽所有的苦难在信仰的路途上挣扎……何其芳也坚守着自己安身立命的原则,他对女青年说:"答应我,将来我死了,你不要写回忆我的文章。""事实上,每个人都有一个不容被外人闯入的角落,每个人的心灵里都会有一些不愿为外人所知道的秘密。""记住呀,你的诺言!"……

我为信中描述的何其芳而感到惊讶,在那个永远乐观的"战士"的外表下深藏着怎样一种孤独的不为人所知的复杂情感……然而,何其芳把自己封闭得很严,他不希望人们闯入那个真正属于自己的角落,看到那个离开了工作、离开了政治、离开了覆盖在心头的尘埃,渴望自由、美好、温情的另一个何其芳,他希望留给人们的究竟是一个什么样的印象呢?这或许都是他留给我们的问号……我理解他的愿望,但犹豫再三,我还是不能不小心地写下这个故事。因为我始终认为那个角落原本是诗人不可切割的一个部分,和他的生活、他的内心世界、他的诗,有着千丝万缕的联系。对此,我充满着深深的敬意,并渴望走进那个真正属于诗人的精神家园。

我不止一次地听到文学所的老人们讲述何其芳的故事,他们还爱探讨的一个话题是,假如何其芳不是那么早地离世,假如他能够活到改革开放的八十年代,他的文艺思想会变化吗?他能够走在思想解放的前沿吗?……

有人认为他会变的,他会勇敢地冲破陈旧观念的束缚——因为他内心深处藏有文学和人性的自觉——当然,这是极其痛苦的;也有人认为变是不可能的,他对毛泽东的无限崇拜会使他最终无法跨越历史的羁绊。或许还是王信老师的看法更为具体和贴切,他认为,何其芳在"一些具体问题上的观点会改变甚至于自我否定(如批判《早春二月》之类),但他仍然是毛泽东文艺思想的信奉者,这点不会改变。"(王信《樊骏未了的心事》)

我知道,那或许仍旧是一个问号!

一个文学史上真正的问号……

巴金

告别梦想

告 别 梦 想

一 改 变

　　1942年冬天，荒煤在延安窑洞里写下了自己参加革命以来的第一份检查。

　　陕北的秋天很短，夏天过去没有多久，高原的风似乎在一夜之间就把寒冷带给了人们，虽然天空仍旧湛蓝湛蓝，阳光依然在中午把人们烤得脑门冒汗，但是太阳一过，已经落过雪的山坡便在月光照耀下闪出黯淡的冷气，人走在外面只觉得到处是挡不住的冰冷。

　　同样感受着从火热到冰冷的还有荒煤的心情。

　　他是1938年9月到达延安的。他永远都忘不了那个令人兴奋的夏天。几经波折，他揣着汉口八路军办事处的介绍信和阳翰笙资助的二十元钱，乘火车到达西安。在西安办事处同志的帮助下，他又爬上了一辆给延安运棉花的大卡车，开始了奔赴延安的路程。堆着一米多高棉花包的卡车在卷着黄土的公路上走走停停，他躺在上面望着陕北一望无际像大海一样辽阔无垠的天空，心情也从起伏不定变得越来越清澈透明。快接近延安时，路上的人多了起来，一些年轻人背着背包徒步行走，身上脸上眉毛上都沾满黄土，车上的人也越来越拥挤，他们像是被卡车携带着的许多小包袱一样地颠簸着，毫不在意地笑着，间或放开喉咙大声歌唱。荒煤开始还显得比较安静,睁着好奇的眼睛注视着周围的年轻人,后来索性也扯开嗓子和他们一起唱了起来。

到延安以后一切都非常顺利:他在鲁艺落了脚,成为戏剧系的一名教员,很快又转入文学系做了代理系主任;翌年春天,他率领"鲁艺文艺工作团"奔赴太行前线。一年后回到延安,学院在他的建议下以"文艺工作团"作为基础,增调文学系助教及毕业同学等十二人,并于原有创作组织之外,增设理论组,仍以荒煤为团长。这样,"鲁艺文艺工作团"便正式成为鲁艺的一个独立单位,从事写作和理论研究。

这正是荒煤梦寐以求的生活。虽然贫穷,但没有生活上、精神上的种种压力,也没有繁重的教学和行政工作,他觉得终于可以坐下来进行写作了。他享受着领导与同志间充分的信任,那种不必设防,不必算计,更不必小心翼翼如履薄冰的感受让他很多年后都难以忘怀:"在生活中,在工作中,随时与不大熟悉和很不熟悉的人接触时候,只要听到'同志'的呼唤,我就觉得有一股热力冲上心头。"(荒煤《同志,唱"国际歌"》)他充满着激情和快乐,那激情掩埋了心灵中灰色的尘埃,冲淡了他自童年起就有的忧郁情结,以至于让他的视野都变成了红色的,他在1941年写作的散文《无声的歌》中这样描述自己的感受:

> 灰色的暮霭裹住了人群,但裹不住那红色的旗帜;广场上的点点红旗在晚风中呼号,展开了鲜丽的红色,衬着那幽暗的山谷,浓重的晚霞,像红色的鸟群;它们如同在一个奇异的世界里被解脱,为着自由而狂热地飞翔。……
>
> (荒煤《无声的歌》,《草叶》1941年创刊号)

文章一扫三十年代作品的忧郁情调,充满着浪漫和张扬的色彩。这是否预示着他的写作风格的彻底转变呢?事实上,无论是对人物内心精细的描写还是情感抒发上,都还是三十年代作品的延续,只是写作内容有了全新的改变。在他不断地将新生活和过去生活比照中,延安,一个真正自由的城市!这个主题牢牢地被他抓住,并在兴奋中不断地巩固扩大。他是多么的自信,当何其芳和曹葆华大声争论着将来谁的作品更多的时候,一向并不喜欢张扬的他也大声地说着"我荒煤如何如何……",延安,好像真的已经成为他们写作的乐园!

然而,他很快就感觉到有些不适应,最初还只是来自很小的细节。一次,他在和李伯钊的聊天中谈到自己是党员,而李发现他到延安后竟然没有向组织递交恢复关系的申请,由此便招致了一顿批评。荒煤根本就不知道需要递交申请,还以为自己离开上海是组织同意,现在来到延安同志们都在,都知道自己是党员,自然也就恢复了关系,还要什么申请呢?这是他第一次被批评为"自由主义",并且知道类似的毛病在吕骥、张庚等人身上也存在。他接受了批评,内心虽然有点不以为然,但还是知道了这个"家"是有着严格规矩的,和上海时期独立作战的风格有很大不同。

组织上的约束好接受,写作上的转变却比较艰难。写什么?这是每一个来到延安的文人所面临的问题。你所熟悉的不再是需要的,需要的又很陌生。为此,荒煤没有退缩,他本来就是怀着兼济天下的责任和抱负来的,在一年多的太行生活中他积极采访前线将士,成功地写出了《新的一代》等报告文学,是延安文人中较有成就的一个。

接踵而来的问题却没有那么简单。他和何其芳等人一起被邀请到毛泽东的窑洞里进行谈话,又参加了延安文艺座谈会,使他真正受到震动的是知识分子思想改造问题。毛泽东指出:"许多所谓知识分子,其实是比较地最无知识的","最干净的还是工人农民,尽管他们手是黑的,脚上有牛屎,还是比资产阶级和小资产阶级知识分子都干净"。充满诗人气质的何其芳立刻就发表了自己迫切需要改造的感言。荒煤的认识显然赶不上何其芳的速度,他愿意改造思想,但对知识分子却有着另一种情怀。学生时代起他就违背父亲的意愿要做一个文化人,在他心目中,写作是刺破黑暗社会的一把利剑,是追求光明的一种途径,做一名知识分子是高尚的,现在要否定这一点似乎需要一个很痛苦的过程。

不仅如此,毛泽东还站在政治的高度阐述了知识分子不改造的危险性:

> 小资产阶级出身的人们总是经过种种方法,也经过文学艺术的方法,顽强地表现他们自己。宣传他们自己的主张,要求人们按照小资产阶级知识分子的面貌来改造党、改造世界。在这种情况下,我们的工作,就是要向他们大喝一声,说:"同志"们,你们那一套是不行的,无产阶级是不能迁就你们的,依了你们,实际上就是依了大地主大资产阶级,就有亡党亡国的危险。
>
> (《在延安文艺座谈会上的讲话》,1942年5月)

小资产阶级出身的人,不进行世界观改造甚至可能造成亡党亡国,面对这种"原罪"论,作为一个"左翼作家"的光荣受到了严重的质疑。对比也很强烈,周围的工农干部们个个都很自豪,他们是打江山的,而同样经受了战争考验的知识分子却好像有着种种天然的欠缺,这是荒煤到达解放区之前从来没有想到的。开始还觉得有些强加于人,但接下来的事情却让他彻底地经历了一次灵魂的震撼。

1942年底,整风进入了"抢救运动"阶段。最初荒煤还是鲁艺文学系整风领导小组成员之一,他拥护整风,可后来眼看着被揪出来的"坏人"越来越多,他不能不感到困惑。连好朋友水华也出问题了,他跑去找周扬询问,并担保说:"我看他很好,有时比我们党员的觉悟还高呢!"周扬神秘地笑笑,不置一词。

终于,他这个主张"歌颂光明"的人也出了问题。一天,周扬找他谈话,先是问他从上海剧联转到"左联"时是不是党员,后来便通知他停止工作,写交代材料。荒煤弄不懂自己有什么问题。在上海,沙汀一直是自己的党小组长,周扬是知道的。他曾经被捕过,这段历史也在整风前向组织作了交代,还是周扬和他谈话说组织上认为他没有什么问题。那么,现在还要交代什么呢?

周扬开始询问他离开上海后在北平的情况,他才知道可能是移动剧团这段历史出了问题。这个剧团是受北平市委领导人黄敬领导的,可周扬向他透露说,北平地下党可能有问题,是假红旗……让他好好交代。连怀孕的妻子张昕也受牵连停止了工作。

荒煤开始写检查了。他发觉受到质疑的不只是自己的思想,还有个人尊严;要面对的也不只是面前这几页纸,而是来自组织的不信任和自己内心激烈的斗争。

陕北滴水成冰的冬天,窑洞里虽然生了火依然冷得让人难以忍受。他坐在一张铺着粗格毛毯的桌子前(毛毯是张昕从北平带来的,剪开分给了好几个人),手里紧紧握着一支用树枝做成的蘸水笔,紧锁双眉,神色凝重地面对摊开在面前的笔记本,认真地一点点地回忆,写出交代材料。这时候,鲁艺的形势已经很紧张。每天开大会,每次都有人被当场逮捕,不少人坦白自己是"特务",还揭发出别人的特务行径,也有人因忍受不了而自杀。周围的"特务"越来越多,人们彼此揭发,同志间的关系疏远了,有的夫妻也因此离散。不知是不是周扬起了保护作用,荒煤最终没有被拉到大会上斗争,他也守住了最后的防线,始终没有承认自己是"特务"。但他却不能不挖空心思地写材料,检查自己每一点可以被称作是小资产阶级的思想意识和作风,一直挖到自己的家庭……从父亲、母亲到童年生活……他终于发现似乎到处都存在着不属于无产阶级、不符合革命需要的东西,也不得不承认:"作家没什么了不起",所谓知识分子是最无知、最不干净的。

因为没有承认是"特务",很长时间他过不了关,一年多的时间里没有工作,除了检查交代不能写任何东西。所幸,拖到了运动后期,许多"特务"都开始重新甄别,他的问题也解除了,又被通知参加领导小组。这时,他终于知道了自己被当作特嫌的原因,是因为另外两个作家在

1942年，荒煤在鲁艺东山窑洞

"抢救"中承认是"特务"，又交代不清组织关系，就扯出荒煤和他们有关系。后来还知道，他和水华竟然是同一个案子，想到自己曾不顾一切地找到周扬担保水华，他更是哭笑不得。

一次谈话中，荒煤忍不住问周扬："你们既然认为我是特务嫌疑分子，怎么又没有抓我呢？"周扬倒是很坦然，"我们看你的样子实在不像特务。"说完，两人都笑了，但这句话却永远地留在了荒煤的记忆中。他庆幸自己的样子不像特务，却也不由得心生恐惧：万一我的样子像特务，结果又如何呢？周扬还很关心地问他："要是真把你弄到大会上去斗争，你会不会承认？"荒煤回答："那很难讲。"

甄别工作后期，为弄清一个诗人的情况，他被派去见周恩来，了解重庆一个群众团体的政治背景。那是他第一次见到周恩来，"他很整洁，从容不迫，严肃而又亲切"。周恩来抱着双臂一直静静地听荒煤把要弄清的几个问题讲完，然后把两手摊开放在圈椅上，微笑地对荒煤说："整风运动就是要反对主观主义嘛，要防止片面性，你们能这样进行调查研究，很好。"他详细地谈了对大后方一些群众团体的看法，最后，又叹息了一声说道："假如到延安来的大批知识分子都是特务，中国的希望在哪里？我们在大后方的工作又是怎么作的？"（荒煤《为迎接新世纪而呐喊》）这一声长叹，让荒煤感到心头涌起一股热流，眼睛都有些模糊了。

抢救运动结束了，毛泽东在中央党校的一次大会上说："整风整错了的同志，是我错了，我向你们道歉。"说罢举手行了一个军礼，又说："我行了礼你们要还礼，不还礼我的手放不下来呀！"这些话引来了全场热烈的掌声。荒煤也在这许多鼓掌的人中间，他鼓着掌，和大家一样深受感动，并从心里接受了作为一个知识分子要以党的利益为重、要不断地改造自己，使之适合革命需要的观点。他相信作为领袖的毛泽东是完全正确的。

很多年后作为荒煤身边的工作人员，我听他谈起过这段挨整的经历，我发现在那些回忆延安的文章中他并不怎么提及这段往事。后来，写作他的传记的时候我总在想：在他人生中第一次面对来自组织的猛烈批判时，是什么力量让他能够承受住这突如其来的冲击，并从被迫接受批判变为诚心接受批判？我感到不解的还有，1942年，在阳光高照的延安，是什么力量让知识分子们能够认可强加在自己身上的莫须有的东西，以至于有人还发明了"当你还不知道自己是特务时，你已经是特务了"这种尖端理论，并在彼此残酷斗争后仍然毫无怨言？或许这力量来自革命青年们对领袖的热情崇拜，对党和革命事业的忠心追随。

1945年8月20日，抗战胜利后的第五天，荒煤带领赵起扬、葛洛等人第一批离开延安前往鄂豫皖根据地。在延安度过了六个年头后，他又沿着当年来的路徒步离去，当他在飞扬的尘土中回望渐渐远去的宝塔山时，他知道自己已经和六年前那个坐在装满棉花包的卡车上的年轻人不再一样。在延安，他完成了思想改造的重要一课，接受了知识分子必须改造思想的理论，而最大的变化却是不想再做一个文化人。他觉得应该尽快离开鲁艺，他给中组部打了报告要求到基层去做具体工作，还要求废除"荒煤"这个笔名，恢复陈沪生的名字，好像这样就真的能摆脱文化人的身份了。然而,中组部没有批准他的申请,他知道自己只能在这条路上走下去。

荒煤带着许多复杂的感受离开了延安,延安对他来说已经成为生命中一个新的起点,一个永远都不可能磨灭的刻在心里的印迹。新中国成立后,"讲话"主导着整个国家文艺的前进方向。而参加了"讲话"的一代人也成为宣传"讲话"精神、落实"讲话"精神的忠实执行者。走上了文艺领导岗位的荒煤责无旁贷,他热情地写文章,每当"讲话"纪念日来临的时候都要发表演说,阐释讲话精神。然而,细读他的那些纪念文章和发言,就可以发现,他宣讲的重点几乎都在"百花齐放"上,他把题材多样化、尊重艺术规律和"百花齐放"密切联系起来,积极地阐释热情地宣扬,而与此同时,他有意无意地回避着思想改造这个"讲话"最核心的问题。

直到"反右"风暴的来临。

二 一不小心推行了一条路线

1959年,当新中国迎来了建国十周年的时候,荒煤已经在电影领导岗位上工作了七个年头。这是极其艰难的七年,整个过程就像是在一个巨大的漩涡里游泳。

他是1952年底接到中央电报调往北京担任文化部电影局副局长的。周扬说得很明确,调他的目的是抓剧本创作,别的什么都不用管。那时候,电影正等米下锅。1951年对《武训传》的批判波及广泛,使得全国接连两年几乎没有影片出产。有朋友警告他:电影是个火坑,千万不要往里跳!但他还是抑制不住自己对创作的向往和迷恋,满怀热情地走上了领导岗位。然而,现实却不能不让他感到忧虑。一次审查一部影片,片中的一个英雄战士死了,有领导就说:"这么个英雄人物,死了不好吧!"导演马上回答"要活的也有",他拍了两个:一个死的一个活的。荒煤不得不佩服导演的"两手准备",但也看到导演在创作时不是从人物出发而是考虑怎样使领导满意,他觉得必须扭转这种倾向。

1953年形势转暖,中央发出了反对官僚主义的声音,电影在经历了政治上粗暴的批判之后亟待复苏。荒煤撰写社论《作家要为创作电影剧本而努力》,主持创作会议、举办剧本培训班、请专家授课、逐个分析剧本……很多年后他说:"我简直无法回忆,我从1953年以来……看过多少剧本。和多少作者有过接触和交往,在十年动乱中,这就成了我无法交代清楚的'滔天罪行'。剧本是一剧之本,电影剧本是电影的基础。因而,我这个抓剧本、打基础的'黑干将',就无疑的是炮制'毒草'的总后台……"(荒煤《中国电影需要李准精神》)1953年后的几年,是荒煤和艺术家们奋力走出困境的时间。经过努力,故事片生产从每年一两部上升到四十多部,新中国电影事业在经历了曲折之后终于展露出新的面貌。然而,接踵而来的"反右"运动,不仅打击了电影工作者们的积极性,而且严重地遏制了创作的繁荣。在这场运动中,荒煤只能尽己所能保护一些老艺术家,特别是当他得知运动转向的消息时,就立刻召集一批在鸣放阶段说了过火话的老专家在报纸上表态,使本来很可能划成右派的成荫、海默、岳野等人得以幸免。1958年反右派斗争尚未平息,在中国掀起的"大跃进"、"拔白旗"的高潮又像巨浪一样席卷了电影界,荒煤奉命所写的《坚决拔掉银幕上的白旗——一九五七年电影艺术片中错误思想倾向的批判》成了他心中永远的伤疤,为此,他后来不止一次地向被自己文章所伤害的人道歉。1959年初,在经历了1958年的浮夸风之后,中央再次提出纠偏,电影开始为国庆十周年献礼作准备,正是这个时候夏衍有了他的"离经叛道"说,而荒煤发表了《漫谈人物关系的描写》、《性格与冲突》等系列文章探索艺术规律,大力提倡提高艺术质量繁荣电影生产。

苏联电影史学家托洛普采夫对荒煤的这些文章有着较为准确的判断:

> 他的文章贯穿着担心艺术命运的责任感,真诚地希望找到正确的发展道路,虽然不能不看到,作者不得不在官方决定和他个人观点之间作出闪烁其词的说明。陈荒煤敢于起来为"戏剧性"辩护,认为"戏剧性"——这就是冲突,就是结构精确的情节,而且主要思想应该是通过人物性格的发展而表现出来的,陈荒煤试图为受到如此轻视的"质量"小心谨慎地作申辩。……在对这些偏激的思想作评价时,坚定地认为:今天……值得严肃注意的则主要是一种忽视艺术性的倾向。

(托洛普采夫《中国电影史概论》,1979年)

即便小心谨慎,但就连托洛普采夫也从荒煤的观点中得出"许多中国电影艺术家与党的路线之间已形成分歧的趋势,还是确实的"。而荒煤自己在一次厂长会议上则这样说:

> 有两种情况可以权衡一下,一种是怕提艺术性、提高质量,出来的影片差不多,既没有大师、流派,也出不了右派;一种是要提高质量,敢于提倡艺术性,既出了流派、大师,也出了右派,我宁可要后一种情况。

("故事片厂厂长会议上的讲话",1959年7月)

荒煤的这些话听起来过于直白,似乎出流派大师和右派是不可分的。然而,不幸的是,他自己恰恰被此话言中。1959年国庆节来临的时候,电影终于迎来了历史上的一个高峰,全国各大城市纷纷举办新片展览月,一批"好看"的电影出现在观众面前,给老百姓单调的生活带来了欢乐和惊喜。一心渴望电影出流派和大师的荒煤正沉浸在喜悦中,庐山会议后的反右倾斗争便开始了。文化部对夏衍和荒煤展开了批判,有人在刊物上发表文章指出,荒煤的那些论调:"字面上粗粗一看,似乎他还没有完全忘掉政治内容和思想性,而实质上,他的主张则是:

有了艺术便有了一切,没有艺术……则还有什么可谈的呢?!……这位同志提出一条与党的路线背道而驰的路线。他说,在电影工作中'质量(而且是指艺术质量)第一',这是违背党所提出的社会主义建设总路线的。"(《这又是什么倾向》,《电影艺术》1960年1期)

荒煤又开始做检查了,他心里很有些怨气,提高质量到底有什么错,况且纠"左"的精神原本来自中央,怎么说变就又变了!更想不通的是,怎么周扬、钱俊瑞也不出来说明一下。1959年的情景十分奇特,文化部对夏衍、荒煤的批判正在深入地进行中,又传来周恩来的建议:国庆献礼影片取得了重大的成绩,文化部为什么不举行一次庆祝会?于是,文化部在北京饭店举行了新片展览月庆祝会。周恩来在庆祝会上讲话。荒煤原本被撤掉的在《人民日报》发表的文章《新中国电影事业的迅速发展》,也照常发表了。

然而,命运是不会擅自改变自己的轨迹的。事实很快证明,1959年的那次批判对荒煤来说只不过是一个前奏。用荒煤的话说,从那时候起"多次运动中,我总是被批评'右',检查'右',然后又起来反'右'"。而托洛普采夫用更加形象的语言描述他的状况——"在政治和艺术之间走钢丝"。很多年后,荒煤回忆往事时,认为托洛普采夫对自己的评价"是公正的"。他充满了矛盾,作为一个官方领导他不能不贯彻党的方针政策,作为一个作家他更倾心于艺术规律。他很快就被人们调侃成"上班是局长,下班是作家"——这样的钢丝到底能够走多远呢?

1964年,在距离延安文艺座谈会召开二十多年后,毛泽东对文艺界接连做出了两次严厉批示,文艺界掀起了声势浩大的整风运动。在文化部连续召开的三十八次党组整风会议中,作为文化部副部长的荒煤迅速成为目标和重点,当张春桥在上海大讲"电影系统在北京有一条反动的资产阶级'夏(衍)陈(荒煤)'路线"的时候,他已经意识到自己在劫难逃。

那年,国庆节即将来临的时候,北京的大街小巷如往年一样插起红

五十年代荒煤在北京

旗,摆出鲜花,学生们又开始停课排练庆典歌舞,到处洋溢着节日气氛,但这欢乐气氛却无法感染荒煤,他必须对自己的问题作出深刻的检查,他的笔记记录了那些天的日程:

10.1　未去观礼,在家写检查,看材料准备电影检查问题。
10.2　下午在影协谈文殊检查。
10.3　晚约汪洋、陈昭、李牧、紫非四人等谈北影整风问题。
10.4　下午党组讨论全面检查草案,路线是否一条?
10.5　下午讨论党组检查。
……

他逐一记下每天的日程,却不能不想起1949年的那个国庆节,自己站在天安门观礼台上和北京三十万军民一起,聆听了毛主席向全世界的庄严宣告。当洪亮的声音响彻古老城市的上空时,广场上欢声雷动,鲜花、旗帜汇成了欢乐的海洋。裹挟在巨大的声浪中,荒煤的眼眶禁不住湿润起来,他知道为了这一天的到来有多少人献出了生命……如今战争过去和平终于来临,自己可以拿起笔来写自己想写的东西了……然而,他也不得不为自己的身份而苦恼——革命的胜利给他带来了荣耀的光环,官衔一个接着一个。那个年代的文人并不想做官,至少他是这样。一次,当他被田汉大声地呼作"荒部长"的时候,他浑身不自在甚至有些不高兴了！他曾经想方设法到部队去当记者,但回来后任命仍然在等着他。也就是那年,参加全国第一届政治协商会议时和周扬等人一起聊天,他一本正经地说起自己神经衰弱,不料夏衍笑道:"才是一个小伙子呢,有什么神经衰弱！"他吃了一惊,这才意识到自己的心态有些老了！不错,一个三十出头的小伙子就当上了中南军区和四野宣传部副部长,前途灿烂光明,但他却摆脱不了那种身不由己的惆怅……1964年的那个国庆节,荒煤一个人坐在家里,挖空心思地写着检查,多年来一直就不想做文艺官的心情再次浮上心头……他也不能不批判自己小资产阶级思想又冒头了,这是否是资产阶级世界观的表现？是否更加印证了毛泽东的英明论断:小资产阶级知识分子"总是经过种种方法,也经过文学艺术的方法,顽强地表现自己"。他说不清楚,只有不断地追问自己。

终于,经过一次又一次的被帮助之后,荒煤有了此生最"经典"的一次检查。之所以说是"经典",是因为在此之前,他所做的检查都是阶段性的、零碎的;在此之后,"文革"中的那些检查,简直让人感到荒诞;至于八十年代,他虽然也做检查,但那些检查确是抗争大于检讨。只有这一次,他是怀着一种真诚的态度梳理自己二十年间所犯下的错误,批判因错误给革命事业造成的危害,挖掘犯错误的思想根源,这是一次全面、系统而又彻底的检查。

1965年初,在文化部系统的干部大会上,他是这样开始自己的检查的:

自从整风以来,经过大家的揭发和批判,又参加了电影局的小组和北影厂的整风会议,大量的事实帮助了我、教育了我,认识到电影在我和夏衍的领导下,最近许多年来已经形成了一条完整地、系统地反党、反社会主义的修正主义的路线,顽强地对抗党的文艺方针,反对毛主席的文艺方向。

(《陈荒煤在文化部整风中的检查》,1965年1月)

他的检查长达三万多字,集中在一个问题上:"电影事业怎么样在国内外修正主义思想影响下形成了一条修正主义路线"。这是按照毛主席所说的"十五年来,基本上不执行党的政策"的基调来检查的。围绕这个中心问题,分为几个部分:一是从历史的发展谈电影是怎样在国内外修正主义思想影响下形成了一条修正主义路线;二是自己为推行这条路线所制造的理论根据,主要是反对教条主义、公式化、概念化,强调题材多样化、强调电影的群众性等;三是在贯彻这条路线时自己的做法,以及如何受到地方党委的抵制等。

检查是认真的,但也充满着痛苦。这痛苦甚至延续到以后很多年。直到晚年,他回顾这次检查的时候还一再说,是因为自己首先承认了"一条修正主义路线"才使得夏衍等人受到了牵连。他的说法显然夸大了自己检查的作用,整夏衍是江青等人蓄谋已久的,况且"夏陈路线"中夏首当其冲是"老头子"。但荒煤的这个说法却印证了他在不得不承认自己所犯下的错误的时候,经历了多么激烈的思想斗争,内心又有多么无奈和纠结。

多年后,读到荒煤的这个检查,有一个问题让我感到困惑:和延安时期一样荒煤此次的检查依然是被动的。如果说延安整风的被动来自于对领袖发自内心的崇拜,六十年代又是什么使他这样一个性情大胆且执着的人做出这样的检查?要弄清这个问题,或许必须回到当时的环境中去。荒煤面临的是强大的政治攻势,周扬事后告诉他,在一次向政治局汇报整风的会上,毛主席说:"荒煤不检查,送到北大荒挖煤嘛!"当时他并不知道有这个话,但越来越沉重的压力却是清清楚楚地感受到了。他尤其忘不了整风初起时,在一次毛主席接见外宾的场合,领袖一见到他就询问文化部整风的情况,并不顾有外宾在场,不高兴地说:"假的,有些同志老是讲双手拥护我那个'讲话'可就是不执行!"毛主席边说还边举起双手作拥护的样子,那举起的双手很长时间都好像一个巨大的罩子压在他的头顶上。那次会见后,和主席告别的时候,他突然有种冲动,想要向主席坦率地谈谈自己的想法,他觉得老人家并不了解文艺界的情况,但犹豫片刻他立即控制住了自己。他知道时光不可能倒转,再也不可能有当年延安窑洞几个人围着主席畅所欲言的情景了。再说,就是那次谈话后又怎样呢?他黯然地走出人民大会堂……此时,无论他是否清醒地意识到,对领袖的崇拜或许已经潜移默化地变成了一种惧怕——一段时间以来他一直有种很不好的感觉,弄不好自己连党籍都保不住,一个一向以党的利益为奋斗目标的人能够承受这种结局吗?他要面对的还有诸多同事和部下。对部下,他怀着愧疚之情。有不少业务骨干已经受到了牵连,他们不但要检查,还被排斥在工作之外,连他们的子女也会受到影响。他尤其受不了他们那苦闷哀伤的眼神,似乎是自己把他们引上了一条与党背道而驰的道路,每想到这些,他的心就好像被人捅了一刀。除此之外,他还要面对自己的家庭、朋友……整个五六十年代是一个政治高压的年代,社会中的每一个人都彼此关联、密不可分地被一条政治纽带紧紧地捆绑在一起,让人无法透过气来。除了认罪,荒煤已经没有其他的路可走。

　　他每天呆坐在书桌前冥思苦想,常常从白天一直坐到深夜,早已习惯了丈夫整日不着家的妻子,看着他匍匐在桌前的身影感到了不安。终于有一天,荒煤拿着自己一沓厚厚的稿纸给张昕看,当"形成了一条完整地、系统地反党、反社会主义的修正主义的路线,顽强地对抗党的文艺方针,反对毛主席的文艺方向"等字句跳入张昕的眼帘时,她惊讶了,虽然同在一个系统,她从来很少过问丈夫的工作,但有一点她是有数的,荒煤从来是认认真真地为党工作。望着已然是疲惫不堪的丈夫,她不解地追问:怎么会是这样?荒煤木然地回答:性质恐怕就是这样的。说这话时,连他自己也弄不清到底是真心还是违心了。

这样的一个检查给人们留下了深刻的印象,一位曾经参加了这次批判大会的老电影工作者说,那些检查和批判发言听上去简直莫名其妙、文不对题,但大家也知道,只有这样的检查才能过关。

检查之后,他被免职了。比预计的好的是,他保住了党籍,被调往重庆去做副市长(这很快就被说成是周扬保护了他)。对于免职,他突然有了一种说不出的解脱感。以往,他曾经不止一次地对妻子谈起,想要辞官去搞创作或者编杂志。他想象着那种情景:"只要给我两个人就够了,我就能把杂志编起来。"还开玩笑地对张昕说:"我就当一个自由文人,靠你的工资喝稀饭行吗?""喝稀饭就喝稀饭!"妻子应声回答,她对这个"官"同样并不看重。1961年,荒煤在与一些地方文艺官员争执不下时,曾经写信正式提出辞职但未获准许,如今虽然是在批判后被免职,也仍旧有种如释重负的感觉。他不能不感慨万分:终于可以远离文艺这个可怕的漩涡了!

一年后,荒煤在重庆获知周恩来在看过他的检查后说了一句:"不知荒煤是怎么想的!"这话让他久久难以释怀。他记起几年前一次和总理聊天中,总理突然问起他的年龄,他脱口而出:"年过半百一事无成!"这句话真实地流露了自己不能专心从事写作的不甘和无奈,但话出口后又觉得在总理面前这样讲有些冒失。现在想起来,一事无成的自己竟然一不留心,成就了一件"推行修正主义路线"的惊天大事。想到这些,他哭笑不得,心里真的好像打翻了五味瓶一般!

三　黑暗与光明

　　1966年,当荒煤在重庆看到"5·16"通知后,就知道自己要回北京了。果然,他立刻就收到了回京参加集训班的通知。他完全没有长期的打算,穿着双凉鞋,拎着一只装有简单衣物和材料的小箱子急匆匆上路了。临行,任白戈还安慰他说,大概开什么会,个把月就回来了。孰料,这一走就是九年。

　　这一次的政治风暴比任何一次都更加猛烈。开始是办集训班、群众专政、接受批斗,后来被捕入狱……九年——三千多个日日夜夜,他是怎样在煎熬中度过五十二岁到六十一岁这段人生宝贵的时光?他后来在公开场合或文章中很少提及。但是,刻入心里的印迹是不会消失的。很多年后,他还常常在梦里回到那个时候,"胸前挂着一块沉重的'黑帮分子'的牌子坠向无止境的深渊……"他总是在无望的坠落中猛然惊醒,睁着眼睛度过黎明前寂静的黑夜。

　　偶尔,他也会说起。那是在很小的范围内,于谈笑间翻开历史荒唐的一页。

　　一段时间里,荒煤每天都被批斗几次。一次,上午刚被斗完,下午他又按照通知赶往美术学院。走进学院大门,只见人声鼎沸,却弄不清会场设在哪里。于是,他找到一个红卫兵问:"批判大会在哪里召开?"红卫兵大概觉得他的样子可疑,机警地反问:"你问这个干吗?""我是来参加批判会的。"红卫兵追问他是哪个单位的,叫什么名字? 他老老实实自报家门。谁知话音未落,那红卫兵抡起胳膊便给了他一巴掌,大声吼道:"你怎么是来参加批判会的,你是来挨批的!"他这才发觉自己说错了话,连连点头认罪。那红卫兵教训一番后,把他带到礼堂后面的一个小屋子里,里面关着几个人,荒煤看看一个也不认识。

　　大会开始了,有人打开门把"牛鬼蛇神"们按名字一个个排好领走,却没有人来理会他。他等了一会儿,不知如何是好。溜吗? 不敢对抗革命群众;待在这儿,却没有人理。他犹豫了一下还是决定提醒他们。他慢慢地走到礼堂口,拉拉一个红卫兵的袖子,低声地自我介绍,这次他牢记刚才的教训,清清楚楚地道出自己的身份"反革命修正主义分子、文艺黑线人物、走资派……"那红卫兵猛然惊醒,发现竟然把一个大人物忘了,一边说:"哦,你来了,走,进去进去!"一边就把他的双手向后一背,押进了会场。整个下午他一直弯腰低头站在台上,身边口号声、呵斥声、打骂声不断,他仔细听听,发觉批判内容和自己毫无关系,自己纯粹是来陪绑的!心想,刚才何不溜呢……

他用诙谐的语言说着当年发生的一切,嘿嘿地笑着,眼睛里溢出了泪花,听的人都静默无语。

他说那时候,他们经常遇到几派群众组织争斗黑帮的情况,有时候为了把他们这些大黑帮抢到手,群众组织之间甚至动手打起来。一次,一个造反派组织半夜就把他们拉走了。为了不让另一派人发现,一会儿把他们拉到这儿,一会儿运到那儿;一会儿赶下车藏起来,一会儿又赶上车。有意思的是在混乱中,齐燕铭还很认真地对荒煤说:"这个小伙子,将来可以搞搞侦察工作呢。"

那天夜里,卡车最终把他们拉到一座大楼里,他们被赶进六层楼的一个房间,有的睡在桌子上,有的睡在地上。荒煤正好睡在靠近窗户的一张桌子上,他扭头望着窗外,浓重的夜色像张开了一张黑漆漆的大网,忽地,他心里闪过一个念头:跳下去!一切不就结束了吗!那念头牵扯着他,但他立刻又在心里大声反驳道:不,那样就是死不改悔的走资派,而自己是乐意改悔的啊!

四十多年前的那个凄冷的夜里,他们被关在一个不知名的地方,等待着天亮后被再次批斗,不知他们中间会不会有人就在那个早上倒下去再也不能站起来……直到此时,充满了困惑痛苦的荒煤仍旧没有放弃改造自己的念头,那正是延安带给他的信念——知识分子必须改造思想。然而,多年后,在他讲述这一切的时候我分明听出了他笑声里的酸楚,话语间充满着的嘲讽。他说:自己就是一个矛盾的产物,一方面奇怪、充满怀疑;另一方面又拼命地竭尽全力地检查自己,深深地触及灵魂——不知道这是他们这一代人的悲剧呢,还是他们这一代人的过人之处?!

正是怀着这样的心情,荒煤有了自己"文革"中最大的收获,那历时九年的光阴中一笔一画地写下来的、长达百万字的检查交代。

集中的交代是在被捕入狱之后,在一间看不到一点阳光终日点着灯的牢房里。白天不准躺着,也不能站、靠,只能坐着,实在坐不住就蹲着,要做的事情只有一件,就是被审问和没完没了地写交代材料。然而写好的材料,总也不能使专案组满意,交上去常常被训斥一顿又重写。他始终坚守了一点,上纲上线可以,但绝不编造事实。为这他没少吃苦头,说他不老实,说他对抗,弄不好就是拳打脚踢。最使他痛苦不堪的是要他交代历史问题。一段时间里,专案组对他推行修正主义路线的问题已经不感兴趣,他们逼着他交代"叛徒"问题。"文革"过后他才知道,此时专案组正为他的"叛变问题"大伤脑筋。江青一口咬定他是"叛徒",她在接见专案组工作人员时说:"陈

荒煤"文革"中所做的唯一事情,就是写了上百万字的交代材料

荒煤不能够没有任何材料，没有证据！"专案组工作人员报告说："没有找到。"她仍然坚持道："怎么没有呢？他叛变了。"直到"文革"后在审问"四人帮"的法庭上，她仍然无理取闹地叫嚷："陈荒煤就是叛徒，材料有那么厚！"

　　日复一日的折磨终于使荒煤的忧郁症复发了，晚上他无法睡觉，听着从对面房间里传来的尖锐的哭喊声，心酸难忍。白天他长时间地坐在那里，不说话，也不想吃东西，两眼呆呆地望着牢房里那扇被封死涂黑了的窗户，觉得心里也被贴上了一大块黑膏药。奇怪的是，在黑暗中，一些早已淡忘的往事却一幕幕放电影似的出现在面前……他想起了三十年代被关进国民党监狱的日子，那牢房在高高的后墙上有一扇小小的装有铁栏杆的窗子，有时会吹进一股使人感到清新的风，一天里多少还能看到一点带着粗大的铁栏阴影的阳光，让人感觉到是活在这个世界上。而现在，在自己人的监狱里，连唯一的可以通向外界的窗户也被涂黑了，这就意味着对他封闭了空气、阳光和生机，封闭了一切可以想象或可以让人感到活着的通道……

　　他也想起新中国成立后第一次回到阔别十几年的上海，巴金、靳以请他吃西餐。畅谈中，靳以突然问他还想不想写小说，他当时竟然被问住了，一时不知该怎么回答。回到武汉，他很快就收到巴金寄来的一大包译著，打开扉页，那上面都有一个"梅"字，是自己当年的签名。巴金在信上说，他在清理文化生活出版社的存档时发现了这批书，想荒煤还是会很喜欢它们的，特意寄还给他，另外发现有些他的手稿，觉得应该保存，就直接寄到北京图书馆去了。巴金还说，他能想象荒煤工作很忙，但仍然希望他能抽空写点小说。收到书的那天晚上，荒煤几乎通宵失眠。他知道巴金触动了他内心最深处的东西……时光流逝光阴似箭，多年以来，他一直期盼着能有一个机会，可以不做任何杂事专心写作，没有想到的是，这机会竟出现在监狱里，在写交代材料的时候，这让他感到更加难以忍受。

　　1968年底到1975年春天，在监狱的高墙下，荒煤怀着赎罪的心情一遍又一遍地写着交代材料。

> 我尽可能地回忆一切，从我童年时代，从我的父亲以及了解极少的祖父、外祖父的出身、经历写起，一直写到我如何"从三十年代到六十年代一贯推行反革命修正主义文艺黑线"（我被释放时宣布的三条罪状中最主要的一条）。为了挖思想根子、向党交心，我的确做到了把我所能回忆起来的一切，都尽可能详细地写了"触及灵魂"的交待材料。

（《难忘的岁月》，《陈荒煤文集》第二卷）

这些材料有按照编年写的，有分专题写的，有根据专案组的审问写的……这是他此生所写检查数量最大、最细，上纲上线也最高最狠的检查。很多年后，当这些东西重新交还给他之后，我曾经不止一次地阅读它们。每翻开那一张张专案组编着号码的纸页，也似乎聆听到那个时代的血雨腥风。读着它们，我有时会感到毛骨悚然，是什么力量迫使荒煤给自己戴上那么多莫须有的帽子？我曾经询问过别人，有人平静地告诉我那个时代大家都是这样做的！这个回答却使我更加困惑。后来我读到夏衍的一段话，我知道那是一个多么可怕的过程，其中起决定作用的可能是暴力——来自自己人的暴力，和那种你将被整个社会遗弃的绝望，它的冰冷和残酷渗透每一个细胞，可以让任何一个坚强的人低下骄傲的头颅！荒煤他们走过了这样一条无望的路，有的人中途倒下，他们却在荒唐和残忍中顽强地生存下来，真正支撑他们的是多少年前领袖发布的千古不变的知识分子改造定律，还是他们久经磨砺仍深藏于心的另一种不可泯灭的人性声音？……这真是一个难解的谜！"文革"过后，那整整一箱子的检查退给了荒煤，还附有一张密密麻麻的清单。荒煤看过后，苦笑着把它们放在一边说：应该把它们送到博物馆去。他很少再去翻动那些厚厚的纸页，但我知道它们永远在那里，以一种特殊的形式在表述着什么，警醒着什么。

荒煤"文革"后重返重庆图书馆，在自己抄写卡片的桌子前

1975年，由于毛泽东对周扬一案有了批示，荒煤得到释放，结论是开除党籍，回地方分配工作，发给生活费。这或许是荒煤人生最黑暗的低谷，他被押上火车的时候，从车厢的镜子里看到了自己，他呆呆地看着眼前这个面容枯槁的陌生人，意识到从离开重庆的那天起，时间已经过去了很久，自己究竟被改造得怎样不知道（他后来总结说这个世界上最难，最不可实现的就是改造世界观了），但整个脑子怕是已经废掉，再也不能工作了……

然而，没有想到的是，三年后的那个春天，荒煤这个看似已经废掉了的人又回到了北京，又站在了天安门前。尽管他已经习惯了这种从高峰跌入低谷、又从低谷跃上高峰的大起大落，但当他行走在熟悉的大街小巷，站在昔日朋友的家门口时，也依然觉得恍如做梦一般。

他没有立刻回到电影界，而是来到了建国门外的文学研究所。初次和文学所同仁见面，他与众不同的风格便让人们颇感惊讶，忧郁中带有桀骜不驯，沉稳中又充满自信，人们很难相信这是一个刚刚在监狱中孤独地度过七个年头，仅仅两个月前还在重庆图书馆里搬书、抄卡片的人。

事实上,他迎来了人生的又一大转折。第一次拿起笔写文章的滋味是刻骨铭心的,"这的确像一场战斗,手发颤,笔很沉重,有时候,连很普通的字都记不起来,更不用说,寻找表达真实心情的恰当的词句有多么困难……"幸运的是,他凭着坚强的毅力很快就克服了最初的惶惑和艰难。他夜以继日地投入工作,觉得自己迎来了一个真正的春天。然而,麻烦也立刻尾随而来,最初还是在电影的问题上。

1978年8月,重返文坛四个月的荒煤应邀到昆明参加学术会议。在一次与当地文艺工作者座谈时,他提到了电影《阿诗玛》,并希望能观看这部以宣扬"恋爱至上"为罪名,被康生和"四人帮"封存了十四年,至今未与观众见面的电影。他的提议得到了全场长久热烈的掌声。

会后,热情好客的当地政府把参加会议的代表邀请到石林,参加撒尼人的火把节。他看到了耸立于石林的酷似阿诗玛的天然石像,并和那个传说中勇敢美丽的姑娘合影留念。这天夜晚,他失眠了,眼前总是闪烁着火把节上那驱邪的火把爆裂开的梦幻般的火星。他想到了电影《阿诗玛》的女主角和其他创作人员的悲惨遭遇,更想到了许多仍封存于冷宫的影片,那些背负着各种罪名的电影工作者们……怀着难以抑制的激愤和悲伤,他回到北京后,写作了重返文艺界后第一篇关于电影的文章——《阿诗玛,你在哪里?》。

这篇发表在《人民日报》文艺版头条的文章,标题采用了荒煤的手写体,文章以犀利的笔锋控诉了"四人帮"对艺术和人性的摧残,文尾发自内心的呼唤,更是让许多读者久久不能忘怀:

  回忆使我感到疲倦,我闭上眼睛,朦胧入睡了,但是,在耳边还似乎听到影片开始时,阿黑的呼喊声:
  "阿诗玛,你在哪里?"
  同时,却也听见阿诗玛回答我:
  "你们来叫我,我就应声回答!"
  (《阿诗玛,你在哪里?》,《人民日报》1978年9月3日)

1978年,荒煤在云南石林阿诗玛石像前

文章发表后在社会上引起强烈反响。编辑部收到了许多读者来信,有关方面还立刻报道了女主角杨丽坤的近况。一个月后,文化部长黄镇作出了给杨丽坤平反的批示。云南省歌舞团紧急派人赶往上海,在一个精神病院里找到了杨丽坤。昔日美丽的姑娘早已面目全非,出现在他们面前的是一个痴呆惊恐的女人,那情景任谁都不能不黯然泪下。

然而,荒煤的文章还是惹恼了文化部的一些领导人,他们翻箱倒柜地查找证据说荒煤"文革"前看过这部片子,影片没能放映他也有责任。其实,明眼人立刻就看出了问题的症结所在,这正是荒煤文章中所说,奇怪的是"这部好影片却至今没有公开上映"! 在那个乍暖还寒的时节,荒煤的呼吁被人们说成"是时代的呼唤"、"是千万群众对健康的文化渴求,对人性满足的呼唤,对真善美的呼唤"。相反,一些被"两个凡是"禁锢手脚的领导人却很不高兴,他们认为文章在给他们施加压力,责问报社为什么在发表前不打招呼,使他们"很被动"。一时间风风雨雨，连担任社科院院长的胡乔木也出面过问此事了。

荒煤不觉得自己有什么错，他的确不记得自己当时是否看过影片了，即便看过，也不能否认影片被"四人帮"枪毙、演员导演在"文革"中惨遭迫害的事实。从后来查找到的残缺不全的档案中看到，他是曾看过影片，并给予充分的肯定，直到文艺整风片子无法放映时还提出可拿到国外去放映……尽管如此，从照顾团结和尊重胡乔木意见出发，他还是给社科院党组写了情况汇报，并委托转文化部。文化部不依不饶，进而要求他就自己看过影片这一细节在《人民日报》进行更正。在迫于"照顾关系，尊重党组意见"的压力下，荒煤只得在《人民日报》发表来信，说明自己曾经看过影片。他充满了郁闷："我如不从大局考虑，我倒真想把全部情况给邓副主席写个信。看我到底犯了多大错误。无非罢官，去作老百姓而已。"（荒煤致周扬信）才刚刚返回北京四五个月，就弄得"无非罢官"了，尽管这个官只是个研究所副所长。他愤愤不平地对周扬说，自己以后不再对电影发表意见了。他取消了为纪念新中国成立三十周年发表总结电影创作成就的文章，并从电影出版社撤回准备出版的电影论文集，这已是论文集第二次撤回了，第一次是1964年。

一场看似不大不小的风波，让他刚回文坛就经历了一次不愉快。回头看，这其实是一个最初的告诫，向前走的步子不能迈得太大了，要顾及左邻右舍，这是官场规则。荒煤忽略了这一潜规则，重回文艺界的他被形势所鼓舞着，压抑了十几年的感情和觉悟都要爆发，他在短暂的时间里，迅速地从一个被遗忘的角落走向思想解放的前沿，其活跃姿态令许多人惊叹。与此同时，他在如何认识十七年文艺问题上、如何对待伤痕文学问题上、如何看待三十年代等问题上与一些人越来越激烈的分歧，也使他很快就从欢呼"文艺春天"到来的兴奋中陷入到争执的纠结和困顿之中。不过，这并没有使他却步，即使对《阿诗玛，你在哪里？》一文，他也坚持了自己的态度。两年后，在编辑出版散文集时，此文是否需要说明？荒煤仔细阅读自己的文章，写

下了这样的文字:

> 写这篇文章,当时确实出于一种义愤,既是对青年演员杨丽坤同志受"四人帮"迫害的悲惨遭遇的同情,也是控诉"四人帮"扼杀《阿》影片的罪行,丝毫没有发泄任何个人牢骚的意思。但不知道为什么,却引起一场不大不小的风波,特别是查到我曾经看过两次样片,就更加证明,我似乎别有用心。……好在自己扪心自问,一生中写的文章不算很多,也不算少,却还找不到一篇文章,是为了要攻击某个以"同志"相称的个人的。
>
> (《荒煤散文选·后记》草稿)

或许是不想再刺激对方,或许还是那个不得不服从的原则"照顾团结",荒煤并没有把自己所写的这个"后记"拿出来发表,但在散文集中他却固执地保留了自己这篇散文的原文。

> 现在重读这篇旧作,仍觉整个文章的情绪是饱满真诚的……万一有人要做考证,还尽可以去查档案,我又何必修改原文?
>
> (《荒煤散文选·后记》草稿)

1979年12月,荒煤在怀念齐燕铭的文章中说:"真正了解一位老同志是不容易的。因为他们经历过革命风雨的锻炼和考验,原来性格中的某些东西已经被掩盖了,只能在一些特定的场合下才又重新显露出来。"八十年代初正是这样的一个特定的场合,新的历史机遇为人们搭建了一个展示自我的大平台,而从那些像荒煤一样有着双重身份又经历了种种考验和磨砺的人身上迸发出来的奇异火花,显现的或许正是他们"性格上本质的光辉"。"就像一颗看来浑厚的宝石,平时看来无甚光彩,但一旦在红日直射下,风雨闪电中,强光浸透时,才变化无穷地闪耀着种种动人的光芒。"

1979年回上海,与电影艺术家们重聚(前排左三荒煤)

四 无法挣脱的夹缝

1980年的最后一天,周扬给荒煤打电话说,已经决定他仍回文化部做副部长,主管电影。要他考虑文学所新的领导班子问题,并尽快将工作重心转到文化部去,还说作协的工作他仍要兼管。

这个电话让荒煤在新年来临之际充满了感慨。文学所的两年十分不易,一个被"文革"搞得七零八散的研究机构总算走上了正轨,现在又要离开刚刚熟悉的岗位,回到那个充满了麻烦的地方去,一时间心里真是五味杂陈。他对电影的感情不是一两句话可以说清楚的。电影给他的伤害太深了,1952年朋友们对他的警告就好像一语成谶,后来所发生的事情都被一一证实。他发誓远离电影,可是回到北京后,才发觉自己的心还是没有离开电影。

一开始,他关注着报纸上的电影广告,像孩子一样往电影院跑,自己掏钱买电影票,遇到感兴趣的影片上映总要千方百计地挤时间去看。他说坐在普通观众中看电影很有意思,通过观众发出的声音可以得到很多信息。很快,电影界的人们就开始不断地给他们的老领导送内部电影票了。那时候,文艺刚刚解禁,放映内部电影成了京城一大盛事。他带着文学所的人到处看电影,我也成了四处送电影票的人,记得给张光年、冯牧、孔罗荪、许觉民还有很多人都送过电影票,甚至巴老来京开会荒煤陪同看电影我也荣幸地尾随其后。再后来就不是看外国电影了。新的片子拍成,导演们总是千方百计地邀请他去审片,发表意见。他不仅自己去,还带着文学所当代、理论组的研究人员频繁地出入电影局的小放映厅。他早就把自己"不触电"的话抛到脑后。他不断地对文学所的人说,搞文学的人一定要了解和懂得电影,又不断地对电影界的人说,剧本不能没有文学……与此同时,电影界的人更是不让他闲着,不论是在办公室,还是家里,总有人推门而入送来剧本,他虽然嘴上一再说不管电影的事情了,但一会儿因为是老朋友不能不管,一会儿又因为是年轻人应当支持……总有理由让他放弃自己的诺言。他的书桌上床头柜上再次堆积起大量看不完的剧本。事实上,即便是在重庆管工业的那段时间也有人千方百计地打听到他的地址,给他寄剧本征求意见……他和电影千丝万缕的联系真是扯也扯不断。

就在接到周扬电话的那个晚上,荒煤又接到冯牧的电话,告知影片《太阳和人》(《苦恋》)的问题,荒煤知道自己刚一起步就遇到了麻烦。

元旦过后,他接连两次认真观看了影片。他不认为这部片子有政治问题,只是一些细节应该修改,但有一种声音却一再把影片推向另一个方面,把作者推向另一个方面。他们要求对影片进行批判,并据此把矛头指向文艺界主张思想解放的领军人物,"你们对中青年的缺点不批评,把他们搞成这个样子,难道你们不负责任"!在《苦恋》的问题上,荒煤和周扬、夏衍等人一直坚持了应当允许作者修改而不是批判的意见,这个看上去简单的"修改"却让很多人纠结其中。一些人从根本上反对修改,认为修改不过是托词,是对作者错误思想的庇护;作者和一些年轻编导则对修改不甚理解;而荒煤等人却正是因为坚持修改而一再受到攻击。

1983年底,在事情过去了几年后,关于《苦恋》的问题再度被提及。在清理精神污染的运动中,文化部党组宣布要继续清查《苦恋》问题。会上,一些人揪住不放。坚持对影片进行修改究竟是不是违背了中央精神?几乎成了一件无法说清楚的事情。荒煤那段时间的日记记录了当时的情景:

(1984)元月四日

下午参加部党组整党学习会议,摆情况,几位同志都提到"苦恋"和×××问题,我得好好回忆一下。

晚查阅一下过去的笔记本,都记得很简略,不能对整个过程叙述清楚。

元月五日

下午党组会继续座谈。

我补充了有关"苦恋"一些情况,我记得耀邦同志当时确说过文艺界由于多年的批斗,如惊弓之鸟,《人民日报》未转载军报文是对的。

元月二十一日

寻找材料,找人谈话,想对"苦恋"问题整理一个材料。翻了许多笔记本,愈感此问题的复杂性,应慎重考虑。

元月二十二日

上午到冯牧家谈一些文代会情况,核实一些材料。

元月二十三日

上午张僖应约来访,核实一下四次文代会的某些情况。我决定写信给穆之、巍峙说明"苦恋"处理经过。

元月二十九日

写信丁峤并转巍峙,简要回顾一下"太阳和人"的处理经过,都是按中宣部和中央领导同志指示办理的。建议慎重研究向群众说明。

荒煤承受了很大压力,在仔细回忆情况、认真查找材料并与相关人员进行核对的基础上,他给文化部两位时任部长写信说:

> 自党组在干部大会上宣布党组经过学习,继续清查原党组对"苦恋"问题的处理,就感到不够慎重。据我个人了解的情况,从双片送审以来,都是经过中宣部领导和中央领导同志直接处理的。任何重大事件都不能脱离当时的具体历史条件来分析,有些内情现在是否适宜向群众公开引证说明?否则,容易造成一种印象,或者党组当时确有严重分歧,有人不愿与中央保持一致,不执行中央的指示,甚至欺骗了中央,没有坚决按照中央的意见加以处理。
>
> (荒煤致丁峤并转周巍峙信,1984年1月29日)

荒煤在信中分列十二点梳理了中央对《苦恋》问题的精神以及文化部当时的处理办法,特别强调:"据我的笔记,耀邦同志在肯定这几年文艺工作还是有很(大)成绩之后,谈到《苦恋》问题讲'克服缺点错误,一定要采取较妥善的办法,由于历史情况,大家很敏感。文艺界受惊的情况很严重,(是)惊弓之鸟,要格外注意'"。"小平同志认为解放军(报)发表文章批《苦恋》是对的,但文章态度不好,方法不对,说理不足"。"乔木同志赞成修改,并提了具体修改意见,我记得他还认为,结尾最好是画家活下来,重新开了一个新的画展。"荒煤这封信的结论是:中央从来没有指示停止对影片的修改,"即便是在解放军报发表文章后也没有向文化部提出过意见,要停止修改,或批评我们进行修改是错误的"。以此证明坚持"修改"并没有违背中央的意思,"是按照中宣部与中央领导同志指示办理的"。

荒煤据理力争。对整个事件存在的分歧他心如明镜,但他坚持了一点,既然中央没有通知停止修改,坚持修改就没有错,不能因为形势变了就不顾当时具体情况乱扣帽子乱打棍子。他还建议应该把材料整理出来,"党组根据材料认真讨论后再研究如何向群众讲明"。有了1964年整风和十年"文革"的沉重教训,他坚持实事求是精神,拒绝被他人所左右。"这一辈子的检查写的太多了。"直到八十年代还要在夹缝中求生存,对此,他感到愤懑和无奈。

然而,他要面对的绝不止《苦恋》一件事情。他注定还是要和检查打交道。1月10日的日记中他写道:

> 下午党组学习,默涵发言,目标仍对准我不放。提出几个认为文化部要注意的问题。
> 1 所谓赵丹事件,我写了悼念文章,我站在哪方面?
> 2 三刊物回忆讨论人性、人道主义问题。
> 3 重用×××问题,甚至又扯老账……
> 我极力平静也发了言,但仍不免有些激动。

1984年的那场学习,有关人性人道主义问题也是他被抓住不放的一个重要问题。

人性人道主义在历史上从来就是一个棘手问题。1981年起,全国各报刊对这一问题进行了持续深入的讨论。1983年1月《文艺报》、《文艺研究》、《文学评论》三家报刊编辑部联合召开新时期文学与人性、人道主义问题学术讨论会,讨论的范围突破了原有的概念范畴,主要联系近年来文学创作的实际,探讨文学艺术在塑造人物、表现人性方面的成败得失,以及社会主义与人道主义的关系等问题。

那是一段极其忙碌的日子。元旦一过,荒煤就飞往上海参加全国故事片厂厂长会议。一连十几天听会、参加讨论、准备发言、与老电影工作者座谈、和中青年导演交流,还忙里偷闲兴致勃勃地和老朋友们聚会在上海老字号餐馆,品尝江南美食畅谈三十年代往事……

直到北京打电话要他回来参加文联理论工作会议和人性、人道主义讨论会。

29日,荒煤在人性、人道主义讨论会上做了发言,对近年来文学创作表现人性方面的突破给予肯定,认为文学是人学,表现人性是文学创作的客观规律,而重新认识人性问题是现实生活对艺术的要求。他列举不久前看到一部影片的情节:男主人公办案,遇到孩子病危仍坚持不回家,当任务完成后孩子没有了,男主人公一脸平静地对妻子说,你要知道,我们都是共产党员,不是普通人。荒煤说自己看到这里倒吸了一口冷气,共产党员就没有人性了?这不是文学是政治说教!文学必须真实地表现生活刻画人物。发言中他还谈到日本、法国电影工作者在一些影片中对两性关系的描写,认为这是特定的经济制度和社会历史条件下的产物,"要反映那个社会,反映这一部分人的生活,这个问题就回避不了,如不写,怎么理解这个人?"他的结论是我们对西方文化不应当简单地扣上一顶政治帽子加以否定,首先应当了解,具体分析,取其精华。

会后,他的讲话很快就走样了。有人说这是一个"秘密会议",冯牧的发言反对批判人性论人道主义,而荒煤的发言更是提倡人性论甚至鼓吹性解放。有人一直告到中央纪律检查委员会,中纪委在给中央的一个报告中谈到对这次会议的反应时说"陈荒煤同志发言中讲到日本、法国的社会生活,青年男女随便同居,实行性解放,说这是人性的组成部分"。一时间沸沸扬扬,陈荒煤提倡性解放成了文艺界一大传说。

还是1984年元月,荒煤将自己的发言稿送交文化部党组,并写信说:

> 有同志向中纪委控告这是黑会……中纪委已派人到作协调查,并向社会科学院文学研究所取走了我讲(话)的录音带——已退。有关会议的情况三刊已写了报告给中宣部。

我请文学所所长许觉民同志派参加过会议一位同志认真负责地把我的发言根据录音记录下来，不作任何修改和补充，听不清的地方就注明听不清，换录音带的地方中断的就注明中断，保持原来讲话面貌，为了领导上了解、审查而用。我并告觉民同志妥善保留此录音带，倘部党组整风办公室要再核对时，随时可去取用。

我重看讲稿，限于理论水平不高，有些问题没有讲清楚，缺点和错误都可能有的，我下阶段清理思想时可作检查，进行自我批评，请党组批评。但从全文整个精神、主要内容来讲，不能认为是在提倡人性论鼓吹性解放。

（荒煤致朱穆之、周巍峙信，1984年1月25日）

短短一个月的时间内先后两次给文化部党组领导写信要求澄清事实，可见荒煤对于所承受的压力充满抗拒之心。他太累了，日记中不断出现"疲劳不堪"、"疲惫之极"、"夜不安眠"的字句，"从事文艺工作半个世纪，总是感到负重前进，坎坷太多，常使人不知所措，挫其锐气，如此状况，振兴何易？可叹！"（1984年4月15日）……

这年秋天，整风进入后期阶段，学习中的荒煤常常有种感觉："忽然目标似转到我这里来似的……"与此同时，周扬、夏衍等人在学习中亦受到更加激烈的批评。面对此种情况，荒煤认真思考改革开放以来文艺界存在的分歧，梳理思想，认为有必要重申自己的观点。8月8日在讨论文化部党组集体对照检查的定稿时，荒煤再次写信致党组领导：

着重检查右，不等于说"左"的情况不严重。如思想不解放，恐怕主要来自左的干扰。例如知识分子落实政策，入党难，提拔干部论资排队，长期不能解决中青年有才能的业务人员的待遇低，不能制定合理的报酬——也是向钱看的一种因素等等。恐怕都是左的原因。

再如在业务领导方面，很少提出按照艺术规律办事的问题，很少强调艺术特性,只提加强而不提改善党的领导问题。

因此,建议在前面对左的问题也应总的讲一下。

(荒煤致朱穆之、周巍峙信,1984年8月8日)

写这封信时荒煤的心情十分凝重,"很少提出按照艺术规律办事的问题,很少强调艺术特性,只提加强而不提改善党的领导问题"。这些言辞太熟悉了,历史的车轮向前转动了几十年,问题却还是一个,这真的好像有很大的嘲讽意味!

还有更多让他纠结不已的问题。

1983年荒煤退居二线后倾其全力筹建中国电影艺术中心。电影艺术中心是在电影资料馆的基础上建立的,曾经的功能主要是为国家保存档案,为中央领导提供内参片。荒煤提出改变以往的状况使资料和研究相结合,这是他力图调集电影界分散的学术力量,改变理论研究落后于创作实践的一次大胆尝试。他的设想一开始就引起了激烈的争论,有人嘲笑说:"还闹腾什么呀!"他说:"我没有什么野心,无非是想把研究力量组织起来发挥作用。"在他的一手策划下,中心一成立就开展了一系列让人耳目一新的学术活动:举办专题电影研讨会,创办理论刊物,编写大型电影丛书,建立培养研究生基地……很快就搞得风生水起红红火火。

秋天的北京,电影界的研究人员集中在红叶飘逸的西山,从电影资料馆调集一百多部国产影片,用近半个月的时间进行观摩讨论。那一部部封存已久的经典之作,一次次延至深夜的有趣话题,还有回响在山间幽静小路上的争执和笑声,都给很多人留下了终生难忘的印象。之后,电影中心又连续举办英国、日本和法国等大型外国电影回顾展,力图在促进与各国电影文化交流的同时,让电影界文艺界更多地了解世界先进电影文化,学习借鉴国外电影先进经验,激励中国电影的创新实践。在一系列活动的带动下,小西天影评一时成为电影评论最为权威的品牌,小西天观摩也成为吸引无数人眼球的一件热事。电影中心的门前时常人声鼎沸,一票难求。

然而,外国电影的放映很快也引出了别的问题。有人认为影片中的性爱镜头会腐蚀年轻人害了孩子们。有"大姐们"给中央写信说:"在'中国电影艺术中心'举办的英国和意大利电影回顾展期间,有的青年看了影片里有男女赤条条滚在一起的情节时,竟说真过瘾!在电影艺术中心的大门口,整天都围着上百人,绝大部分是青年,手中拿着人民币,口喊着:'买票买票,谁有票?'……"也正是这个时候,在举办法国影展时,影片《火之战》因出现原始人类性交镜头引起了争议。由于传言影片很"黄",开演前门票被一些人炒到六七元一张(当年一张电影票起步价两毛,一斤猪肉八毛左右),领导部门闻风审查,一纸禁演令下达,引来法国使馆官员的抗议。而在许多电影观摩的场合不得不采取了这样的措施,逢到影片中出现可能被誉为"黄"色的镜头时,银幕上立刻就出现了放映员挡住镜头的大巴掌,引来全场观众的哄堂大笑。

随即,接到中央批示:"对过去一个时期放映的影片作出检查和总结","主要负责人必须作出检查"。棍子再次落在了荒煤的头上。他给中央写信说明举办电影回顾展的初衷,汇报电影回顾展的组织程序,以及阐释应当如何学习和借鉴外国电影经验等等。对那些所谓的"负面"影响,他也不得不承担责任。

有年轻朋友给他写信:"刚刚听说中纪委要处理法国影展的事,真让人伤心。您千万别气,您为中国电影文学所做的贡献,是大家不会忘记的!!!"他有什么可气的呢,和过去几十年经历的波折比这根本算不上什么,但他却又不能不再次为电影的前景担忧。他在1986年1月15日的日记中写道:

> 下午在八宝山见到起扬,说有关法国影展要处分我们问题。中纪委说不同意文化部党组意见,似乎坚持要处分。不知如何解决,不管它吧。
>
> 近日报纸已公布,国务院向人大建议,电影系统并入广播电视部。
>
> (荒煤日记)

1990年,荒煤与从台湾归来的妹妹陈光仪相聚,右一为本书作者

  电影就是在这种时候归并广电部的。对这一决定荒煤是不赞同的。他认为电影作为一门艺术独立于媒体之外,他担心电影归并广电会更趋向宣传。他曾经写过报告论述电影和电视密不可分的关系,其目的是希望在电视创作不发达的情况下以电影创作带动电视创作,这和归并是两码事。为此,他给胡乔木写信,给中央写信,阐述自己的观点,但这都没有用。夏衍以他老辣的眼光告诉他,归并的目的其实是有人为了要电影摆脱"夏陈",这倒真的了断了他力争下去的念头。不过想想,心中不免愤然:"夏陈"到底是什么人呢,需要这样视若洪水避之不及!

  还有更蹊跷的事情在等着他。1987年5月,广电部突然通知撤销电影艺术中心,引起了电影界一片哗然。混乱中有小道消息从上面传出,说这样做其实是针对陈荒煤的,这倒再次印证了夏公的话。此时,荒煤即便再愚钝也清楚地感受到了。这一次,他知道自己必须妥协,保住中心是第一位的。经过慎重思考,他同意撤销学术委员会,但提出保留中心,保留研究生部。经过力争,中心和研究生部保住了,学术委员会撤销。荒煤作为学术委员会主任，失去了对中心的话语权，他主动要求不再担任研究生部领导小组组长，只保留正在带的三个学生的导师资格。

从1984年到1987年整整三年的时间里，荒煤为电影艺术中心呕心沥血，中心成了他为电影所坚守的最后一块阵地。现在，阵地没有了，他这个老兵还有何用？这块煤石还怎么燃烧？！

然而，他很快就平静下来。他早已到了颐养天年的岁数。再说，还有人照旧给他送剧本；有人期望他写评论；他也依然来者不拒——即便是名不见经传的小人物只要认为值得就满怀热情地支持。他的身影频频出现在一些规格不高的会议上，言之灼灼地谈着自己对电影的意见，让一些人感到敬佩让另一些人觉着耿耿于怀。他还借助社会力量开办了一个培养电影剧作者的刊授学院，尽管办得磕磕碰碰；他还开始着手创立夏衍电影学会，尽管有人厌烦，他还是要把这面旗子举得高高的……每逢投入到这些工作中，他那张少见笑容的脸上，便浮现出一种深情的微笑。

1984年春天的一个晚上，我跟随荒煤探望他的一位老朋友，拜访结束后，他说想在街上走一走，我们便沿着西长安街向前走去。那晚，街上行人熙攘，柔和的晚风迎面吹来，空气中有种淡淡的说不出的花香。我们走着，荒煤突然停住脚步对我说："想想，这一辈子我真是做了多少次的检查啊！总是在做检查、斗人和挨斗……真是一点意思都没有！一点意思都没有！"他摊开双手，无奈地摇着头，用力地让每一个字从嘴里蹦出来，脸上的苦笑就展开在那一道道深深的皱纹里。

我望着他，知道他正在做这一辈子里"多少次检查"中的一次，只是不知道这是不是最后的一次？在他的人生路途中，检查就像一个甩不掉的影子，永远追随着他，他苦恼、认真、执着，也依旧被每一次的检查压得喘不过气来……

也就是在"清除精神污染"学习的同时,他写下了令人颇感惊讶的散文《梦之歌》,发表在《收获》杂志上:

我上哪儿去?我感觉我自己似乎已经没有任何亲人和家了。我只是孤独地茫然地向前走。

我走了许久许久,走过许多曲折的崎岖的山路,最后走进一个幽静和美丽的山谷。

我疲劳极了,由于饥渴,我再也支持不住了,我倒在大地上,感到一阵阵昏眩。

这是一个生气勃勃,明媚的春光笼罩大地的早晨。东方灿烂的霞光正展开了广阔的翅膀,扫除一切阴暗,把光明与温暖来覆盖人间。

我匍匐在一片茸茸的草地上,把脸儿紧紧地偎依在这异常柔和、光滑湿润的草丛中,一面又尽情地用我那干枯的嘴唇,把他们身上所有晶莹的露珠都吮吸到我的咽喉里去。

……

(《梦之歌》,《收获》1983年第3期)

难以想象,一个人一边做着沉重的检查,一边又写出这样色彩斑斓的文章!

这每一个字符里,似乎都流淌着作者发自内心的异常温柔的希望和梦想,又充满着超越现实环境的抗争和无限的痛苦、挣扎……

许旌展

人去楼空

人 去 楼 空

2006年的冬日来得较晚，秋天过后天气迟迟不冷，我们就在那该冷不冷的天气中懵懂着。

一天，突然听到消息，许觉民先生病重，癌症转移到脑子了。那消息来得很突然，我对着窗外灰蒙蒙的天空发了好一会儿愣，才想起这世上总是随时会有一些我们始料不及的事情发生的。

当天下午，我就和几位同事一起赶到医院看望老许，他躺在病床上，面色青黄，双颊塌陷，身子的一侧已经不能动了。我握住他放在被子外面的一只手，他回应了一下，很快就把手缩了回去，好像有些怕似的。他似乎看不清我们，他的手也不再像过去那样温暖而厚实，凹凸的手骨在布满皱纹的皮肤下显露着，手很凉，是那种病重的人渐渐失去生命活力的凉。我无法想象，一个人浸在黑暗中，感觉到冰冷慢慢地在体内聚积，一点点地把热量挤出去，然后越来越沉重越来越无可奈何地把自己包裹住，那会是一种什么样的感觉……老许的脑子还算清醒，他对着我们，实际上是对着空间平静地说，自己只是脑血栓了一下，没有什么，年纪大了……说话的时候，他的脸上努力泛起一线笑容。

从医院出来，我很有些伤感。大约是在半年前，一个阳光明媚的日子，老许还兴致勃勃地参加了樊骏先生邀集的一次聚餐，席间兴高采烈，谈笑风生，除了为眼睛不好、不能看书而苦恼外，几乎看不出有什么

许觉民于八十年代

大毛病。参加那次聚餐的都是老前辈,我和我的先生年龄最小,承担跑腿任务,饭毕就送老许回家。一路上,他兴致很高地问长问短,他和我父亲是老熟人,有着共同的朋友,因而每次见到我他总是要问起父亲的身体情况,那天我一直感叹他的身体和记忆力比父亲好得太多了,他听了越发的来劲。车子停在社科院皂君庙的宿舍院里,老许住的楼房是二十世纪八十年代后期盖的那种五层砖房,外表普通,内里设计简陋,虽然当时还属于高级知识分子的住宅,如今时过境迁在周围耸立的高楼大厦映衬下,已经显得很陈旧。我送老许走进窄小的门洞,站在狭长的楼梯前,他一手挂杖,眼睛望着我,忽然孩子气地笑着说,我给你表演一下吧!还没等我弄清楚他的意思,他已经一手拎起拐杖,另一只手抓住楼梯扶手,噔噔地快步拾级而上。那楼梯有十几阶,而且还高低不一,他的视力又那样差,我完全给吓住了,大声喊道:慢一点!别跑啊!说话间,他已经从上面的楼层转过身来,对着我得意地笑了。我一边急忙往上跑一边说,千万不能大意呀!万一骨折可就受罪了!他倒不在乎地说,其实他根本用不着那手杖的,只是因为眼睛不好罢了。告别老许,我对一直等在车里的先生说，真吓死我了，老许健步上楼啊！并连发感慨，比起走几步路就气喘吁吁动一动也要人扶的父亲来，他简直就不像八十多岁的人啊！

然而，就在那个初冬的日子里，在我还忙着搀扶老父亲蹒跚地从屋子的这头走向那头的时候，老许却走了，离我们到医院看望他仅仅只有十几天的时间。

认识老许是在二十世纪七十年代的最后年头，那是从一个时代转入另一个时代的日子。文学所迎来了以沙汀为首的新的领导班子，而我这个刚刚进所几乎不懂什么事的毛孩子有幸在他们身边工作，较近距离地接触到了这些文化界的名人。

老许最初给我的印象毫不起眼，比较引人注意的是沙汀和荒煤。沙汀说话幽默尖锐，弱不禁风的身体里蕴藏的热情好像随时随地都可能爆发出来。荒煤冷峻果断，他的忧郁神情和敢作敢为的性格好像两种决然不同的东西被紧紧地扭合在一起，给人留下深刻印象。比起他们来，老许的特点似乎不突出，他个子不高，嗓门不大，见人爱笑，笑起来眨眨眼睛，一副南方人温和随和的样子，更像是一个好好先生。

和老许接触多起来还是因为电影。老许爱看电影，那时候，刚刚经历了十几年的禁锢，许多被打入冷宫的影片开始解禁，人们如同想要呼吸新鲜空气一样，争先恐后地找票子去看久违了的中国老片和外国参考片，看内部电影成了一种时尚，一种文化，更是一种莫大的精神享受，许多人都以能搞到一两张内部电影票而欣喜自豪。荒煤对电影情有独钟，他搞了几十年的电影，1965年文化部整风时被一脚踢出电影界，这会儿虽没有回到电影的队伍里，但已经按捺不住激动的心情开始"触电"了，他几乎把所有不开会、不写文章的时间都用在看电影上。文学所的人因了荒煤的关系得到许多便利，搞当代文学研究的和我们这些刚到所的年轻人便跟着老头儿疯跑电影院。有时，我们是在能容纳上千人的大场子里看电影,场内人头攒动,影影绰绰,坐在后面几乎只能看到前面人的后脑勺,但大家依然昂着酸痛的脖子坚持到最后,即使看不全银幕也和别人一起发出开心的笑声,和别人一起使劲鼓掌。有时候,我们能跟着走进只有几十个人或是十几个人的小放映厅,那时候我们的脚步都既小心翼翼又禁不住地透出骄傲和得意,那种兴奋、不安和高兴比看电影本身还让人难以忘怀。

我很快就发现,在我们一天几场,转战几个电影院的行列中老是有老许的身影。他经常到荒煤那里讨电影票,有时候一个人去看,有时候带上妻子张木兰,还有时候索性拉上所里一两个年轻的同事一起去看电影。一次,在一个较偏僻的军队电影院放映两部五十年代的苏联片子,开演前我在门口遇到神色匆匆的老许,他手里举着个面包,说是刚刚结束了一下午的会,还没有吃晚饭呢,再一问,因为没有多的票子他是挤公共汽车,换乘了好几次才赶到的。那时候的老许正在极度忙碌中,他协助荒煤主持《文学评论》工作,"文评"已经站到了文艺界拨乱反正的最前沿,一个个讨论会,一篇篇充满锐气的文章引起了社会的广泛关注,刊物的发行量达到了历史的最高峰。老许除了编辑刊物,还发表文章,为那些新生的作家和作品叫好,他忙得真像个旋转不停的陀螺。即便如此,老许也不放弃看电影的机会。那天的片子特别长,到了后来,我终于头脑昏昏连眼皮都快睁不开了,懵懂中猛一抬头,看到老许仍旧两眼大睁,紧紧地盯着银幕,好像完全沉浸在影片中忘记了周围的一切。片子演到半夜,散场时他和我们一起走出电影院,大家都沉浸在对片子的议论中,深沉的夜色里老许打着哈欠却仍旧一脸的兴致勃勃。老许看电影的劲头很大,为了防止荒煤事多容易忘记,他索性给我打招呼:"有好电影不要忘了告诉我啊!"我牢记在心里,有了好片子就跑去给他送票,每当这时候,他总是眨眨眼睛笑得很开心,那样子仿佛年轻了好几岁。很多年后,他回忆那时候的生活说:我记得,在那段令人亢奋的日子里,一次次的会议,一批批的刊物、新书,把文艺界原有的污浊空气一扫而空。文艺在新生,人们生活在一种欢快的思想空气里。

老许和许多人一起欢快着。然而,有一件事给我留下了很深的印象,也引起了我对他的好奇。

一次,他和荒煤在办公室谈工作,不知怎么就谈到了"文革",他关切地询问荒煤在监狱里的情况,荒煤苦笑了一下,低声说,一两句话哪里说得清楚,又说,坐了七年监狱,明白了一个道理,人可以在高压下受苦,但要改变人的思想却永远做不到……说着,他从椅子上探起身子,像是要验证他的这个观点似的,开始不满地说起自己的结论中至今还保留着"反鲁迅"的尾巴:你说说看,我到底什么时候反过鲁迅?哪篇文章、哪次讲话发表过反鲁迅的言论……老许坐在沙发上很认真地听着,连连点头,过了一会儿却叹了一口气说:你知道吗,那时候,我倒是真羡慕你能关在监狱里呢,可惜我没有这个资格啊!

荒煤在监狱里关了七年,吃了很多苦头,还落下了终生耳鸣的毛病,他没有听清老许的话,坐在旁边的我却很有些吃惊,谁不知道坐监狱的滋味,七年铁窗生活,足以让一个人疯了,或是毁掉,老许怎么反倒会羡慕被关在监狱里呢?

渐渐地,我又知道了老许的另外一些事情,使我对他有了更深的了解。

老许出生在穷苦人家,二十世纪三十年代末,只有十五六岁的他,因生活所迫辍学考入上海生活书店当学徒,没想到从此命运发生了根本的改变。最初,他只是当伙计做杂活。很快,周围浓郁的文化气氛和一些可敬的人吸引了他。他勤奋学习,后来参加了陶行知、邹韬奋领导的上海职业界救国会,参加了歌咏队进行抗日救亡活动,还参加过营救"七君子"的活动。上海沦陷的那一天,阴云密布,城市在凄风苦雨中染上了一层灰暗的迷雾,他和几个年轻人站在屋顶上悲壮地唱起《义勇军进行曲》,决心为保卫祖国而战。那时候,没有任何力量能够压倒他追

许觉民与荒煤

求梦想和自由的心。新中国成立后，老许怀着满腔热情投入新的生活，几十年如一日兢兢业业地致力于自己喜爱的出版事业，对工作从不曾有过半点怠慢。但是，在这个老共产党员、老文化人谦和平静的外表下，却掩藏着深切的痛。

如今，有谁能够想象，一个人连续被人们批斗四年的情景？然而，四十年前，当"文革"的滔天巨浪骤然而起的时候，老许几乎在一夜之间就变成了"走资派"，成了被人们唾骂的"狗屎堆"，从那时候起七年的漫长岁月里，他过着鬼一样的日子，其中将近四年的时间，更是在三天一小斗五日一大斗中挣扎着熬过来的。

有一次聊天时，他绘声绘色地说起那时的情景：每次上场挨斗时，他都是在周围恶声一片的呼啸中被人架着"喷气式"，好像架去刑场般的押进会场，几个小时斗完后，他就在"还不快滚下去"的呵斥中踉跄离去。说是批斗会，其实他根本就弄不清批的是什么，只不过是被人们围起来乱叫乱骂一通。那些造反派可以随时上来敲他几下后脑，还有人用两手抬起他低垂的头颅大声喝骂，呼叫要"触及你的灵魂"，更有的打手们索性让他跪在地下几个钟头不许动弹，随意在肚子、胸口上踢打，他觉得自己就像是凶猫嘴里叼着的一只耗子,翻过来摔在地上,竖起来摔在沟边。……

在老许看来,这样的侮辱,一个正直的人是一次也受不了的,而他竟然连续四年不断地生活在这种侮辱和折磨中间!他很多次地想到了死,一天夜晚,他对妻子说:给我一点粮票和钱,我可以远远地到深山老林里去过活,死了也情愿。妻子哭着说,别瞎扯了,到处是天罗地网,你逃了被抓回来,罪加一等,说不定要枪毙,家里人更受苦。他只恨那些人怎么不把自己打死。渐渐地他明白了,那种斗法,并非不想你死,只是不会下手弄死你,只弄得你半死不活,然后自行死去或自杀身亡,这样责任不在别人,而在死者自己。

从那时候起,他开始在一个小本子上偷偷地记下一次次死里逃生的经历,他画正字,斗一次画一道,四年中,本子上画下了六十多个正字,一个正字五画,六十多个正字是三百多次,三百多次的批斗!还不用说那些没有画成正字的一次次的抄家,抄到蛛丝马迹有罪,抄不到蛛丝马迹更有罪,只能证明你更狡猾、更阴险,更要没完没了地抄下去……老许画在纸上的是颤抖的笔迹,刻在心里的是血的印迹。

也许正是因为这个原因,他羡慕荒煤被关进监狱里的生活,他渴望哪怕一丁点儿的安全感。

存在于老许心里的痛还不止这些。

1980年冬,老许参加了为外甥女林昭(彭令昭)举行的追悼会,在会上做了哀伤悲恸的发言,那正是我第一次通过老许知道了林昭这个名字,并且永远地记住了这个不平凡的女性。

林昭是北京大学的高材生,五十年代被划为右派;六十年代又因上书为彭德怀鸣不平,被定为"现行反革命",抓进上海提篮桥监狱;年轻的她在狱中仍不改初衷,铮铮直言,结果在1968年春天的一个日子里被秘密处死,死时只有三十六岁。刑后,狱方向家属索取五分钱的子弹费,不交代尸体的下落,不退还遗物。

林昭的父亲在女儿被捕不久便自杀身亡,林昭的母亲老许的姐姐,

"文革"中已经惨遭批斗,历尽苦难,丧女的打击,终于把她逼成疯癫病。她时常白发蓬乱神情痴迷地呼唤着女儿的名字,漂荡在大上海的马路上,终有一天跌倒在喧闹的人流中,有人认出她是大反革命分子的母亲,有人吆喝,有人簇拥围打,可怜遍体鳞伤的她就在奄奄一息中溘然去世。

对这一切,老许能说什么呢?敢说什么呢?五十年代,政治风云诡谲,他作为人民出版社的负责干部正驾着小舟小心翼翼地绕礁石而行,他只能时刻和组织保持一致,不能有任何抱怨,以免遭受灭顶之灾。到了"文革"期间,他的外甥女被密杀,他的亲姐姐惨死,而他正在水深火热之中挣扎,丝毫不知情,就是知道了又能怎么样,只不过多了一个罪状,更加被斗得死去活来而已。

在参加了北大、人大等林昭的同学为她举行的追悼会后,老许一连很多天都沉浸在难以言状的痛苦中,我听到他在办公室里对荒煤说起自己的外甥女,说到几个月前法院才宣告林昭无罪,但她遗体的下落却依然无从知道,苍茫大地何处去寻?这沉重的历史责任该由谁来承担?"文革"虽已过去,天空阴冷的气候依然沉重,正义的伸张仍然沉没在浓重的雾气之中,林昭依然被遗忘着……他那沉重的语调,激愤的情绪,让我久久难以忘记。

不久,听说老许在百忙之中抽时间去了上海一趟,那次赴沪不是因为开会,是因为林昭的妹妹彭令范将要别国他去,不知老许是怀着怎样的心情送别自己失去了双亲和姐姐的外甥女。老许在上海住了半个多月,他拖着七十多岁老迈的身体,每天陪着心情黯然的外甥女四处奔走,帮着她处理行前的种种繁琐事务,最后,看着她在机场含着眼泪潸然离去,老许于无限神伤中承受着沉重的心灵鞭笞和无可奈何的愧疚。

再后来,文学所来了一个中年人,那人的面色总是有些阴郁,时常郁郁寡欢,逢到佳节对月拉琴泪流满面,一打听才知道他坐过牢和林昭曾有朋友关系,他的到来是老许努力的结果。老许一向严于律己,在进人问题上很少考虑私人关系,这次却是破了例。以后的日子里,他为林昭的墓奔波劳瘁,为编辑纪念文集呕心沥血。

　　一次和他聊天,他说这辈子充塞于心中的大多是苦难和灾祸,又说只要活着永远都不会忘记"文革"的痛苦……我听了心里既沉重又难过,虽不能完全了解,但却有一个发自内心的愿望,希望他们这一辈人能够自此远离痛苦,有一个充满阳光的安逸晚年。

　　在知道了老许的故事后再看老许,总觉得那矮小的身体里承受着巨大的压力,那儒雅而随和的微笑中压抑着很深的痛苦。但很快,又觉着不然,老许就是老许,即使经历了"文革"深切的创痛,他的心依然善良和宽容,依然不失以身作则善于为他人着想的领导风范。

　　印象中最深的一件事是1979年文学所的职称评定。这是"文革"后文学所第一次评职称,早在五十年代中期,文学所曾经有过一次职称评定,据一些老人们回忆,那次的评定基本上是所长何其芳一个人说了算,具有绝对权威的何其芳把所里的专家们排了排队,就把级别定了下来,而包括俞平伯、钱钟书、余冠英等同样有着很高学识素养的谦谦学者们也平静地接受了他的安排。二十多年后的职称评定却变得异常复杂,此时,文学所积压了大批被耽搁的研究人员,人们的思想、彼此之间的关系也因历年来的政治运动变得非同一般,加上种种社会因素,都给职称评定工作带来了极大的难度。当时,所里的曹道衡先生用一句话形象地描绘了这种情况:"千军万马要过独木桥。"

　　老许主持了评职称的工作,他压力很大,面前的种种情况使他已经根本不可能像二十年前的何其芳那样一个人说了算,他只能把工作做得细而又细,慎之又慎,调查、摸底、组织评审班子、对成果做具体的分析、对申请人做深入细致的思想工作……不知熬了多少个夜,找多少人谈话,大会小会开了多少个,评定的结果自然不可能让每一个人都满意,但是让所有人感到敬佩的是,以老许的学识和成就,他完全可以提出自己的职称问题,但他没有提,不仅这次没提,以后,在他担任所长期间的所有职称评审中,他始终都没有提出过。在他看来,需要解决的人太多了,要尽可能地把机会留给工作在第一线的研究人员。

1986年,老许离开了繁忙的工作岗位。他很平静,在宣布了离休以后很快地交接工作,收拾东西,绝不拖延。那时候,我已经到了研究室工作。那天,知道他正在办公室整理东西,就去帮忙并送他。临出门时,他环视四周,略微一笑,我在他的眼里看出了许多复杂的东西,是对过去岁月的怀恋不舍,还是为终于放下沉重的担子开始新的生活而释然,说不清楚。我以为他会有些感慨,他突然很认真地望向我说:这几年,我对你关心不够啊!我没有思想准备,完全没有想到他在这样的时候想到的还是别人,一时竟然不知怎样回答他了。

老许回家后我常能见到他,我住的四道口和他住的皂君庙相隔一站地,有事过去很方便。他散步时也经常从我家门前的马路上过,还上来看过我。我发现,最初他和很多老同志一样也有离开岗位后的失落和不适。一次,他自嘲说在路上碰见单位里的一个人,那人竟装作没有看见他,是不是自己变成隐形人了?他有些不悦,但很快也就想明白了,开始寻找新的乐趣,品味无官一身轻的莫大自由。他说这种生活其实是很惬意的,一不要上班,二不要开会,独来独往,动静自由,有兴时约上几个朋友品茗于一室,再高兴一点,一起吃个小馆子,或相约去江南遨游。读书是每日不可少的事,兴之所至随心所欲地写些短文,更有偶然嬉笑于路边玩耍的孩童中时,觉得自己也仿佛回到了孩童时代。有了这些舒畅事,他觉着那些"失落感"和"孤独感"就抛到一边去了。

我为老许总算过上了轻松闲适的生活而高兴。就在这时候,不幸再次降临,老许的妻子病倒了。

老许的妻子比老许小十来岁,平日里看上去面色红润,身体显得比

纪念《文学遗产》复刊5周年，右六许觉民

老许还要好。她性情爽直，说话直率，逢到发表意见的时候，老许每每总是在一旁表示赞同，看到这种情况，我常忍不住在背地里偷着乐，觉得老许对妻子格外小心翼翼，直到后来，听说了他们的故事，我才对这种情形感到理解和充满敬意。

老许和妻子这一辈子很不容易，他们在上海动荡的四十年代里恋爱，解放后结婚，婚后几十年两人相濡以沫感情笃深。"文革"开始时，老许和妻子在一个单位里，老许被斗得死去活来，妻子自然受到牵连，造反派逼她揭发老许的罪行，他们三五成群地追逐着她，责问、侮辱、谩骂，并扬言要开她的斗争大会，斗争会的前一天晚上，妻子抱头大哭，老许也大哭，两人相对而泣，一夜不曾合眼。老许说，是我害了你，妻说，我很害怕，但是我什么也不说……从那时候起，她就得了神经官能症，常常一夜夜不能入睡。以后连续多年，老许灾难不断几乎看不到希望，妻看在眼里，只能悄悄饮泣。再后来，她和老许一起下放干校，每日风里雨里辛苦劳作，等到别的人都陆续回城了，老许因为问题没解决还是走不了，妻子自然也没有人要，善良的她虽然心情抑郁但并无怨言，只默默与老许相伴打算在农村待上一辈子。

"文革"终于过去，老许回到北京想法去了别的单位，妻却依然回到原处，因为过去遗留下来的种种，她的境遇一直很不好，她隐忍着不对老许说，一个人承受着痛苦和烦恼。老许看在眼里，心存歉疚，总想对妻子多些关心和体贴。

记得一个冬日里的下午,天气寒冷暮色降临得较早,办公室的人已经走空了,我在院子里碰到老许,他从食堂里出来,顶着大风,手里提着一大袋馒头。我知道那天他是去参加一个很隆重的讨论会,怎么不在会上吃饭赶回来买馒头呢,我好奇地询问。老许解释说,他想抓紧时间晚上写点东西。那还不让张老师给你做点好吃的!我不假思索地说。老许又笑着解释说张木兰身体不好,也有工作,家里的事情能做自己还是多做些吧。我追问老许在家里还做些什么,在我看来,以他的年龄只工作上的夜以继日经实在够受的了,怎么还能承担家务?老许很认真地回答:打扫卫生啊,洗衣服啊,我洗得可干净呢……其实不用他说,我已经不止一次地见到过他在自己家的院子里用搓板认真地洗衣服了。老许匆匆忙忙地拎着那袋馒头走了,看着他有些驼背的身影,我觉得他真不容易。前些年张老师跟着他吃了不少苦头,老许大概想尽可能地多做些弥补吧。

然而,老许的努力并不能使一切变得好起来,妻子一年年地消瘦,精神上的创伤久而久之终于郁结成疾,查出来时已经是肝癌晚期,医生说只有半年了。老许重又劳累起来,妻子的病拖了三年,三年里缠绵病榻饱受折磨,老许伺候左右,看着她被病痛一点点的蚕食,凄惶的心情难以言表。妻子曾对他说,嫁给他有快乐,有痛苦,但痛苦多于快乐,而且快乐的回忆早已消失殆尽,但痛苦的缠绕,心灵上的忧郁和压抑却至今徘徊未去。老许听了低下头久久说不出话来,他说什么呢,他清楚地记得年轻时的妻是多么单纯可爱,他曾经拉着她的手,吻着她光洁的额头,立志要给她一辈子的幸福生活,结果却给她带来了这许多的不幸,他的内疚和痛苦只有更深。

张老师终于撇下老许走了,当医生催促老许为妻子准备衣服时,老许气噎塞胸泪水纷落,只能站在病房门口饮泣、发呆。弥留之际,张老师整夜抽搐不止,老许紧紧地握着她的手,泪水洒满了她的脸颊。

这些场景我并没有都见到,只是过后断断续续地听别人说起,听着这些，我不能不感到难过，原以为噩梦已经过去，他们这一辈人经历了无数艰难曲折总该轻松地度过晚年了，才知道，来不及了！那些伤痛早已深深地嵌入生命的最里层，它们总会在适当的时候发作，并跟着你，一直到永远。老许是一个重感情的人，他善良的心里永远保存着对亲人的挚爱，对母亲，对姐姐，对外甥女，对妻子……可是，这些爱一个个都变成了他终身的遗憾，像沉重的包袱，压在他的心上。

经历了老年丧妻的老许陷入了孤独之中。他接连发表了《老者自歌》、《孤独二境》、《独语》等文章，述说自己对孤独的感受：

> 孤独是一种困境，有时极难摆脱，尤在深夜里，面壁枯坐，形影相吊，时光如已停滞了一般，漫漫长夜，度日如年。此时倘有个人过来同我说说话，哪怕是对骂几句，也胜似孤寂的难受了……

一日，到木樨地看望荒煤老，他正好刚读完老许发表在南方一家报纸上的文章，老人家心情凝重连连叹息。他抓着报纸对我说，你看看，你看看……就说不下去了。我读了文章，觉着没有那么严重，老许一方面倾诉孤独，另一方面是在努力调节情绪力图摆脱困境，但荒煤却似乎对前者感受得更深切。或许老年人与老年人的心灵更加接近，那孤独实际上正像是一张弥漫于所有空间无处不在的网，是不那么容易摆脱的。

作为老大哥的荒煤很为老许担心，老许的妻子病重时，他深知老许是一个自律的人，从不愿意给单位添麻烦，就多次派自己的车去帮忙。现在，从不问家事的荒煤竟然又张罗起来要给老许找一个老伴，为此，夫人张昕老师也亲自出马，把电影学院的同事介绍给老许，连我们这等小字辈也被动员起来加入寻亲的行列。然而，事情一次次都不成功，并非老许眼高，张木兰老师走后遗下老母亲和老许住在一起，老岳母身板硬朗，只比老许大十几岁，每当有人来访就喜欢静静

1963年访问日本。左一巴金,右一马烽,右二许觉民,右三严文井,右四冰心

地走到门口观望始终,老许还有一个姐姐也住在家中靠他赡养,一个家庭中有三个老人彼此依靠,这种情况,要找到合适的伴侣实在太困难了。到后来,当老许把她们一个个都送走后,他自己也到了再也没有精力和热情组织家庭的耄耋之年。对此,老许亦毫无怨言。

　　写作成了老许摆脱孤独的主要方式,也成了他的精神寄托。那段时间,每次到老许家里,我总看到他在书房里忙碌。他的书房挤满了书柜和书架,里面分门别类地摆满了各种各样的书,实在放不下的就堆在柜顶上,或是整整齐齐地摞在地上,在他那张背向窗口的大书桌上,总是摊放着正在写作的稿纸。每次见到我,他除了告知生活起居的情况,还给我看他的文稿,谈起他正在写着的那些事情,有时他显出抑制不住的兴奋,有时却有着说不出的迷惘和怀恋。他描绘昔日文坛人物,冯雪峰、楼适夷、巴人等一些老朋友在他的笔下一个个栩栩如生;他回忆"文革"那段不堪回首的日子,揭露丑陋呼吁人性的复苏和知识分子的独立品格;他还以平静的心态观察周围生活,结交新朋友,写出下岗工人于逆境中求生存的感人故事。那时候,他的眼睛已经很不好,摊在桌子上一张张稿纸上尽是间隔挺大的字迹,他说他对电脑挺感兴趣,可惜眼睛不好,弄不了那东西了。我担心那些不愉快的回忆会伤害他的精神,也担心他这样用功会影响身体,但每每想到他是想把自己一生的文化积累留给后人,又令我感动不已。

孤独可能是一种困境,孤独亦可能成为财富,暮年的老许在孤独中"蹶然而起并有所作为",他写作了大量的散文、杂文、评论,在报纸上开辟专栏,出版了多种散文集,实在让人钦佩。

一个秋高气爽的日子,我下班出了地铁,从西直门大桥下走过,那里经常聚集着一些闲散的老人,他们或下棋,或打牌,或就那么坐着天南海北地谈天。那天,在桥边一伙下棋的老人中,我意外地看到了老许,他坐在人后,聚精会神地观望着棋局,不时会心地笑笑,偶尔和旁边观战的老人说上一两句,看起来他们已是熟人。我并不感到惊奇,老许说过,他经常在这里和那些普通的素不相识的老人聊天,他们大多不富裕,生活得平平淡淡,但却有着乐天的本色,在这里,老许"孤独的板块"化为云烟,每每感受到人间的热闹和温暖。我曾把这些情况说给荒煤听,他听得聚精会神,然后笑笑,不知是羡慕还是什么。他耳背,又有着没完没了的社会活动,大概就是想坐进那些素不相识的老人堆里,也不大可能。

那天,我原本不打算惊动老许,但转眼棋毕,人们纷纷起身,老许看到了我,高兴地打招呼,说是也该回去了。正值下班高峰,我建议打车,他却执意不肯,车开过去先到他家后到我家,我猜想细心的老许是不想让我付车费,于是更加坚持,老许却说他经常来这里,都是走路或是坐公交,习惯了,很少打车。

我们到达车站的时候人还不算多,但当一辆空车飞快地开到我们面前,车门打开时,突然不知从什么地方跑出许多人来。我们被人群前呼后拥地裹挟着向着车门涌去,老许在前我殿后,此时,周围的人已塞堵得像沙丁鱼罐头,想要抽身退出已经没有可能,我后悔听从老许的意思做了这么一个愚蠢的决定,事已如此也只有下定决心当好卫士了。老许很努力,也似乎有些经验,他尽可能地从侧面接近车门,跟着别人一点点地往前拱,经过一番挣扎,他总算挤到跟前,在人们的蜂拥下摇摇晃晃地登上了踏板。我紧跟其后,奋力抓住车门,一只脚勉强踩在踏板上,另一只脚却实在找不到立足之地,就那样悬在半空中既上不去更不敢下来,生怕万一离开老许会脸朝前倒跌下来。女售票员砰砰地敲着铁皮的窗框大声叫着:"老头儿!赶紧往上一步!使点劲儿!老头儿!"我觉出老许在人们的吆喝声中艰难地使着劲,周围的人也都在用力,还有人在后面使劲地推搡着我们,不知怎么的,门就"砰"的一声关上了,气喘吁吁的老许侧过脸来,看到我还在身后,对着我露出了一个略带歉意的孩子般的微笑。

我至今忘不了那个笑。心中存着那么多沉重记忆的老许其实是多么热爱生活。

老许就这么悄然无声地走了,就在那个初冬的日子里。

我是在他离去的隔天听到消息的,更让我感到意外的是,听到消息时,他的遗体已经火化。老许生前曾表示丧事要从简,不举行告别仪式,不惊动任何人,这自然是按照他生前的意思办的。在他病重期间,他的大儿子于病榻前守候多日早已疲惫不堪,小儿子专程从美国赶回,如今假期已满,不得不尽快安葬老父重返异国,这可能也是第二天就火化的另一个原因吧。

人去楼空,他那住了二十多年的老房子瞬间变成了空宅。书房里没有了他忙碌的身影,狭窄的楼梯上不再有他咚咚的脚步声,没有灵堂、没有哀乐、没有鲜花,只有窗外的萧萧落叶,远山的苍老迷茫仿佛在默默地送别着一个老人的离去。

这空洞和沉默让熟悉老许的人们有些无所适从。朱寨先生对我说,他是隔了好几天才知道消息的,太突然了,他还记得最后一次和老许通话的情景,从话筒的另一端传来的亲切的话语好像还在耳边回旋,怎么人就这么走了呢……听得出来,他为没有能最后见上老友一面而伤心不已。一个夜晚,李子云急急从上海打电话来,说王元化先生让一定帮忙给老许送一个花圈,我告诉她,老许第二天就已经火化,花圈送给谁?送到哪里?她不胜慨叹……接下来的两个夜晚,我不断接到询问的电话,他们问老许的家里为什么没有人,亲属的电话号码是多少……

放下电话,我凝望着窗外,黑夜的风里,远远近近闪耀着万家灯火,我知道,此刻,属于老许的那扇窗一定是黑着的,他们一定是先把电话打到那里,没人接才辗转打到我家里,我想象得到,电话铃是怎样地在那黑色的空间里一再鸣响,老许宽大的书桌,他习惯坐着的带木扶手的旧沙发,那一排排书架上老许精心收藏的书籍,还有他留在桌上没有写完的文稿是怎样在半明半暗的光线里沉默着,借着从窗外射进来的光亮,默默地,闪着黯淡的光泽……恍然间,我仿佛又看到老许独坐桌前,垂目凝想:少年的困苦,中年的煎熬,母亲的泪,妻子的病,一个又一个老朋友沉重的背影,昔日文坛的云卷云舒,还有那不堪回首又永远也不能忘记的"文革"之痛……一一在他脑海中展现,如同电影一样连续放映,一幕又一幕。黑夜里,他不觉潸然泪下,也有时候,他想着想着一个人笑起来,笑声在夜间空洞的屋子里回旋……

很多年后,还会有人记得老许,知道这位老人的故事吗?

冯牧

在激流涌动中

在激流涌动中

一 走向"彩云之南"

1954年3月,当如火的木棉花盛开的时节,三十多岁的云南军区政治部文化部副部长冯牧带领着一支年轻军人的队伍走向古老而又神秘的阿佤山。这是他对西双版纳的首次探访。二十多年后,他在一篇散文中这样回忆:

> 这在当时并不是一件轻而易举的事情。……西双版纳却还没一公里公路。我们从昆明出发,在思茅以南弃车步行,差不多花费了一星期的时间才渡过了汹涌的澜沧江,来到了那时还被叫做车里的允景洪。西双版纳给人的第一个印象是色彩斑斓,其中很重要的一点是:森林密布,人们穿着鲜艳的服装,到处都是寺庙和披黄着紫的僧人。清晨,和鸟鸣一道传入人们耳中的,是小沙弥化缘的呼叫声。我们感到自己进入了一块奇异的土地。
> ……

(冯牧《我在云南边疆》,《冯牧文集》第五卷,
解放军出版社2002年1月)

读冯牧的这篇散文却是在他离开这个世界将近二十年的今天,在我写这篇文章的时候。寂静的夜里,在一行行清丽的文字之间我似乎看到驰骋于大自然山川河流之间的年轻冯牧,听到他发自内心的狂喜和深深的陶醉。这和我所认识的那个充满理性的老年冯牧大相径庭。他的散文虽然一如他的评论逻辑紧密环环相扣,但充满于字里行间的激情和优美飘逸的文字强烈地吸引着我,把我带入那个他称之为"彩云之南"的纯净世界,也让我感受着作者敏感纤细的艺术气质和多姿多彩的语言才华。

冯牧是1946年离开延安奔赴解放战争前线的,在长达四年的征战生涯中,这位毕业于延安鲁艺的"大记者"参加了吕梁战役、洛阳战役、平汉战役、淮海战役……写出了一系列颇具影响的战地报道,并于1949年随中国人民解放军十三军走进了云南这片神奇的土地。

第一次进入少数民族边境地区是入滇不久,他随一支部队深入到东南国境线苗、瑶地区追剿残匪。一走进滇南的原始老林,就立刻体验到了热带雨林中火一般的考验。遮天蔽日的森林中瞬间便狂风暴雨,咆哮的洪水发出惊心动魄的声响,整个世界顷刻间像是要被一只巨大的手撕得粉碎;然而,当战胜了那些超乎想象的艰难之后,一切又归于平静,大自然以奇妙的美丽抚慰着每一个人。冯牧记得,在一条从一个山洞里流出、温柔地越过绵绵山麓又激情澎湃地流向另一个山洞的河流前,有位战士带着深情的目光眺望着眼前的景象对他说:"这里多美!打完仗,我真愿意到这里来安家!"那时候,冯牧整个人都被深深地感动着。他沉浸在大自然宏伟奇妙的景色中,也被战士们质朴的感情所震撼,正是从那一刻起,他开始了自己对云南长达大半生的挚爱深情。

1954年的那次寻访意义非同一般,很多年后,那些跟随冯牧远征的年轻人都进入了老年,他们时常会兴奋地提起当年所做的那一次"规模最大、时间最长、行程最远、收获最佳"的边境之旅。他们夜以继日地徒步行走在西双版纳山间的崎岖小路上,白天行军,夜晚有时就在林间草地上过夜,有人迷了路,有人遭到雷电的袭击,几乎所有人的脚上都打满了血泡。冯牧患有哮喘病,部队派了一个饲养员牵一匹马为他代步,但他却坚持和大家一起走路。这位年轻的部长带领着比他小不了多少的年轻军人,一路风尘,横穿过西双版纳的三个主要平坝,行进在一片广袤的热带植物王国中,领略着边疆变幻无穷的奇异风景,也体验着南国独具特色的民族风情。当他们终于到达澜沧县边防部队的时候,听说他们要上阿佤山,官兵们都极力阻拦,说那里不仅道路险阻,而且刚刚还发生了暴力事件。但是冯牧坚持前往,"我们经过这么多天的跋涉,到了这里,怎么能退回去呢?"他的观点是:只有在激烈的斗争生活中才能锻炼和培养出真正的作家。在他的热情鼓舞下,这支队伍经过了三天艰苦的行军终于到达阿佤山的中心,他们亲眼目睹了佤族古老的剽牛祭鬼仪式,在人们彻夜的击鼓和舞蹈中不能不感到心潮澎湃。清晨,他们站在阿佤寨的山头上,一道巨大的彩虹从他们脚下的山谷中升起,穿过雪白的云层和轻纱般的雾团向着对面遥远的山谷伸展,就好像在他们面前搭起了一座"彩虹的桥"。冯牧和他的队员们,仿佛就站在这座通往天堂的桥上,每一个人都被这眼前奇异的景色惊呆了,一动不动地站在那里享受着经历过艰难险阻而获得的极大喜悦。

这次探访,冯牧写下了二十万字的手记,并在此后一次次地探访中,逐次积累了将近百万字的手记。可以想象,在每天行军之后,在帐篷里、在青草地边、在少数民族低矮的木楼里,当疲惫的人们都倒头入睡以后,他是怎样克服一天的困乏,借着手电筒的微弱光线一笔一画地写下当日的见闻。显然,这是为了他的散文写作而准备的,他的那些手记不仅具有宝贵的史料价值而且文字流畅层次清晰,相信只要能够拥有较充裕的时间,我们一定会读到他更多情致深远的好散文……然而,冯牧没有这个幸运。1954年,作为军区文化部副部长的他,自己的创作是次要的,他肩负着更重要的责任——为部队培养一批年轻的创作人员。他身后的这支由十来个人组成的队伍来自军区各个部队,虽然每个人对写作都十分热爱但还都是门外汉,后来他们中的大多数人都成为卓有成就的作家,在文学史上留有自己的足迹,而那次进军阿佤山注定将成为他们成长史上的一个重要起点。

二　历史的选择

冯牧出身于书香门第家庭,父亲冯承钧是著名历史学家,早年留学欧洲,归国后任教于北京大学、北京师范大学。少年时代的冯牧曾经在父亲半瘫痪的时候,为父亲口述译注《马可·波罗行记》作笔录。北平丰盛胡同那座宽大的四合院内静谧的书房里,父亲面前堆满着各种书籍:《马可·波罗行记》原著,法文、英文、日文译本……饱受病痛折磨的父亲说一句,冯牧记一句,就在父亲时而缓慢时而激扬的话语中,在一行行一页页的记录中,悄然地奠定了一个少年对中国古典文学的认知和热爱,也使他逐渐学会了用文字表达思想的技巧。我曾经设想,假如不是战争爆发,冯牧一定会完成自己的学业,一定会有一个安宁舒适的环境供他闭门写作,或许他还会继承父亲的事业……然而,那个常常骑着自行车愉快地穿行在平坦胡同中的"三少爷",却在"一二·九"运动中加入了"民先",在"七七事变"爆发后的一个清晨,怀着"激动、悲伤、惶惑和一往无前的决心"　告别古老的北平城,毅然决然地奔赴冀中解放区,来到延安。

当生活向人们关闭了一扇门时总会打开另一扇门。在延安,冯牧凭着一篇《自画像》考上了鲁艺,不知冯牧是怎样勾画自己的,这篇千字的散文得到何其芳的赞赏,题目也一度成为考生们的作文题目。在鲁艺大环境的熏陶下他越发坚定了自己对文学的热爱,他开始发表诗文、发表评论。当他逐渐地积累起自己成就的时候,解放战争的爆发又把他推向战火纷飞的前线。作为一名随军记者他写着战地报道,转战于一个又一个战场,出没于枪林弹雨之中,整个战争期间他所做的都是"行军、作战、采访、写报道、编辑表彰英雄人物的小册子",而"没有怎想到文学方面的事"。偶尔,在战争的间歇中,在硝烟刚刚散去的阵地上,他也会想到文学,想起那些流传于人间的不朽之作,但那只不过是一闪而过的念头。而且,不知为什么,他渐渐地有了一种朦胧的意识,"这样的作品,不会出自我的手笔",带着些许感慨和遗憾,他也有了另外一种越来越清晰的想法:"如果我不能成为一个好的作家,那么,我就应当通过我的工作(包括文学组织工作和文学评论工作),为发现和培育新一代青年文学工作者尽快地走上宽广坚实的文学之路而做出我力所能及的贡献来。"(冯牧《窄的门和宽广的路》)

1954年,在和平的阳光下,冯牧就是怀着这样的信念勤勤恳恳地工作在自己的岗位上。他的绝大多数精力都倾注在培养年轻创作人员上。他给他们下达的任务是,除了为部队当好编辑,还要深入生活努力创作文学作品。对于如何培养创作人才,他有自己明确的观点:"主观上,作家要有个好素质;客观上,要为他们创造条件。"他很看重作家的悟性,认为"当作家的人,必须具备很高的悟性,对没有悟性或悟性低的人,你说的再多也未必能点化他,而对有悟性的人,'点'一下就绰绰有余了。"(蓝芒《永远的云南情结》)他对年轻人的指导也独具风格,很少讲空洞抽象的理论,注重从作品出发分析成败得失,分析时也很少面面俱到,而是抓住重点,点到为止。他还特别热情地鼓励大家发表不同的看法,争论得越激烈越好。他就是在那时候养成了熬夜看作品的习惯,每当他夜读发现好作品时,清晨,他会如获至宝似的一路小跑着来到学员们的住处进行通报,那高亮的嗓音立刻就吸引得大家闻声而来。他更多的关注是在创新方面,他身边的年轻人都忘不了,每当这种时候,大家总是忘情地争论着,彼此毫无芥蒂地出主意想办法,之后又在冯牧的侃侃而谈中享受着艺术的大餐。很多年后,当人们怀着浓浓的思念之情回忆起这一切的时候,冯牧却很谦虚,他对自己的培养经验似乎并不很看重,他还持有另一种观念:作家是无法用人工培养的,任何人之所以能成为作家,主要靠自身的禀赋和勤奋。话虽如此,他还是竭尽全力地为这种可能"创造

冯牧于五十年代

条件"。谁应该多读书,他开出长长的书单;谁需要深入生活,他为他们张罗联系;谁需要提高写作技巧他悉心指导;谁的作品应该发表,他写信大力推荐……

　　冯牧就像一个播种者,全心全意地耕种着自己的一片土地,为每一棵幼苗浇水填土施肥除草,并欣喜地看着他们茁壮成长。那次阿佤山之旅,年轻的公刘诗兴大发妙语连篇;林予充满着创作激情,不断地和大家讨论着自己作品的构思;彭荆风虽没有那么外露却在脑海中对自己的小说一遍遍地进行着推敲提炼……旅途结束不久,冯牧率领的九人出版了两本诗集、两本小说集,还有一部电影文学剧本、五篇小说、一部长篇小说构思。年轻的白桦虽然没有在此次行程中,却是冯牧发现最早、最有才华的作者之一。在冯牧的关注和支持下,他的小说集《边疆的声音》、电影文学剧本《山间铃响马帮来》较早地反映了边疆少数民族的生活,产生了很大的影响。还有季康、吴源植等人……一支"文学滇军"就这样悄然崛起,朝气勃勃,先声夺人,不仅填补了云南文学历史的空白,而且引起了中国文坛和广大读者的极大关注和好评。

然而,冯牧却病倒了。从十七岁起,他就因家族遗传的因素患上肺结核和肋膜炎,后发展为慢性脓胸,哮喘病,当他带病逃离北平奔赴延安的时候,父亲曾经以焦虑的心情给他写过一封信,说他绝不反对儿子参加革命,但以儿子身体的情况,担心他活不到三十岁……幸运的是冯牧在战争中迎来了自己的三十岁,生日的那天他正准备和部队一起渡过长江,根本就没有意识到自己已经进入"而立之年"。不过,生命在给了他一次意外的惊喜后却不会永远眷顾,长期颠簸劳累的生活和高强度的精神压力消磨着他的体质,终于在他三十七岁的时候,把他送到了一个生与死的重要关口。

与疾病同时袭来的还有政治的狂风暴雨。1957年全国掀起了一场声势浩大的反右运动,冯牧所辛勤培养的"文学滇军"中大多数人被打成右派。白桦被开除党籍、军籍,在上海八一电影机械厂当钳工;公刘打成右派后被送到山西水库工地同劳改犯人一起服苦役,年迈的父母经受不了命运的打击先后辞世,妻子离异,留下幼小的女儿孤苦伶仃;彭荆风被打成右派被迫离开文坛;还有蓝芒、王公浦、姚冷……一切似乎都来得那么突然,昨天还是亲密无间的同志,转眼间就变成了敌人。不知这个结果是否和冯牧所倡导的独立思考、敢于发表不同意见有关?摆在面前的现实却是,冯牧门下的弟子们有的虽已离开云南却也不约而同地遭受了共同的命运,而在北京治病的冯牧更是因此陷入了困境。他被一些人当成是右派们的黑后台遭到攻击和责难,而那一次次的讨论学习,一次次的跋涉远征,都被指责为不重视思想改造,培养资产阶级人才……正与病魔进行着殊死搏斗的冯牧毫无辩驳和反抗的能力,他默默地忍受着胸中的愤懑,却又清醒地意识到有一些人"总以未能在这场运动中使我成为他们手中的猎获物而感到遗憾"。

1957年对于冯牧来说是不寻常的一年,经过长达十几个小时的开胸手术,大夫从他体内摘除了一个"中号暖水袋"般的大脓肿,使他从死亡的边缘走了出来。这年年底,在北京领导和朋友的帮助下,他离开云南,调往中国作协任《新观察》主编。

他怀着无比留恋的复杂心情离别了那个美丽的有着火一样美好记忆的地方,但那地方注定将要在此后的生活中永远陪伴着他。

三　真情难泯

1968年,冯牧遭遇到自己人生中最大的一次劫难。除了黑帮、走资派的头衔他还被戴上了"现行反革命"的帽子,隔离批斗长达一年多时间。十几年后他用极其简洁的语言叙述这个事件的原委:"1968年3月,我和侯金镜以及别的几位朋友由于暗地里诅咒过林彪、江青而又忽略了'隔墙有耳'这样的古老诫训,而被打成了'反革命'并且被隔离在作协的一间地下室。"(冯牧《岁暮怀小川》)仅仅因为在暗地里诅咒林彪就成了"反革命",这种荒诞的事情在那个年代却属于正常,这个"文革"中不大不小的事件——那时更为离奇的事情多如牛毛,后来却因为侯金镜的死而让人们难以忘怀。事情是怎样暴露的?侯的家人回忆说:"金镜咒骂林彪为'小丑'那件事,原发生在'文革'初期,是对着冯牧同志说的,冯牧不小心竟说出去了。被揭发出来时已经过了一年多,这时已到了1968年春天,为此他在单位挨了斗挨了打……"(阎纲《纪念侯金镜·跋》)从这个较为详细的叙述中可以看到,侯与冯的议论发生在1966年左右,由于冯牧的不小心,一年后被人揭发出来从而招惹了大祸,后来又牵连到朋友的生死……冯牧没有在文章中详细述说这个中的曲折,可以想象面对这样一个残酷的过程,一向特别重情谊的他心情会有多么复杂!事情的暴露和冯牧的性格有很大关系,但从他后来的行为看,即便那时不说出来,早晚也会说出来,直率和单纯决定了他很难隐瞒住自己的观点和愤怒。

和侯金镜一样冯牧也为自己的直率付出了代价,遭受了残酷的折磨。他被关在地下室的一间大房子里,两个横眉怒目的造反派看守着他。

  他们把我带到楼上另一间封闭得很严的房中去,开始了我只能称之为兽性发泄的野蛮行动。他们知道我的左肺开过刀,已失去功能,就用拳击手的直手发拳的手法突然打我的左胸,把我打倒在地,而且连续不断地重复着这一动作……在那样的时刻,在我头脑中突然闪过了这样的思想:我要找一个离我最近的楼窗,迅速地冲出去,跳下去。但是一圈人密密地站在我周围。我只好愤怒地奋力挺立在那里,努力不让他们把我打倒。而且随即感到我刚才那种轻生的念头是错误的。在这样的时刻,我也明白了我原来想不通的一个问题:为什么许多身经百战的老同志会选择了自我毁灭的悲惨道路。他们不会在残暴的打击面前低头,然而他们无法容忍这种强加给他们的践踏人的尊严的屈辱……

(冯牧《岁暮怀小川》,《冯牧文集》第五卷)

  这段充满悲愤的回忆可能是冯牧对自己所遭受折磨的唯一讲述了,在后来的文章里他再没有提及这些往事。从小便陪伴在他身边的外甥女程小玲告诉我,"文革"后她曾经向冯牧询问过挨打的情况,他总是说:都过去了不必再说了。我发现老一辈中持有这种观点的人很多,周扬、夏衍、荒煤……他们并非希望忘记,却常常陷入一种难以说清的困境中,为了自己所忠诚的党,为了自己曾经崇拜的领袖,也为了身边的同事、朋友和自己……"文革"成了一笔烂账,在知识分子成堆的作协似乎呈现出更加错综复杂的局面。人们在一种理论的唆使下被人批判、自我批判,同时也批判别人……许多有悖人性的事情就这样发生了。多年后,面对那段丑陋的历史许多人选择了沉默……张光年有一段话说得好:"'文革'初期那几年,我们这些由老干部、老教师、老文化人(科学家、文学家、艺术家等等)组成的'黑帮们',日日夜夜过的是什么日子？身受者不堪回忆。年轻人略有所闻。我此刻不愿提起。但愿给少不更事的'红卫兵'留点脸面，给'革命群众'留点脸面，也给我们自己留点脸面吧。"(张光年《生命史上最荒谬的一页》)……

然而，思考在沉默中酝酿，真正的友情也在逆境中闪烁出坚韧的光泽。就在冯牧挨打的那天，他回到房间里，被关在同一个屋子里的郭小川正蹲在对面的角落里看着他，他眼睛睁得大大的，"那目光里有震惊、同情、愤怒……好像还有别的什么"。冯牧闭上眼睛，极力克制着心中的悲愤，使自己安静下来。过了一会儿，他睁开眼，看见郭小川用手在胸前比画着。"他泪流如注，眼光似乎在燃烧着。过了片刻，他假装在看着窗外，手指却仍然不断地在比画……"此时，屋子里看管他们的两个造反派一个发出了鼾声，还有一个正陶然自得地哼唱着样板戏，冯牧紧盯着郭小川手指的动作，他终于明白了他是在写字，不断地用手指在胸前写字，而且不断地重复比画着六个字："活下去！要坚强！……"冯牧的心里涌上一股暖流，他努力地报以一个自信而又轻蔑的微笑。几天后，当郭小川遭受到同样的折磨，步履蹒跚地回到屋里，绝望地扑倒在床上的时候，冯牧也同样在胸前比画着那六个字，他看到郭小川痛苦的脸上闪过了一道微笑，甚至悄悄地紧握拳头晃动了一下。

"相响以湿，相濡以沫"是冯牧悄悄写在报纸边角上丢给郭小川的字条。同样的故事还发生在他和海默之间。冯牧永远忘不了在那些冰冷无望的日子里，在海默堆满了书架的房间里他们度过的一些夜晚。两人都是被批斗的对象，只能悄悄地找机会凑到一起倾诉自己的苦闷，"有一次，我和他藏在书架后面，交换对于革命前途发展形势的看法，他用那种从牙缝中迸发出来的充满了憎恨的低沉声音，向我痛斥着江青、张春桥一伙人的丑恶历史和反动行径；这个性格坚强的铁汉子，在述说中突然不可抑制地热泪流淌。"(冯牧《一本没有写完的书》)"反正我铁了心了，就是打死我，我也不会向他们低头！"这是海默对冯牧说的话。不久之后，他们便都失去了自由。一天晚上，一个以打人为能事的造反派小头目带着幸灾乐祸的声调告诉冯牧，海默已经不在人世了。并警告冯牧说你要不老实，也会有同样的下场。海默是被活活打死的，有人看到，被打得遍体鳞伤的尸体连抬上卡车都很困难。听到消息的冯牧有种霹雳轰顶般的感觉，那晚他只能躺在被关押的房子里，用毛巾盖住自己的脸默默流泪。

海默走了，他走的时候只有四十五岁，他带走了一个铮铮铁汉的愤怒，也带走了一个充满才华的电影家对生活和艺术的眷恋与热爱。侯金镜走了，那是在干校期间，"一张苇席卷起他的躯体，再用三根草绳分段捆着三道箍，像一根木头一样"，此时，他还有一个月才满五十一岁。在受尽了那么多非人的折磨和侮辱之后，他对冯牧的不小心走漏真言从来没有抱怨过一句。他们原本是朋友，至死都是朋友。就在那一年，冯牧的母亲也走了。濒临死亡之际，年迈的母亲最后的愿望是能看一眼在湖北干校劳动的儿子，当冯牧拿着电报去请假时却遭到断然拒绝，理由是："你是被专政的对象，没有权利探什么亲！"母亲终于在失望和孤独中含恨离世，远在农村的冯牧也只能在干校的土窝棚里遥望着北方寄托自己的哀思。怀着难以抑制的悲愤，想到一个个不幸离去的老朋友，他禁不住一遍又一遍地在心中发出愤怒的质问："这是什么样的年月！这是什么样的世道！"

1972年，冯牧病倒了，此时，林彪的摔死使得扣在他头上的"现行反革命"的罪行已经无法成立，他终于被允许提前离开"五七"干校回北京治病。他后来在一篇散文中说："当我返回到我在北京的那间堆满尘垢、四壁萧然的小房子里的时候，我对于那场给我们的祖国和人民带来如此深重灾难的'革命'，除了具有一种悲愤的感情外，同时还进入了以前从未有过的清醒的沉思的心境之中。我开始认为，我不能再长久地作为一个被迫害、被欺凌者这样'安分守己'地生活下去。我应当寻找可能的途径，为我们这个正在被摧残、被毒化的事业，这个千百万仁人志士为之流血牺牲而现在正在濒临覆亡的崇高事业进行更积极的战斗。"（冯牧《窄的门和宽广的路》）如果说"文革"开始以来，冯牧和许多老革命一样扮演的都是忍辱负重打碎了牙齿吞进肚里的角色，那么此时,他再也不想继续下去了,他要做自己认为应该做的事情。

也就是这个时候,于会泳等人对他继续加以追索和迫害,为了保护他的安全,部队的老战友们安排他到云南暂住。

他再次走向那个令人神往的南国。大自然以宽广的胸怀呼唤和拥抱着他,张开温暖的双臂抚慰着他受伤的心灵。他到了红河、西双版纳,当他打算前往地处中缅边界人烟稀少的独龙江时,他的战友怒江军分区的司令员出来劝阻:"这条路风险太大,我来这里两年了,还没有去过独龙江,现在又是雨季,新修的公路塌方不断……再说你已经五十五岁了,怎么能爬得上四千米的雪山垭口呢……"冯牧执意前往,他还有什么可怕的呢?在历尽政治的波谲云诡人性的邪恶丑陋之后,高山大河的艰难险阻对他来说更加算不上什么,或许他宁愿永远消失在大自然纯净的怀抱中!

他在边防战士的陪伴下驱车沿怒江北行,两侧是高插云端、巍峨多姿的高黎贡山和碧罗雪山,身旁是灰黄色巨龙般的怒江,浪花沸腾激流滚滚。在这条时时出现塌方、或许可以称为世界上最险的公路上,他们行驶了三天,无论是路途的艰辛还是自然景色的险峻奇观都远远超出了冯牧的意料,他为之兴奋。经过艰难的行程他最终到达了罕为人知的独龙江,见识到千姿百态的瀑布、浓荫遮蔽的山崖、繁茂而神秘的原始森林,还有淳朴、诚实的独龙族人,他们仍旧过着路不拾遗的生活;在路边,他还时常看到一种叫"救命房"的小木屋,里面有行路者留下的物品,为陌生的游人急需所用……整个中国正处在乌云翻滚泥沙遍地的大劫难中,似乎只有这里还保有原始的善良和宁静。面对所有的一切,冯牧的心被一种自然的力量冲击着。事实上,即便身处名山大川之中,他也很难忘记千里之外正进行着的那场惊心动魄的"革命",很难忘记正挣扎于激流漩涡的朋友们,就连陪同他的战士也看出了他心情的凝重,当他们表示出关切和劝慰之意时,冯牧却朗声地回答:"人啦,尤其是我们共产党人,要像浩瀚的江水,尽管多少高山在弯曲它,多少礁石在阻拦它,但是它一刻不停地向前奔泻。"

一年之后,他离开云南,离开在危难时刻给予了他无私援助和庇护的战友们,绕道桂林、广州返回北京。当他登上列车,挥手告别战友,当他默默地坐在窗口、想象着迎接自己的将会是什么样复杂情景的时候……他比任何时候都更加清楚,他这一生中有两种东西永远是最宝贵的,那就是:大自然和朋友。

四 行船者

1976年秋天,中国政治发生了翻天覆地的变化,这个变化的到来让冯牧和他的朋友们等待得实在太久了!就在胜利已经出现在眼前的时候,他失去了自己最好的朋友郭小川。

小川是一个永远充满活力的诗人,冯牧曾经笑他在政治上保有浪漫主义的天真,然而,残酷的现实终于使他的思想在"文革"后期发生了很大变化,他加入了和"四人帮"做斗争的行列。一段时间他好像做着

1974年,冯牧在独龙江畔

地下工作,时常在深夜悄悄来到冯牧家传递消息,并将收集到的文艺界情况通过秘密途径传给一些老革命家。那时候,小川与冯牧、贺敬之保持着密切联系,他们常常在寂静的夜晚聚在一起,分析形势交换情报。一次,小川带来消息,周扬从监狱中放出来了,他们三人相约化名来到中组部招待所悄悄探访了周扬。那天,从周扬处出来天色已晚,他们就冒险挤住在小川的家里。那是一个令人难忘的夜晚,三个人不想睡一直谈到深夜,他们谈到过去,谈到未来,谈到可能出现的种种情况,他们觉得彼此的心贴得那么近。三个人中,冯牧对形势的忧虑最重,小川却表现出"前所未有的近于轻率的乐观情绪",他充满自信地对冯牧说:"你好好睡吧,不要那么脆弱,我可以肯定地告诉你,他们的日子不长了……"然而,就在那之后不久,小川竟死于一场诡异的谁都无法解释清楚的火灾,就在火灾发生的前五天,冯牧还收到小川充满坚定信念和热情的信……

小川走在"四人帮"被粉碎之际,他就像一团带着火光和轰鸣的"硝烟"腾空而去,冯牧悲切的心情无以言表!他忘不了那一个个远去了的朋友们,他时常记起在黑云密布的日子里他们是怎样彼此支持相互鼓励:"我们要顽强地活下去。我们一定要活到那一天。哪怕只活一天!"朋友走了,他活了下来,有时候他觉得,自己是为了朋友们的信念而活着,也更加清醒地告诫自己,要铭记几年前立下的诺言:"绝不再做一个但求自己获得苟安的弱者。"

冯牧就是在这样一种思想状态下迎来了新生活的开端。1977年1月在辍笔十年之后,他发表了复出后的第一篇文章《〈世界文学〉复刊的一点感想》。接着,他连续发表批判"文艺黑线专政论"的文章。除了写文章外,最急切的就是恢复《文艺报》的工作。冯牧和《文艺报》有着很深的感情,自1957年调入北京,他陆续在《文艺报》上发表文章,1960年又担任了《文艺报》副主编。他知道文艺界开辟一个新的局面,需要有一个理论刊物冲锋陷阵。他主持了复刊工作,并作为主编在第一次选题会上发表施政演说,提出一定要把被颠倒了的理论是非颠倒过来。

左起：冯牧、邓颖超、荒煤（二十世纪八十年代初）

1978年夏,《文艺报》终于以全新的面目出现在读者面前,《致读者》一连用了三个"斗争!"向世人宣布自己的办刊纲领:"第一是要斗争! 要积极参加全国人民揭批'四人帮'的伟大斗争……""第二是要斗争! 要为彻底粉碎'四人帮'设置的重重精神枷锁,完全解放文学艺术的生产力,为繁荣社会主义的文艺创作而努力。""第三还是要斗争! 要为培养文学艺术的新生力量、发展壮大无产阶级的文艺队伍而斗争。"在文艺界遭受了十年重创满目疮痍一片荒芜的时刻,冯牧带领《文艺报》吹响了前进的号角,也开始了自己艰难的航程。

我就是在那个时候认识冯牧的。印象深刻的是1978年春天,刘心武的小说《班主任》发表,引起了社会上很大的争议,刚刚复刊的《文学评论》为此举办讨论会,虽然荒煤事前已就开会的事情和冯牧沟通过,会前他还是嘱我给冯牧打电话提醒他到会。我拨通了冯牧的电话,听到他爽朗的笑声:"不会忘,不会忘! 这么重要的事情怎么会忘呢,我已准备好了发言,一定会来!"他的声音和荒煤不一样,后者低沉沙哑平稳,前者高亢洪亮抑扬顿挫,听起来有种明亮的感觉,后来我才听说他的嗓子在延安《黄河大合唱》中还唱过高音部呢。开会那天,他如约而至,并在发言中对作品给予热情支持,对那些不公正的指责予以还击。他说:"人民群众是一切文艺作品最有权威的、最可靠的评定者","希望作家、艺术家们都像刘心武那么勇敢地对待生活,勇敢地挖掘生活"。并呼吁"批评家和作家应当更自觉、更积极地加强这种关系,一起战斗"。他的发言定题为"关于《班主任》及其他",在《文学评论》上发表。那次座谈气氛异常热烈,与会者除了文艺界老一辈作家、理论家外,还有一些默默无闻的小人物如:李陀、陈建功等,后来他们都成了新时期文学的佼佼者。开会前刘心武还有些顾虑,听了大家的发言后十分感动。打那以后,他和冯牧、荒煤频频接触,成了可以无拘束地探讨各种问题的朋友。一年多后,当两个"凡是"回潮,《班主任》等"伤痕文学"再次受到攻击的时候,刘心武情绪低落,冯牧也被指责搞"自由化",但他再次为刘心武的短篇小说选集写序,鼓励他在创作的道路上勇敢迈进。

那段时间,《文学评论》和《文艺报》成为开路先锋,接连不断地举行了文学史上可以称作"破冰"的会议。记得一次,我在空军招待所门口等待前来参加《乔厂长上任记》座谈会的人们。清晨,冯牧夹着个大皮包,急匆匆地走来,虽然他眼睛红红的布满血丝,一看就是又熬了个通宵的样子,但脸上却带着充满信心的微笑。从天津赶来的蒋子龙很不安,他的作品在天津引起激烈的争论,《天津日报》发表了十四个版面的批评文章,还有位市委书记在会上说:"北京的冯牧,还有陈煤荒支持蒋子龙!"把陈荒煤说成"陈煤荒",这位书记对文艺界的陌生当时就引起了人们的哄堂大笑。那天的座谈会由荒煤主持,惯有的冷峻面孔,和即便在任何时候都保有的平缓而沉着的语调;而冯牧发言的声音一如往常的铿锵有力节奏鲜明,好像是面对众人发表宣言。他肯定作品是粉碎"四人帮"以来出现的最优秀的短篇小说之一,能够起到振聋发聩的作用。他认为作者是以难能可贵的勇敢,用严谨的现实主义态度塑造了一个真实可靠的典型，"这是一个四化建设新时期的闯将的新形象。这样的具有时代精神的英雄人物是我们国家的脊梁骨"。他还指出尽管这个人物也有缺点，但"他是开辟道路、打破坚冰的先锋"。那天，不仅蒋子龙十分激动，与会的很多人都特别兴奋纷纷发言，张洁在发言中还一再表示，应当向蒋子龙学习，作家就是要勇于触及现实社会的矛盾……已经到了散会的时间，人们还和冯牧、荒煤等人围在一起，言犹未尽久久不想散去。

八十年代是一个百废待兴的年代，又是一个非凡的激情迸发的年代，文艺界新人的脱颖而出需要冲破重重束缚。解放战争时期就曾许下诺言要"为发现和培育新一代青年文学工作者"做出力所能及贡献的冯牧此刻更加自觉地站到了支持新生事物的岗位上。从维熙的小说《大墙下的红玉兰》问世后，因其题材触及监狱生活的敏感话题，当年从维熙服役的劳改机构上书中央有关部门，称"从犯"的小说"意在颠覆无产阶级专政"。面对这种骇人听闻的帽子，冯牧指示《文艺报》一连组织了二十多篇评论文章，对小说从思想到艺术上给予充分的肯定。不仅给刚刚走出"高墙"的作者以鼎力支持，更重要的是树立起历史唯物主义的批评旗帜。很多年后，从维熙回忆起这一切时，依然为冯牧身为文艺界领导人所具有的魄力感叹不已。他还清楚地记得冯牧后来对自己说的话："维熙，作家需要锐勇，评论家则更需要勇气。当年，你的小说使我震惊，于是便有了振聋发聩的文学评论。当然，这源于作家与评论家对社会的真诚和良知！"（从维熙《遍地菊黄》）

眼看着年青一代的不断涌现，冯牧的心也注入了新的活力，昔日的冰冻在渐渐消融，取而代之的是老骥伏枥、志在千里的满腔热情。他又开始夜以继日地大量阅读作品，每天到办公室第一件事情就是向编辑部的同事们推荐昨夜又读到了什么好东西，虽然一脸倦容，但却充满由衷的兴奋和欣喜；他点灯熬夜撰写评论文章，笔锋锐利，观点鲜明；他马不停蹄地出现在全国一个个作品讨论会上，为新作品的诞生鸣锣开道，发言讲演从来没有分文报酬，吃饭还要自交粮票……最让人惊讶的是位于木樨地大楼里他家那个人来人往的客厅了,我去得不多,但仅有的几次,每次都看到在那间整面墙都装着到顶书架的客厅里坐着不少客人。来者川流不息,有同辈,但总是年轻人居多。有来自云南部队的,有北京的,外地的,凑在一起时就好像开讨论会似的,有人兴高采烈地发言,有人等待发言,还有人翻书看杂志好像准备发言。冯牧的热情、豪爽被年轻人看作是自己的靠山;他的多才多艺诸如喜欢京剧、擅长篆刻等更是吸引着年轻的人们;他也好吃,有什么好东西喜欢和大家一起共享,有人来了碰上开饭就上桌,一坐一大桌子……小玲告诉我,他们家从来就是这样,过去住在作协黄土岗宿舍时,因为离火车站、民航楼、作协都近,南来北往的人都喜欢在这里落脚,她下班回家经常看到厨房里摞着成堆的碗筷,房间里一些人在和冯牧高兴地谈天。"那不乱死了?"我体谅地问。小玲笑笑说早就习惯了,"文革"时造反派抄家从葛洛家找到一个只有八十元的存折,而在他们家连个存折都没有找到……

他的周围就这样聚集起新的年轻的朋友,这是一些比老朋友们更加充满活力的面孔,一支比五十年代"文学滇军"更大的队伍。他喜欢这种年轻人围绕在身边的感觉,他就像是一只老鸭呵护引领着一群丑小鸭,有人曾笑他"爱当家长",他也不生气,这话看怎么理解嘛!然而,这种情况很快就招惹来各种麻烦,他和荒煤等人也开始不断地遭到一些人的指责,什么"对青年作家只捧不批"、"对错误倾向失去立场和原则"……帽子一顶接着一顶。

七十年代末到八十年代初,历史的发展呈现纷繁复杂的线条,文艺界上层在对十七年文艺、对近年来文艺形势的估计方面不断产生严重分歧。从四次文代会到对《苦恋》的批判,到清除精神污染反对资产阶级自由化,分歧愈演愈烈。即便周扬为了顾及文艺界的团结大局,一连召开二十多次老同志谈心会进行沟通,也依然无法达到统一思想的目的。还在1979年初,冯牧在人民文学出版社、文化部电影局召开的会上发表有关真理标准的讲话,涉及对毛泽东文艺思想的评价、对"文化

冯牧于1979年

大革命"的评价、对当前文艺形势的评价等,就遭致文化部电影局《电影工作简报》指名道姓的批评,在文艺界引起轩然大波。从那以后,冯牧裹挟在激烈的争论中,一方面冲锋陷阵努力工作,一方面总要不断应付来自各方面的质疑。

他不能不感觉到身心疲惫,那些年他读过多少作品,参加过多少讨论会,组织和参与了多少次评奖,挨过多少骂,做过多少次检查,又受到多少赞誉和拥戴……真是说不清楚!一次,荒煤突然接到周扬写来的条子,说是某某某告诉他,冯牧在北京几个大学的一个会上指责文化部最近要禁五部电影,"渤海二号损失不少,但文化部很快就会发生五个渤海二号事件"。向周扬告状的人"说得如此确之有据",仿佛亲耳所闻,有趣的是还捎带上该会可能是由荒煤主持的。周扬只能急切地向荒煤问询:"我不信冯会这样说,既然确确有据,我又似乎不能不信。这样的会可能是你主持的,因为是文学座谈会。"荒煤莫名其妙,面对这种捕风捉影的事情,他只能一个个认真地转发给诸位领导人,请人调查,写出材料加以证明,而冯牧也只能以一封写给相关部门的抗议信来表示自己的态度……那时候,这样的麻烦事隔三岔五接连不断,他们在应付这些突如其来的"袭击"上耗费大量的精力而不能不感到郁闷。我无法把这些事情都一一记下来,只记得那段日子里见到冯牧,有时他兴高采烈神采奕奕,有时候就像是一只气鼓鼓将要爆炸的皮球。他和荒煤在一起时,常常一个人用语速很快很亮的声音说着什么,另一个人用低沉平缓的语调插话;同样的是,两个人谈起一些作品时都兴致勃勃滔滔不绝,说到文艺界的纷争时都忿忿然,有时还会陷入短暂的沉默……很多年后,我曾经翻看他们的笔记,希望找到对那些事情的记载,可我没能如愿。或许他们需要应付的事情太多了,实在没有精力和心情去记述那一次次纠缠不清的麻烦事!

但是,我却在冯牧的一篇散文中看到这样的描述:

> 我们的小船好像是被一只无形的巨手一下举到浪头,接着又扔到浪底,然后,又像是坐滑梯似的朝着下游急驶而去。但是,前面也不是坦途,一座陡峭的石壁正笔立在激流冲去的方向,一个个浪头冲到黑色的巉岩,又被撞得粉碎。难道我们的小船可能不跟着急速的浪头一直撞到那座悬崖陡壁上去么?……
> (《沿着澜沧江的激流》,《冯牧文集》第五卷)

这是冯牧讲述自己当年乘一只小船在澜沧江激流中搏击的情景。在波涛滚滚的江流中,他们的小船"忽而流过悬岸,忽而越过森林,忽而冲过木棉成林、芭蕉成荫的江心沙洲,忽而绕过掩映在密林深处的山村"。迎面而来的有时是波平如镜的江面,有时是群峰耸立的山峡,有时是水势骤急的险滩,"不论江水流过什么所在,到处都遗留着澜沧江这位性格暴烈的巨人的愤怒的痕迹"。在汹涌的江流中,冯牧感受着随时可能出现的凶险,也感受着船工们"无论遇到什么风浪、险滩、暗礁、漩涡,总是那样地从容不迫,泰然自若,甚至在最紧急的时刻也还是在小声地唱着歌"。所有这一切,在他的心中留下了难以磨灭的印迹……在冯牧这些惊心动魄的描述中,我分明看到他内心对于多年来席卷中国政治舞台一波又一波惊涛骇浪的感受;而他们,正如同那江里行船的船工,无论风有多大浪有多险都必须坚定地驾驭着小船,高举起长篙,撑住江底或江岸的岩石,把船艰难地撑向前去……绝不能有片刻迟疑和延误,否则,船只就会被汹涌的波涛席卷而去!

五　冰火之间

"相呴以湿,相濡以沫"——是冯牧在人生旅途中最黑暗的时刻写给郭小川的字条,它象征着朋友间的真诚、信任和坚不可摧的友谊。然而,并非所有的友谊都牢不可破,刚刚满怀信心携手走进新时代的老一辈文艺家们,因为观点上逐渐明显的分歧和某种其他因素,个人关系也发生了很大变化。

冯牧和贺敬之有着几十年兄弟般的情谊。在延安,他们吃一锅饭睡一个炕头,一起在鲁艺读书、一起开荒种地、一起散步在延河边。新中国成立后,他们共同工作在文艺战线上,不仅个人关系甚好,两家人也交往密切,冯牧有件料子不错的大衣还是贺敬之夫人柯岩拿到稿费后给他做的。"文革"中,冯牧和贺敬之彼此支持,冒着风险传送情报;"文革"刚过,他们也曾一起领导"文化部理论政策研究室",带领一批骁勇的理论家,为拨乱反正勇敢出击……遗憾的是,在改革开放的大潮中他们却终因观点上的分歧不断产生芥蒂、隔阂、龃龉而至分道扬镳。

对"清除"精神污染,众多文艺工作者是想不通的,周扬、夏衍、张光年、荒煤、冯牧等人持有自己的不同意见,林默涵、刘白羽则与之相反,身为中宣部副部长的贺敬之更是表现出坚定清污的决心。或许他到底是个诗人,没有觉察到中央领导层在这个问题上的意见是不一致的,也

朋友聚会，左起：冯牧、荒煤、张光年、曹禺

没有看到胡乔木在这个问题上的忽左忽右；抑或他看到了，但有种更大的力量在牵引着他……于是便有了文艺界当时的一句流言"一个诗人倒下去，一个官僚站起来"；也有了贺敬之的愈加恼怒和坚持。那段时间里，从中宣部不断传出对文艺形势的悲观看法，并据此提出一系列批判题目：人道主义、赵丹遗言、无为而治、现代派……学术的争论糅进政治、历史、个人的诸多因素，随之还掺杂进更加复杂微妙的人事安排。张光年、冯牧、荒煤们顶着压力、窝着火、支撑着，他们坚持认为改革开放以来的文艺界呈现出前所未有的大好形势，即便有一些问题又何须动用运动进行全面"清除"？！

让朋友间的关系彻底崩溃的是那次京西宾馆会议。形势的发展变幻莫测，"清污"正走在十字路口，高潮还未掀起，在种种因素的作用下眼看就可能收官，就在这个时候中宣部召开会议，意在进一步推动运动的发展。正急于从重重压力中挣脱出来的张光年、冯牧等人在关键时刻连夜整理材料，直接送交习仲勋反映情况，并坦率表述不同意见。很快，贺敬之便受到了胡耀邦的批评，责问会议如何收场？又过了一段时间中央明确表态还是要以经济建设为中心，不再提"清除"精神污染。

博弈暂时告一个阶段。冲在第一线的贺敬之撤退不及时受到了挫折，心中的不悦可想而知，夫人怒言："冯牧这是要把老贺往死里整！"然而，又过了一段时间，形势再次回转，就轮到冯牧做检查了，而且检查做了一次又一次，直到后来免去职务。

  昔日的老友就这样在前进的路上各自左右。他们不再有朋友间的串门，私人的往来，即便在同一个会议上碰面，也不愿意坐在一起。一次，贺敬之在餐桌上遇到冯牧当着众人的面掉头而去。还有一次，一些人要编辑一套当代评论家丛书，有人提议应有贺敬之一本，冯牧欣然同意，却遭到贺敬之的断然拒绝。冯牧是执着的，他自认一向是重友情的。他热爱朋友，以朋友的成就为自豪、以朋友的忧患为自己的忧患、以朋友的快乐为自己的快乐，无论是战争时期，还是和平年代，抑或是"十年浩劫"人人自危的时候，他都保持着这种生活的信条。然而，他更坚持自己的思想主张，他想不通在新形势面前朋友所发生的变化……朋友也有分手的时候，这虽是他最不乐意看到的，但也只能接受现实。贺敬之也有想不通的地方，他自认问心无愧，一个党的高级干部必须时刻以党的利益为重，自己对党是忠诚的，对文艺界是保护的，而不同于冯牧等人对年轻人无原则的迎合，跟在年轻人屁股后面跑……他们就这样成了老死不相往来的陌路人，甚至扬言一方死了另一方绝不参加追悼会。直到1995年冯牧患白血病入院，当生死离别真的摆在面前的时候，贺敬之夫妇还是从天津找来名医为老友治病，事后小玲把情况告诉给冯牧，躺在病床上的冯牧沉默良久，叹息道："我的这个老朋友！"尽管如此，直到离世，他也没有见到自己的老朋友。冯牧去世后，小玲曾去探望手术中的柯岩，一见面柯岩就把小玲抱住了。虽然身体虚弱但个性强悍的她嘴上仍旧不饶人，最后一次见到小玲时她还埋怨说："冯牧就是个傻蛋！"说这话或许不无道理，冯牧本质就是个书生，始终无法精于为官之道，他善良、热情、率真，在政治风云变幻的大舞台上所做的许多事情可能都会被一些人认为是傻事。

  还有一些变化或许是冯牧更加没有思想准备的。

1982年秋,现代派作品的出现引起了整个文坛和思想界的关注。高行健《现代小说技巧初探》出版后,《上海文学》发表了冯骥才、李陀、刘心武等人探讨现代派的文章,这原本是对外开放后东西方文化交流的正常现象,却不能不引起冯牧的担忧。忧虑主要来自两个方面:从理论上讲他历来是主张革命现实主义的,并就这一问题发表过不少文章和讲演。他不赞成一些作家从面对现实、直面人生的现实主义走向"背对现实,面向内心"的现代主义。除此之外,担忧也是出于形势的沉重压力。从批评《苦恋》以来,文艺界已然如惊弓之鸟,他很害怕节外生枝再惹麻烦。一向对形势发展忧心忡忡的他甚至担心这麻烦可能会波及上层的不同意见乃至影响大的战略部署——今天看这种顾虑显然高估了现代派对中国文学和社会的影响,但冯牧当时的忧虑却是发自内心的。他担心文艺界几年来取得的成就遭受到更强烈的批判;担心年轻人的前程愈加坎坷;当然,也担心他和他所领导的《文艺报》,他们一直被指责为对错误倾向批评不力,已经到了将要被改组的边缘……在种种忧虑的支配下,冯牧打电话给《上海文学》负责人李子云,希望她以大局为重停止对现代派的集中讨论。李子云拒不接受他的观点,两人在电话中争执起来,冲动中李子云说了一些不中听的话,冯牧生气地挂断了电话。为了高扬革命现实主义的旗帜,冯牧主持召开了讨论会,随后又发表了观点鲜明的讲话:"我不同意那些否定写人物、写典型,否定现实主义的理论。有人提出要写文学的特异与例外性,可能是独特性的,也可能是不健康的。但不管怎样,不可能取革命现实主义而代之。我反对世界主义。"(在"中篇小说评奖会读书班"上的讲话)

没有想到的是,看法的不同很快便影响到他和周围朋友的关系。那次争执过后,一向和冯牧等人关系甚好的李子云和他竟有很长一段时间不讲话——两人都很固执。后来,事实证明冯牧的担心并非空穴来风,一心希望步子能够迈得大一些的李子云在连连受挫之后体会到了他的用心良苦,两人不但恢复了来往,比过去还更亲近了。

让冯牧感到难以接受的或许还是那些曾经让他倾注全部心血热情扶持的年轻人。那时候文艺界有一种传言,说刘心武要和冯牧等人分道扬镳。此话传出,一时间沸沸扬扬,各种心态都显露出来。有惊讶的,有遗憾的,有不解的,有高兴的——那些曾经指责冯牧们跟着年轻人屁股后面跑的人更是不由得暗中发笑,而冯牧则真有些哭笑不得。他着实体会到了上下左右几边挨骂的艰难处境,上面说他放弃原则、温情主义,下面说他胆小怕事、委曲求全……但无论怎样他还是坚守着自己的观点,勉力地做着自己认为应该做的事情。

很多年后,在整理荒煤的遗稿时,我看到刘心武写给荒煤的一封信谈及此事,觉得很有必要在此摘录下来,让人们更清楚地了解事情的原委:

> 从东北回京后,见到一些编辑同志,他们说现流传着一种说法,就是我曾在《文艺报》一次座谈会上宣称,要与冯牧、您等老同志"分手",这当然是一种误传。我的确在《文艺报》讨论艺术形式革新的座谈会上说过,"在这个问题上,师生之间、同志之间、亲近者之间,有可能发生尖锐分歧,这种分道扬镳当然是痛苦的……"我这话现在看来有些言过其实;而且,在我讲到"分手"时,心中倒也想到过某几位长辈,但并不包括您们,在我心目当中,您们恰恰是会坚定地支持艺术形式方面的革新尝试的。同次会上,李陀的发言更过火些,我们最近见面时,回顾了一下,都觉得自己当时的确偏颇了些。就我来谈,无论在艺术形式上汲取、借鉴多少外国当代文学的东西,有一点是不可更易的,就是我要搞现实主义,而不去搞什么自然主义、象征主义、存在主义……或别的什么非现实主义,同时,我要努力用自己的作品去反映中华民族的生活、心理、气质、发展……您以为我这种想法好否?很愿得到您的教诲。

(刘心武致荒煤信,1982年9月17日)

在另外一封 8 月 23 日写给荒煤的信中,刘心武还提到:"就我所知,直截了当声称要试试'现代派'的同志并不多,大多数其实还是主张搞现实主义的,只不过 1. 认为有的同志探索探索,搞搞中国的'现代派',只有利于百花齐放,有利于百家争鸣,起码是无害的,何妨欢迎;2. 现实主义,或许说革命现实主义,在艺术技巧上也应多方吸取营养,包括吸收西方现当代'现代派'中的有益营养。"他在信中还特别提到,希望老同志们对中青年人的想法了解得更清楚一些,多加指点和疏导,他本人也乐于"多起一点桥梁式的沟通作用"。刘心武表达的想法是真诚的。其实,在新时期滚滚而来的大潮面前,新老一辈人在探索艺术形式方面出现的差异是完全正常的,冯牧的忧虑有合理的一面也有保守的成分,只是因为有一个"凡是派"在旁边窥伺,就使得问题变得更加错综复杂。

不知道刘心武是否把他所想的告诉了冯牧?他们为什么没有像最初相识那样在那间装满书柜的客厅里亲切交谈、无拘束地争论和沟通?我只知道那段时间里,冯牧十分焦虑和郁闷。之后,批判人道主义、清除精神污染接连袭来,冯牧家的客厅出现了前所未有的冷落。昔日人来人往热闹非凡的情景不见了,连经常出没于此的座上客也没了踪影。真心喜欢朋友、喜欢年轻人的冯牧不能不觉着伤感,他对荒煤发牢骚说世态炎凉,在谈到中青年人的不理解时也很委屈,很激动……冯牧对世态炎凉的敏感或许与他的年龄不大相配,但也证明了在他那颗单纯充满热情的心里,有着超出一般人的对朋友和友情的渴望。荒煤也是同样境遇,但他的性格原本比冯牧冷峻孤独,失望也就表现得没有那么突出。他只是低声地笑笑,不多说什么,好像一切都在预料之中。就这样,又过了几年,在冯牧离开这个世界的遗体告别会上,刘心武忍不住伤心痛哭,他在冯牧的灵前献上了自己所画的一幅"头雁",那上面由一排排大雁组成的雁阵正展翅飞向辽阔的天际,有一只老雁骄傲地飞在最前面……

波折也好,误解也好,冯牧对文学、对年轻人的一片赤诚从来不会改变。1985年,冯牧应邀为一家出版社主编一套丛书,旨在反映新时期近十年来的创作成就。他选择了中篇小说这个成绩突出、社会影响较大的体裁,编入了王蒙、邓友梅、从维熙、张洁、蒋子龙等人的代表作,并为整套丛书撰写序言。经过一年多紧张有序的工作,《新时期中篇小说名作丛书》十二卷出版,在社会上产生了很大的影响,冯牧因此又有了继续编选下去的计划。然而,意想不到的是,出版社突然接到通知:此书"不应再继续发行也不必再继续编选下去了"。这突如其来的决定让冯牧感到震惊,他不明白这套书到底出现了什么大的差错,导致有关方面采取如此严厉的措施。多方打听后才弄明白,一是有人认为丛书编入的都是些带有"倾向性错误"的作品;二是有人说出版社支付了超过标准的编辑费。对于后者,冯牧不屑一顾,编辑工作完全是无偿劳动,包括冯牧在内的所有编委每人都阅读了二三百万字的作品而分文不取。对于前者他却不能不感到愤懑,他对荒煤发牢骚说:"实在搞不懂,改革开放十年了,这些优秀作品怎么倒成了有'倾向性错误'的东西?!"愤怒之余,善良的他又开始感到不安和负疚,不仅仅是为自己无端受到的伤害,更因为担心此事会给出版社的编辑带来麻烦,还因为由于自己的执着使得几位老评论家在编辑工作中耗费了大量精力……然而,思前想后,他又感到了一种坦然,他认为自己没有做错什么,"虽九死而不悔"!

就是在那段时间里,冯牧从焦头烂额中抽身又去了云南。一走进那片神奇的土地,他就有了一种可以敞开胸膛尽情呼吸的感觉。大自然任何时候都是忠实的朋友,他徜徉于其中洗涤着自己疲惫的身心。将近两个月的时间里,他的足迹遍布滇西、滇西北和滇南的西双版纳;还到了六十年代自己采访过的部队,七十年代自己避难的"隐蔽"的地方……时光流逝物是人非,远离尘世的喧嚣,不知他都想到了些什么?他是否能把过去、现在的种种麻烦梳理清楚,是否能把永远缠绕不休的烦恼和苦闷都抛向脑后?我没有看到他相关的述说,在他留下的五万字的手记中,一如过去,记载的全部都是那些巍峨的山峦、汹涌的江河、变幻无穷的苍穹、茂密阔大的森林,还有永远让他感到温暖的部队和淳朴敦厚的乡民们……我一直觉得他是生活在两个世界里:一个是倾心向往的大自然,一个是永远无法摆脱而又必须认真面对的现实世界。在大自然中他是如此的透明和忘情,在现实中他又是如此的勉力和无奈,而他的那些逐年积累起来的一本本厚重的手记,始终在静静地述说着他的矛盾和念想——他是多么想要永远沉浸在大自然的怀抱中,但是他只能一次次出走,又一次次回来……

回来也未必都是坏消息。1994年初,让冯牧郁闷不已的那套《新时期中篇小说名作丛书》在第一次国家图书奖评奖中意外地获得了"国家图书奖"。消息传来时,冯牧百感交集,想到此书非同一般的遭遇就好似新时期文学跌宕起伏的一个缩影,想到当年和他一起编辑此书的鲍昌、葛洛已经逝去,他们为此书操劳,也为此书受到过责难,他们再也无法听到这个可以使人感到欣慰的消息了,冯牧唯有以一篇《但求无愧无悔》抒发自己的沧桑之感。在我看来,"无愧无悔"绝不仅仅是表达他对这一事件的执着,更是他对自己漫长人生的执着。这一辈子,无论获得多少成就和荣誉,遭遇多少坎坷和失败,有着多少教训和遗憾……能够做到"无愧无悔"——足矣!

冯牧最后一次前往云南正是那年秋天,七十五岁的老人从病床上爬起来带领着一群中青年作家风尘仆仆地来到丽江,一路上他兴致勃

1993年,冯牧于云南大理洱海

勃地说起云南的种种,入住饭店他迫不及待地巡视每个房间,逐个提醒大家:"快打开窗,就可以看到玉龙雪山了!"他的急切、他的激情、他的欢乐感染着大家……然而,冥冥之中,他又好像有一种预感,他说他是来画一个句号的。似乎他生怕年轻的人们忽视了这片他所珍爱的土地,他一定要把自己的这份厚爱传到年轻人手上。

　　一年以后,在他生命垂危之际,有信自彩云之南来,他躺在医院病床上听着小玲读信的声音,仿佛自己又置身于当年激流滚滚的小船上,只不过一切的惊涛骇浪都已过去,他所乘坐的小船正沿着江流静静地漂向一个平静美好的远方……

孤独与喧哗

孤独与喧哗

一 听从心的呼唤

1977年5月,上海在经历了又一个寒冷的冬季之后终于迎来了春暖花开的季节。23日这天,巴金开始续写自己中断了半年的日记:

> 二十三日(多云) 今天是毛主席的光辉著作《在延安文艺座谈会上的讲话》发表三十五周年纪念日。晨六时一刻起。七时一刻离家,到绍兴路七十四号党委办公室,遇见马飞海,才知道上午的会在十时举行,即回家休息。刚到家,《文汇报》小武同志送了文章《一封信》的校样。九时半再去绍兴路……
>
> (《巴金全集》第26卷,人民文学出版社1994年版)

从日记中看,那天的巴金十分忙碌。他六点一刻起床,七点一刻就出门了。到了单位,才发觉竟搞错了时间,纪念"讲话"的预备会十点钟开,只好回家休息后再次前往。下午,大会开幕式在上海展览馆举行,这是上海文艺界粉碎"四人帮"后的第一次大聚会,也是巴金十一年来首次公开露面,他"见到不少多年来未见的熟人"……此后,一连几天的日记中记述了开会的情况,表述虽然简洁,但劫后余生的激动已经在字里行间不可抑制地流露出来。

重要的是日记里提到的《一封信》,它发表于5月25日,是巴金"文革"后发表的第一篇文章。它向人们宣告,经历了九死一生的磨难,巴金终于又重新拿起了笔!

这是一支曾经带给许多人温暖和光明的笔。三十年代,当生活的重负压得他无法喘息,当失去亲人的悲伤透彻心骨地袭来的时候,年轻的巴金曾经坚强地写道:"我是不会死的。我要活下去。我要写,我要用我的这管笔写尽我所要写的。"遵循着心灵的呼唤,他写出了一部部反映社会现实、张扬个性解放、呼唤自由民主人道精神的小说,在广大读者中引起强烈共鸣,影响了一代又一代青年的人生道路。然而,这支笔在"文革"中却被迫停息了十年。"……他们用种种的精神折磨和人身侮辱对待我,处心积虑要我以后永远不能再拿笔。"和三十年代一样,巴金是不会甘于向黑暗势力低头的。失去笔的痛苦或许早已胜过失去生命,想要写的文章没有写完,更多的东西积压在胸中,青春时代的誓言和着生命的节奏依旧在顽强跳动,巴金对人们说,此生只要能够重新拿

1977年5月25日,《一封信》的发表,结束了巴金"文革"十年的沉默

1981年春,巴金与叶圣陶摄于叶圣陶寓所

起笔,就绝不会再放下。

《一封信》就这样裹挟着春的气息出现在世人面前。尽管时代才刚刚发生变化,尽管作者的内心仍旧充满矛盾,尽管他一方面感谢党的挽救、对自己的作品也还持有批判态度,但一种自由的声音正不可遏止地在作者内心升腾复苏,攻击和摧毁着多年来作为驯服工具赖以相信并躬行的一切。

《一封信》也给文坛带来了莫大的惊喜。半个多月的时间里,编辑部就收到从全国各地寄来的几百封信,很多人从这里嗅出了新时代启动的信息。经历了"文革"磨难的八十三岁老人叶圣陶和巴金已经多年没有谋面,读到《一封信》后,他怀着激动的心情从北京寄赠巴金诗一首:

诵君文,莫记篇;交不浅,五十年。平时未必常晤叙,十年契阔心怅然。今春文汇刊书翰,识与不识众口传;挥洒雄健犹往昔,蜂虿于君何有焉?杜云古稀今日壮,伫看新制涌如泉。

(叶圣陶《赠巴金同志》,又称《巴金兄索书作此赠之》)

"文革"中被打断了一条腿的夏衍,虽然已经出狱两年,但最后的结论却被压着迟迟不予下达,就在这个时候,他看到了巴金的《一封信》,这位历经坎坷的老共产党员在写给朋友柯灵的信中说:

  "四人帮"垮台后,开始有些上海的朋友来看我了,但所知的也不是可以使人高兴的消息。到今年五月,从报上看到巴金同志的文章,才感到春来的讯息。

(《夏衍自传》,江苏文艺出版社1996年10月版)

我之所以对《一封信》格外注意,不只是因为它是"文革"后文艺界发出的第一声呐喊,也因为它发表的时候我还是一个二十出头的年轻人,我和我的同伴们与整个国家一起经历了沉重的十年,不幸成为背负"伤痕"的一代。我们流落又重聚,如同刚刚从噩梦中醒来,笼罩着我们的困顿和迷茫还未散尽,我们还不知道怎样把自己带上新的路途。细推算,1977年,巴金已经是一位七十三岁的老人了,经历了残酷的批斗和丧失最亲爱的人的痛苦,经历了十年写作的空白,带着精神和身体上的严重创伤,他是怎样渡过复苏的年代,怎样挣脱一直以来紧紧地束缚着知识分子的精神枷锁,重新拾笔踏上新的征程,这的确是我想要知道的。

事实上,1973年从干校回到上海后,巴金就已经开始默默地翻译外国名著了。躲在一个不足三平方米的小屋子里,他重新校译了屠格涅夫的《处女地》,翻译了赫尔岑的回忆录。他明知这样的书在当时根本无法出版,但是在翻译中,他度过了失去萧珊后最痛苦的日子,在翻译中,他净化着自己的灵魂、反思着民族的苦难也寄希望于未来……

  我每天翻译几百字,我仿佛同赫尔岑一起在十九世纪俄罗斯的黑夜里行路,我像赫尔岑诅咒尼古拉一世的统治那样,咒骂"四人帮"的法西斯专政，我相信他们横行的日子不会太久……

（《一封信》，《文汇报》1977年5月25日）

当巴金写下这些文字的时候，他的心里一定感受着许久都没有的畅快和自由。他说出了自己想要说的话。他用十九世纪俄国沙皇尼古拉一世的残暴统治形容"文革"的黑暗，批判的矛头指向封建专制——这个中国根深蒂固的病根。信中对"文革"血的控诉和锐利的批判，令许多还处于困惑不解又渴望爆发的人们感受到一种振聋发聩的力量。

三十多年后，在我对当代评论家顾骧先生的一次访问中，他的一段回忆吸引了我。

正是那个五月，顾骧一行三人作为文化部党组委派的官员到上海参加纪念毛泽东《在延安文艺座谈会上的讲话》发表三十五周年座谈会。顾骧说，当时的情况非常艰难。"四人帮"刚刚倒台几个月，江青的"纪要"没有受到彻底批判，"两个批示"还在发挥着主导作用，一系列重大问题都没有得到澄清。座谈会开起来后，人们所谈问题处处涉及禁区，很快，上面就发现不知道该如何收场了。开了几天的会只好宣布告一个段落。休会多久，没有明说。顾骧一行走也不好，不走也不是，商量之后决定借机搞一次调研。他们提交了一份名单，想要接触一下上海文艺界的重要人物，名单中的第一位便是巴金。

顾骧清楚地记得那天见到巴金的情景：他敲门进来，就坐在我对面的沙发上，从口袋里摸出一个小本子，开始讲述自己在"文革"中的遭遇，什么时候被批斗，什么时候被抄家、下干校，书被没收、存款封存等等情况，大约讲了一个小时。

听着巴金的讲述，顾骧的内心十分激动，他不知道该用什么样的语言表达自己个人的感受，连调研也是未经文化部党组许可先斩不奏的行为，他能做的只是怀着复杂的心绪从东湖招待所要了车子把巴金送回去……很多年后，当顾骧述说当年情景时满怀感慨，他从十一二岁起就开始读巴金的作品，对巴金充满了敬慕之情，没想到第一次近距离地接触巴金却是在这样的情形下。

这正是写作《一封信》时的巴金。我向顾骧问及巴金的身体和精神状况，他说看上去身体很瘦弱，但精神非常好！说"非常好"的时候他笑了起来，提高的嗓音中充满了赞叹，那是对一位老人由衷的赞叹和钦佩。我仔细翻看巴金的日记，发现那时候，巴金和他的同伴们正沉浸在"解放了"的情绪中，根本没有在意顾骧所说的"艰难"。他一连几天都是六点起床，七点出门，赶去参加座谈会。他们每天认真讨论，人人精神振奋，畅所欲言。巴金不仅在大会、小会上发言，还发表了文章。我虽然没有看到关于那次会议的具体材料，却能想象得出老艺术家们的激动和慷慨激昂，或许正是那些不可抑制的超越了边界的发言，让主持会议的领导层在上面对许多问题还没有明确态度的情况下感到了为难，不知道该怎样总结这个会议。任何一个时代的开始都带有新旧之间的厮杀和阵痛，巴金没有在意会议的"告一段落"，即便暂时告一段落，历史的车轮也依然是不可阻挡的。他满怀希望，听从自己心的呼唤。他在《一封信》中这样描述："我又恢复深夜工作的习惯了，我心情振奋，像二十八年前在天安门城楼上那样。夜很静，我心里极不平静，我真有一种'心潮澎湃'的感觉。"经历了痛苦磨难的巴金挣扎着从历史的泥潭中站立起来，"尽管目前还有各种困难，还有各种阻力"，但他却以别人没有的坚定和迅速，"面对着无限光明的前途"迈出了自己的脚步。

一年多后，我第一次见到巴金。

记忆中1979年3月的那个早晨，凉爽而带点雨意。在上海并不喧闹的街道上，六十多岁的荒煤迈着兴冲冲的脚步，去寻找巴金的家。那是荒煤"文革"后第一次到上海，除了开会，探望老朋友是重要内容，而拜访巴金则是重中之重的活动，一到上海就联系好了。后来，荒煤曾经在文章中这样记述：

1979年8月31日,巴金摄于寓所书房

……从1964年之后,经过"文革",我被反复批斗了两年多,在监狱里关了七年,后来又被送回重庆市图书馆书库里清理旧书,写了三年卡片,直到1979年夏天(应为春天——作者)我到上海再次见到巴老,却又整整15个年头了。我年过花甲,巴老也已经是年逾古稀75岁的老人了。我只记得那天上午,严平陪着我乘电车下来,走了许久,才找到巴老家门口……

(荒煤《我所认识的巴金老人》,《冬去春来》,
江苏文艺出版社1994年12月版)

那天,我紧随其后。我们先是乘公交车,然后沿着湖南路、武康路走了很长时间。尽管已经知道荒煤喜欢在上海的马路上散步,而且走到哪里都能生出许多感慨来,但那天我还是明显地感觉到他的情绪特别不同。当我们沿着梧桐树林立的街道向前走时,昔日尘封的记忆悄然打开,荒煤兴致勃勃地说起三十年代在上海第一次见到巴金的情景。那时候,二十二岁的他住在丽尼的家里,后门就对着文化生活出版社的大门。一天中午,他正和丽尼的夫人许严在后门过道里做饭,巴金穿着一身笔挺的西装(好像是刚刚参加完一个活动)和丽尼从出版社走出来,在丽尼的热情建议下,他们就那样一起站在弄堂的过道里,端着盘子品尝了荒煤刚刚炒好的红烧豆腐,巴金边吃边连声称赞:不错,味道蛮好……就是这个红烧豆腐的细节,使荒煤对巴金的感觉一下子贴得那么近,事隔半个世纪,虽然他已说不清第一次见面到底是哪年了,但这个生活的场景却清晰地留在脑海里,让他想起来就觉着温暖和快乐。荒煤的第一篇小说《灾难中的人群》就是巴金交给靳以在《文学季刊》上发表的,那段时间,他几乎创作了自己一生的全部小说。直到五十年代,荒煤进入电影界担任了领导职务,巴金还给他寄去旧日保存的书籍,鼓励他再创作几部小说,可他的"小说梦"却终于被繁重的行政工作挤压得无法实现……荒煤说着,无可奈何地摇头叹气,我的想象却随着他的描述飞向几十年前的老上海。同样的春天,同样的蒙蒙细雨,窄小亭子间里的身影却是年轻的,弄堂里烟气中夹杂着笑语和红烧豆腐的香气……我呼吸着周围的空气,似乎感觉到昔日那些年轻人所散发出来的青春气息!

然而,那天的见面却总在提醒我时光的无情。我们到达武康路113号那扇油漆斑驳的木门前时,荒煤的情绪似乎更加难以平复,他按向门铃的手竟有些颤抖。走近小楼,巴金已经在门口迎接我们了。当他们紧紧地握住彼此的手时,两人好一会儿都不知说什么好。

那是我第一次仔细地端详面前这位文学巨匠,他和我的想象不尽相同。他一头雪白的头发,瘦弱而苍老,但目光中始终闪烁着的喜悦却给人一种温暖的感觉。那时候,我已经读过他在香港《大公报》上发表的《怀念萧珊》了,我不止一次地反复读着那些烫人的文字,为文章中令人难忘的细节和刻骨铭心的感情而感动得热泪盈眶。我一直以为,有着这样沉重记忆的老人或许会是一个冷峻而缄默的人,但他脸上热情而温和的笑容却似乎能够融化许多冰冷和严寒。

我已记不清那天巴金和荒煤都说了些什么,好像谈到三十年代,也谈到当下的文学情况,巴金还叮嘱荒煤多写些东西……他话不很多但言辞沉稳有力,当他们爽朗地笑起来的时候好像屋子里充满了阳光,而在那个过程中,我和巴老的女儿小林也很快就熟识起来并谈得很热闹。

那天,离开巴金的家后我们又去了别处,一天都在紧张忙碌中度过。荒煤的情绪十分愉快,他不止一次地对我感叹说:尽管经历了那么多事情,巴金的心还是那么充满热情!荒煤说这话时一扫平日里的严肃,脸上都是笑容,好像自己又回到了年轻的时代。

二 春天里的冷风

1979年10月28日上午,一架从上海虹桥机场起飞的客机载着参加全国第四次文代会的代表团成员飞往北京。那天,大雾弥漫,飞机起飞时晚了半个多小时,到达首都机场已过中午。

除了晚点,一切似乎都很平静和顺畅。巴金在当晚的日记中写道:

> 七点后起。……十点半前老彭开车来接西彦和我、小林去机场。王一平、洪泽、江岚、吴建、马飞海等来为全团送行。一点后到京,家宝、罗荪、张僖、吴强来接我们,坐家宝车到国务院第一招待所八〇二号。……

(《巴金全集》第26卷)

日记一如既往的简洁、平实,没有任何情节性的内容,也没有丝毫情感的蛛丝马迹。这秉承了巴金日记的一贯风格,只是客观地记事,与文章的风格截然不同。

然而,事实上,这是一个非同一般的日子。

这一天,全国各地的文艺工作者们正怀着激动的心情,从四面八方赶赴北京,去迎接那个久违了的盛会。饱受重创的上海文艺界伤痕累累,一些名声显赫的艺术家在刚刚过去的那场灾难中丧失了生命,活着的人能够从惊涛骇浪中挺过来,顺利地搭上这班飞往北京的飞机,已实属幸运,人们确实有权利为此而感到欣慰和高兴。

说它是一个非同寻常的日子还在于,此刻上海代表团中,至少有一多半的人在兴奋的同时正为另外一件事情而感到纠结——上海团诞生了两位团长。

按说,一个代表团设几个团长并不是多么重要的问题,中国官员多,挂名早已是人们司空见惯的事情。但是,这一次,团员们却颇为不平。很多年后,上海作协机关资深老同志徐钤回忆了当时的情景:原本已经宣布了上海代表团团长是巴金,后来忽然又宣布宣传部长陈沂为第一团长,而德高望重还担任着第三届全国文联副主席的巴金成了第二团长,而且全国的代表团只有上海团有两个团长。这件外界看似不起眼的事情,明显地表现出对巴金的不信任,这不能不让上海的艺术家们刚刚解放了的神经又重新紧绷起来。事隔多年,我还记得李子云当时说起这件事时的愤愤然:巴老的威望无人可比,怎么就成了第二团长呢?据说宣传部的一种说法是上海代表团大,应该有两个团长;还有一种说法是巴老不是党员……这难道是可以说服人的理由吗?她说此番话的时候,脸色微红,语速很快,两眼睁得大大的,好像在探询答案。

其实,大多数人都知晓这其中的缘由。

1979年初,上海大街小巷纷纷扬扬地传递着一个"骗子"的故事。上海籍知青某某,为了达到回城目的冒充一位高级将领的儿子,通过各种关系招摇撞骗,要车、要戏票、要把自己的"知青伙伴"调回上海……而一些领导干部和社会名流闻听其背景则趋之若鹜,投其所好,为其提供各种便利。一个偶然的机会,骗子被揭穿。受骗人惊呼上当,愤怒至极。而这个聪明过人的骗子被捕后却说:我唯一的罪名就是我不是某某人的儿子。这一发生在"文革"刚刚过去时的真实事件,引起了人们的广泛关注,很快被上海人艺沙叶新等人改编为话剧《假如我是真的》。戏在内部上演时就引起了轰动,观众拼命鼓掌,但来自上层一些人的意见却认为是给领导干部脸上抹黑,对能否公演持反对态度——共产党的剧院里怎么能演出批评共产党干部的戏!巴金就在这个时候发表了《小骗子》一文,他不赞成对公演进行干预,并批驳了那种认为是给干部脸上抹黑、给社会主义抹黑的观点,还借用十九世纪俄罗斯作家果戈理的著名讽刺喜剧《钦差大臣》谴责了中国社会存在的不正之风,指出对那些"非现代"的封建的东西,绝不能讳疾忌医。

　　写到这里不能不令人感叹,事隔三十多年,社会发生了巨大的变化,如今的骗子和骗术也早已花样翻新远远超过了二十世纪七十年代,但巴金文章中所说一百多年前果戈理讽刺的鞭子却仍旧狠狠地抽在我们的身上。权力的无限膨胀继续造就着一些更"出色"的骗子,也使更多的人在趋之若鹜中成为被骗者。人们痛恨这一切不能彻底铲除,也更加知晓当年先行者们反特权反封建的不易。那时候,许多人从骗子的故事中引发出疑问:"文革"刚刚过去,被打倒的老干部刚刚重新上台,领导层身上表现出来的问题还能不能批评?我们的国家为什么会发生这么大的政治灾难?原因是什么?人们思考并渴望得到答案。然而,在"家丑不可外扬"的教义下,一些人很快就调整了立场,不再发出反思的声音,唯有巴金仍旧公开发表自己的意见,坚持自己的观点。

　　巴金的《小骗子》只是《随想录》中的一篇,自1978年底起,他应朋友之邀开始为香港《大公报》写随笔专栏,一个看似偶然的机会,激发了他多年来压抑在内心的真实感受。从第一篇《谈〈望乡〉》开始,到第四次文代会召开前夕,他已经发表了三十多篇文章,从批判"四人帮"罪行,到批判封建专制和官僚主义,到对自己多年来"奴在心"的深刻反省……几乎每篇文章都体现出当下社会不同思想的激烈交锋,也很快就引来了上层一些人士的不满。对此,巴金很坦然。他在《随想录》后记中写道:"古语说:'人之将死,其言也善。'我过去不懂这句话,今天倒颇欣赏它。我觉得我开始在接近死亡,我愿意向读者们讲真话。……我愿意为它们负责。"两个团长的事情就发生在这样一个历史背景之下,一个貌似简单的可以用许多冠冕堂皇的理由抹平的长官行为,却让许多人清楚地看到其中包含着的深层政治信息。

1979年秋天,备受瞩目的第四次文代会即将召开,性情豪爽未脱军人作风的吴强先于他人飞往北京,把对"两个团长"的不满迅速地传播开来。一向缄默文静的老作家赵清阁也提前赴京,住在与之交往颇深的师长阳翰笙家中,她对团长事件表现出的强烈态度使翰老受到了感染,除了详细向翰老述说事情的原委之外,她还把意见一直反映到邓颖超那里。

北京文艺界的老朋友们焦急地等待着上海团和巴金的到来。于是,就有了吴泰昌在《我亲历的巴金往事》中记述的一幕:"10月27日上午8时30分,我刚上会就接到曹禺电话,要我告诉他巴金明天抵京的航班和时间。""上海团原计划12点半左右到达,11点半罗荪、张僖同志,还有早到的吴强乘坐一辆车去机场,曹禺自己去了机场。"

我曾经多次在脑海中复原那天的场景。七十年代的首都机场绝不像今日那样人群熙攘,但那天却也热闹非凡,拥有众多明星、大艺术家的上海代表团的到来为机场增添了亮点和欢乐的气氛。本来外地代表团到京并不一定非要领导出面迎接,但罗荪、张僖陪着打前站的吴强带着工作人员前往接站;而心急又热情洋溢的曹禺早就等候在机场,这位一向视巴金为最可信赖的兄长、总是渴望与其相聚的老弟焦急地徘徊在出站口,大声呼唤着"老巴"迎上前去,兴冲冲地把巴金父女请上自己的车,一路谈笑风生地开往国务院第一招待所。那天下午,闻讯赶来探望巴金的就有十几人之多……所有的这些行为似乎都在有意无意地表露着一种态度,那就是对巴金的慰问和支持。

在那个遥远而美丽的秋天,我也和许多人一样为"两个团长"的事情感到困惑不安。不同的是,和一些人关注整个事态发展相比,我似

1981年，巴金、冰心、阳翰笙相聚北京。后排左起：李小林、吴青、欧阳晓华

乎更关心巴金个人的状况。他的精神怎么样？他对整件事情怎么看？他会为这样的事情感到不满不快吗？那会不会影响到他的身体和写作……上海团的终于抵达同样使我感到兴奋，因为小林来了。我们虽然不住在一个宾馆，但几乎每天都通电话，经常在开大会的时候见面；间或，我也会到他们的住处去。三十多年后回想起来，我当时好像真的太傻了。我从来没有想到像有些人那样，把自己接触到的大学者大艺术家们——太多了——一一记到笔记本上，留待有朝一日成为独家史料。不仅如此，我还有偏离中心的毛病。那些日子见到巴金时，我总是和小林谈得稀里哗啦，而巴老常常做自己的事，微笑地在旁边听我们说话。或许是不忍打扰他，又或许年轻的心更容易接近吧。但即便如此，我也仍然体会到了巴老的心态。这一次，他给我的印象还是有些出乎意料。他照样待客，来看他的人太多了；照样认认真真地开会，参加小组讨论；照样尽自己所能为一些朋友排忧解难；也照样兴致勃勃地和小林一起去看他喜欢的电影。有几次荒煤邀他们到电影厂看电影我都在场。那件让很多人不平并弄得沸沸扬扬的团长事件好像和他没有

什么关系,有时候即便有人在他面前大声地议论此事,他也只是温和地笑笑。多年后,当我试图在他那段时间的日记里寻找这一事件的踪迹时,我失望了。我也认真想过,他为什么没有写呢?不仅是这件事,很多充满曲折的事情都不在其中。这或许正是他日记的风格,记述只是一种线索,在线索的背后却牵扯着许多真正的故事。抑或,这也表明了巴金的一种态度,尽管自始至终处于事件的中心,但却置若罔闻。在和徐钤的谈话中,我曾经求证自己的看法,他立刻就肯定了我的感觉:对,巴老是不会说什么的,他只是听我们说,然后笑笑。

无论如何,在当时,我的心是悄悄地放了下来,我觉得巴金是以一种宽容大度应对着不公和不平,他或许根本不会把这些事情放在眼里。

然而,在观点上他也绝不退让。

第四次文代会闭幕后,胡耀邦在人民大会堂新疆厅接见了新当选的文联领导人,巴金在会见中直率地谈到了对"骗子"一剧的看法,并向胡耀邦提出要求,"让这个戏演下去吧!"那以后,在1979年到1981年的两年中他连续发表了《再说小骗子》、《三谈骗子》,1986年又发表了《四谈骗子》,文中所涉及的社会问题十分广泛。并坦言,并非自己对骗子有什么特殊兴趣,"骗子的产生有特殊的原因,有土壤、有气候。他们出现了,生存了,这就说明我们社会还有不少毛病,还有养活骗子的大大小小的污水塘,首先就应搞好卫生清洁……消灭原因,破坏土壤。"

文代会期间又接着开作代会,会议闭幕时,由巴金致辞。他的致辞太不寻常了! 一般适逢重要会议,领导的讲话都是预先准备好的,有的还是集体讨论起草后几经修改,而巴金的讲话却是在会议期间自己写的。有半天,他请假未参加小组会,待在自己的房间里写闭幕词,不到两千字的闭幕词很快就写成了。

事隔三十五年,在写这篇文章时,我找到了当时的大会简报,重新阅读巴金的致辞,依然强烈地感受到那个时代风云迭起的气息,以及巴金充满激情的内心和打碎枷锁奋勇前进的坚定信念。

仅引两处:

> 可能有人要问:春天到来之前会不会刮冷风,出现霜冻呢?……我说很有可能再出现,也可能不出现,这就要看我们是不是愿意再受迫害。要是我们的民主和法制不健全,不完备,那就很难说了。……

在闭幕词的末尾处,他说:

> 我快要走到生命的尽头,写作的时间极其有限了。但是我心灵中仍然燃烧着希望之火,对我们社会主义祖国和我们无比善良的人民,我仍然怀着十分强烈的爱,我永不放下我的笔,我要同大家一起,尽自己的职责,永远前进。作为作家,就应当对人民,对历史负责。我现在更明白:一个正直的有良心的作家,绝不是一个鼠目寸光、胆小怕事的人。
> 　　　　　　(巴金在第三次作家协会代表大会闭幕式上的致辞)

他的致辞赢得了全场雷鸣般的掌声。我很难说清自己当时的全部感受,但我觉得,这个讲话不仅是他对"春天里的冷风"的回应,也是他对团长事件的回应。他并未置身度外。他在讲话中再次提到的"民主和法制"这个根本的问题,表明他的目光看得很远。

事后看,1979年的那个秋天,有些人或许根本就没有把两个团长事件的严重性和后果看在眼里——他们早已习惯了按照自己的意志解决问题,那些做法不过是延续以往而已。然而,这是一个改革开放初起的年代,实践是检验真理唯一标准的大讨论已经开始,思想解放运动的先声已经发出,渴望突破禁锢的人们敏锐地感受着前进的艰难,他们为每一个新思想的出现而感到兴奋和鼓舞,也为每一种保守势力长官意志对民主意识的排斥和轻蔑感到愤懑和不安。经历了血与火的磨难的文艺界不再沉默,他们走在了时代的最

1979年11月，巴金摄于第四次文代会会场

前列，第四次文代会上许多代表观点鲜明的发言都引起社会的强烈关注……最终，在有全国作家代表参加的作协选举大会上，巴金以高票当选为第一副主席，那位上海团的"第一团长"，却始料未及地落选作代会理事。

三　把该写的写完

八十年代的那些日子里，只要到上海，我都会到武康路113号去，虽然那里对我来说已经并不陌生，但每当我独自一人沿着寂静的街道向前走去，远远地看见那扇熟悉的大门时，心中总会泛起一种兴奋。在那栋绿荫围绕的小楼里，我见到的依然是一位祥和慈爱的老人。他有时坐在阳光明媚的廊下看书，有时在房间里缓缓走动，他的脸上总是带着慈祥随和的笑容，让我忘记了这是一位心中装载着沉重的历史，时时总在思考、总想着要尽自己最后的一点气力给读者留下些什么的文学大师。一次阴雨天，小林留我吃饭。餐桌摆好后巴老就习惯地坐在靠厨房门口的位置上，小林坐在一旁给他夹菜。那晚的菜很好吃，青椒炒肉丝,炒鸡毛菜……印象最深的是桌子中间那只热气腾腾的砂锅——新鲜榨菜头炖猪肘。八十年代的北方很少见到这种新鲜嫩绿的榨菜头,白色的浓汤里煨着绿色的菜头,散发出一股诱人的清香。巴老精神很好,看到我新奇又吃得高兴的样子,笑着告诉我,那是四川的菜头,可以腌咸菜,新鲜时更好吃,让我多吃。我连连点头,毫无拘束地和大家边吃边聊,心里被一种暖融融的家庭气氛包裹着。还有一次,因为巴老在客厅招待客人小林带我上楼,踩着一级级擦拭出光泽的楼梯上去,我们到了二楼的卧室和书房。这是我第一次走进巴老的书房,突出的印象就是书多。一面墙被几个宽大厚实的书柜填满了,里面密密麻麻地排列着各种书籍,沙发、茶几,甚至地上也摆放着许多书和杂志,人在房间里走动时稍不留意就可能碰到。屋子的中央是一张宽大的写字台,上面有台灯和摊开的书本——那是巴金夜晚工作的地方,与房间连接的廊子上还有一张差不多样式的写字台,白天他喜欢在那里工作。那天,徘徊在书房中,我的眼睛从高高低低层层叠叠的书籍上掠过,我的手轻轻地抚摸着宽大沉稳的书桌,整个人仿佛置身在另外一个世界里,想到楼下的那位老人是那样勤奋,那样普通又那样的不平凡,我的心里不由得涌起一种深深的感动,好像被一个巨大的气场包围起来。

  那时候,《随想录》正在连续不断地发表。巴金批评"长官意志"、呼唤创作自由,探讨"歌德"与"缺德"问题……他一连三篇发表怀念赵丹的文章,把亡友"没有什么可怕的了"的遗言合着自己要"讲真话"的呼吁一起带上了一个追求真理的更高台阶。对"文革"的反思是巴金写作的一个重要内容。他回忆那些不堪回首的日子,称过去的十年是"可耻的十年"。他并没有像一些人那样把灾难的根源简单地归结于"四人帮",而是对自己也充满着自责、自省和无情的鞭挞:为了逆来顺受地在十年中苟活,为了年复一年不能讲真心话,为了自己不能像老舍那样"勇敢"地死去,也为了连一只小狗都不能保护……在众人皆举杯痛饮胜利美酒的时候,他却一夜夜面对自己痛苦的灵魂不能平静。1980年他在《我和文学》的讲演中说"我认为那十年浩劫在人类历史上是一件大事。不仅和我们有关,我看和全体人类都有关"。后来,他在接受记者访问时说:"我们必须揭露过失和错误,并设法加以改变。但是有许多人想要掩盖错误。"1986年他又提出应当建立"文革"博物馆,"我终于把在心里藏了十年的话说出来了","这不是某一个人的事情,我们谁都有责任让子子孙孙、世世代代牢记十年惨痛的教训。……只有牢牢记住'文革'的人才能制止历史的重演"。发自肺腑的铮铮之言,引发了众多人的思考和警醒,也不断地招惹来各种责难:有人扬言巴金在香港发表文章犯了错误;有朋友给巴金写信说上海要对他进行批评;还有人在某种场合宣传巴金持"不同政见"。更有甚者,一位北京的大人物说:"那个姓巴的最坏,应该枪毙!"——事有凑巧,"文革"中张春桥也说过这样的话:"对巴金,不枪毙,就是落实政策!"

随之而来的还是一些奇怪的事情。

1984年8月上海文联换届,在有关部门的提议下,一直担任着文联主席的巴金不再作为这一职位的候选人,理由是要年轻化,但推出来的候选人却比巴金的年龄还要大。无法自圆其说的理由引起了很多人的不满。一时间,上海文艺界又热闹起来。文联理事会上,人们吵翻了天。后来,上面又拿出新的理由说服大家,不是因为巴金资格不够,也不是因为年龄大了,而是因为巴金是全国政协副主席、中国作协主席,他不属于上海……2011年冬末的一个下午,在上海一家饭店里,隔着悠悠岁月,我听着作协一位老同志忆及当年令人难忘的情景。故事里的人物都是我所熟知的,他们或大名鼎鼎,或作品等身,或温文儒雅,却在那个时候,那些场合里,为了一个在他们看来极其严肃且事关重大的问题争辩得面红耳赤……我特别向他询问巴老对这一事件的态度。他告诉我说,巴老没有参加会议,他对这一切都泰然处之,我们回来告诉他,讲得十分激动,他只是仔细地听,没有任何语言的表述。我听后心中不禁感叹:巴老,你的心到底有多大啊!

或许,巴金早就习以为常,类似事情的发生不是一两次了,巴金在回顾自己一生的遭遇时曾经对人说过:

> 其实我一直被人批判。36年,40年,48年,58年,80年……我觉得将来可以出一个批判集。把这些批判文章都收集在一起。我作文学,原先不是为了当作家。我也没有想到会有读者,会有影响。批判我倒是说明了这个问题:我是在批判中成长的。
> (陈丹晨《走近巴金四十年》,江苏文艺出版社2008年1月版)

在巴金,当他最顺达的时候,也仍然有着痛苦的遭遇和无法言说的苦恼。1958年的批判是声势最大的一次,先是他的文章《法斯特的悲剧》受到质疑,接着又联系到他鸣放时说的"把文艺还给人民",再联系到他的《家》《灭亡》等作品,姚文元等人打头,全国各大报刊上百篇批判文章蜂拥而至,过后,姚文元还问他有什么意见。虽然当时文艺界的主要领导周扬对这次批判并不积极,但事后他对巴金说:"这是一次考验,经受得了就好。"考验的是什么呢,巴金后来自己总结说:"虽然没有把我打翻在地,但是我那一点点'独立思想'却给磨得干干净净。你说……我说……我一律点头。"自然,巴金也有批判别人的时候,在批判胡风的高潮中,秉承着上面的旨意,说着违心的话,写着言不由衷的文章,那些往事最终成为他心中永远的痛,每当回忆起来都不能原谅自己……对于八十年代的真实处境,巴金用生动的语言做了描述:"有时捧我,捧得很高;有时整我,批得也很凶。有的人当面称我老朋友,转身说我是持不同政见者……"(《走近巴金四十年》)我常想,巴金的境遇其实就是一代知识分子的真实写照。他们经历着一个个历史关头,需要在每一个关键时刻表明自己的态度。回避是不可能的,保持独立的看法更危险。有时候,他们就如同站在悬崖边上,必须时刻提防,稍有不慎就有跌下去的危险。中国的知识分子们就这样在磨难中摸爬滚打，有人在崇高理由的支配下被无可奈何地磨光打滑，有人保持了不屈不挠的硬骨头却被剥夺了话语权——即便如此，他们仍旧忠贞不渝地心系国家和民族的命运……巴金正是这一代知识分子的代表，批判也好，责难也好，都阻拦不住他对祖国人民炽热的爱，那些没完没了的人事纠纷根本就是过眼云烟。他脚步坚定、淡定从容，坦率地道出自己百折不挠无怨无悔的心声：

> 面对着那些可气可恼的现象，想叹口气，也缺乏时间和精力，我已经成了一个废物了。但是我还要挣扎，我不能给中国知识分子丢脸。我的确常常在思考中华民族的前途，我总觉得太多的空话、大话、假话挡住我们前进的道路。我们到什么时候才能为自己认真做个总结？……没有想到带有中国特色的官僚主义现在会成为可怕的大灾难。
>
> （巴金致沈毓刚信，《巴金全集》第24卷，
人民文学出版社1994年版）

八十年代的那个印象深刻的日子，我徘徊在巴金的书房里，心中也被许多问题所困扰。来自上层的不满似乎不足为奇，让我感到不解的倒是有些八十年代冒尖的中青年学者也发出了不以为然的声音。对一位拼尽全力走到思想解放最前沿的老人，提出近似苛刻的标准和要求，恐怕有悖于科学和公允的态度，尽管他们中间有我尊重的学者，我依然为此感到遗憾和不平。平心而论，对任何一个作家的不同认识和观点都不足为奇，但我总怀疑他们是否真正地了解巴金！

我了解他吗？很多年后，隔着漫长的岁月，我这样问自己。我不知道该怎么回答。巴金就像是一本大书摆在我们面前，他和他的时代总让我们生出许多感慨，许多困惑和许多痴迷！在写作《随想录》的那些日子里，尽管"叽叽喳喳"的批评声一直尾随着他，可是为什么他仍旧那么执着、绝不肯放弃？当年，在巴老面前，我从来没有想到要提出这样的问题，而如今，我却为这些问题而苦苦求索，并可能随着岁月的日趋绵长、日趋远去而觉得更加意味深长！

巴老不会知道我的想法，当年，在他眼里我是一个孩子，一个小辈；在我眼中，他更多的是我朋友的父亲，一个慈爱朴实的长者，一个让人敬重和想要亲近的老人。我满心愉快地走进那所绿荫覆盖的小楼，享受着那个大家庭温暖而和谐的气息，更多的思考和理解却发生在今天，在这个充满拜金主义腐败丛生的年代里。

最近，我读到他写给一位朋友的信，信中的一段话吸引了我：

> 目前所作所为以及五年计划都是在料理后事，除了写作，还想促成现代文学馆的创办。我一不怕苦，二不怕死，只是热爱社会主义祖国和人民。长官点名，我不会害怕。倘使一经点名，我就垮掉，那算什么作家？……但我更感觉到我必须退休了。不能再混下去。必须把该译的书译出，该写的写出然后死去，那有多好！……

（巴金1981年1月29日致王仰晨信，《巴金书简——致王仰晨》）

巴金的这封信是多年前写给友人的，又分明好像是写给每一位熟悉他的人，每一位朋友，每一位他的读者。岁月流逝，往事苍茫，今天重读这些宝贵的书信，那朴实的语言坚定的信念仍旧让我感受到一种深深的震撼。

四　无法实现的愿望

1983年春天，我曾经两次见到巴金。

4月那次是在医院。我因公出差上海，行前荒煤嘱咐一定要代他去看望因骨折住院的巴老。那天，我随小林来到华东医院，一起走进311号病房。巴老正坐在椅子上，一双浮肿的脚浸泡在盛着药水的脚盆里，见我们进来，脸上浮现出惯常的微笑。听小林说，巴老在辛苦写作之余，还忙着整理挑选大量图书资料捐献给图书馆，结果，疲劳过度跌了一跤，造成左腿骨折。整整两个多月，他的一条腿被固定在架子上不能动弹，经受了锥心刺骨的折磨，好不容易才熬到了拆除牵引。这次骨折，对将近八十岁的巴金打击是很大的。在医院里，我明显地感觉出他的变化。他脸色黄黄的，有些疲惫不堪，当他在家人的搀扶下站起来时，两条腿几乎是蹭在地上，一点点颤巍巍地向前挪动。尽管他的耳朵还灵，一头抢眼的银发在阳光的照耀下依旧倔强地竖起，但他那衰弱的样子还是让我感到担忧和心情黯然。

就在我见到他的半个多月前，躺在病床上的巴金让小林通过吴泰昌带话给张光年，表述了自己这样的意思：

1.我已经八十了，想退出文艺舞台，当然我不会放下手中的笔。请考虑我是否不要再任作协主席了。2.希望作协党组抓一抓文学资料馆的工作。可以先把资料收集起来，若手稿书信收集有困难，可以先收集一些书报期刊，搭个架子。

（吴泰昌《我亲历的巴金往事》，三联书店2010年8月版）

吴泰昌是受中国作协党组委派，就法国授予巴金法兰西共和国荣誉军团勋章等事宜来听取巴老意见的。在小林的叮嘱下，他仔细地把巴老的话记录在纸上，回到北京后"照本"向张光年转达，张光年一一记下后说"巴老既然托你转告我，你已照他的意思办了"。

不再担任作协主席，只做一名普普通通的作家，这是巴金梦寐以求的愿望，也是一个让巴金长时间纠结的问题。事实上，从早年进入文坛起，巴金就对热闹和喧哗没有什么兴趣，他一向认为作家是靠作品说话的，对场面上的一些事情也爱采取躲避的办法。新中国成立后，在"革命工作需要"的崇高名义下,他陷入了身不由己的状态:出席人大、政协、文联、作协的各种会议;坐主席台、当陪客、参与各种社会礼仪活动;应各种报刊之约写应景文章……数十年里,跑火车站、跑机场、跑会场消耗了他大量精力,写作却留下了大片空白,每当回忆起那些失去的时间他就心痛不已:"这些年我浪费了多少宝贵的时光!想到这,我就悔,我就恨。""文革"过后,伴随着新生活的开始,文山会海也再次向他涌来,这不能不让他备感厌烦和焦虑,他不想这样度过生命中最后的时光,曾在给曹禺的信中说:

> 我的主要毛病是疲劳过度,消耗太多,快走到油干灯尽的地步。这半年来我一直在为多活、多写奋斗,自己多次在文章里呼吁。但总会有办法的。现在我许多会都不参加了。……今年起,我要为自己的最后的计划活下去,所以你不必为我担心。

(《曹禺巴金书简》,《收获》2010年6期)

"为自己的最后的计划活下去",这计划是什么呢?巴金曾经多次描述:"我要写两部长篇小说,一部《创作回忆录》,五本《随想录》,翻译亚·赫尔岑的《回忆录》。十三本中间的两本已经出版了……我还要为其余的十一本书奋斗……"之所以对外宣布写作计划,是因为他充满了信心。特别是计划中的一个重要部分——创作一部反映知识分子"文革"遭遇的长篇小说《一双美丽的眼睛》,那是他酝酿很久几乎烂熟于心的计划,他渴望能够在自己的有生之年将之奉献给读者。

然而,这么庞大的计划对于一位古稀老人来说实在是太繁重了,何况他还有那么多头衔,那么多无法摆脱的应酬,各种各样无法避开的社会活动……这不能不让他备感时间的紧迫。不再担任作协主席的决定就是这样做出的,没有一丁点虚假和造作。他一向不愿做官,不愿总被别人当名人看待,更不愿为了做官说假话,到了晚年他只希望一门心思用在写作上,在有限的时间里实现自己的计划和目标。不仅如此,他还在通信中一再殷切地叮嘱和鼓励曹禺等老友,要远离喧哗和热闹,争取在最后的时光里写出自己真正想写的东西来。

1983年5月,在接到巴金两点意见一个多月后,张光年飞往上海。他两次到医院探望巴金,并参加了法国总统密特朗授予巴金荣誉军团勋章的仪式。之后,在张光年的要求下,巴金在家中与他进行了单独交谈。那天,巴金的精神很好,他们一起走上楼,在静谧的书房中,进行了长达两个小时推心置腹的谈话。其间,除了小林上楼为他们倒茶,吴泰昌上去拍了两张照片外,没有任何人打扰,连陪同张光年前去的上海作协领导吴强也没有参加这次谈话。

这是一个耐人寻味的细节。三十多年前那个春天的下午,在武康路113号的楼上,在可以说很多话的两个小时里,他们都谈了些什么?吴泰昌后来说:"巴老与光年同志这次交谈的内容,我至今都不清楚。我猜想,是否与三月巴老转告光年同志的两点意见内容有关?"

张光年在他当天的日记中有所记载:

……应邀在二楼书房谈二小时。他十分关心文艺界团结,希望在"批判""讨论"时多考虑一下。我谈了作协远景规划等问题,他心情愉快,不肯休息。

(张光年《文坛回春纪事》下卷,海天出版社1998年9月版)

读张光年的日记总觉得记述较为笼统,谈形势和团结问题是一个内容,但这似乎并不需要避开他人单独长谈。还有什么是张光年日记里没有明说的?我曾就他们的这次"密谈"询问过小林。小林说她也不是很清楚,据她所知,那天,他们主要谈了辞职和四次作代会筹备等问题。

1983年5月,张光年看望巴金,此为二人在巴金寓所书房会谈时所摄

最先出来阻止巴金实现辞职想法的是周扬等人!

根据张光年此前的日记,赴沪前他曾与夏衍和周扬就这一问题进行过详细交谈。"去北小街看夏衍同志,听他谈巴金近况,嘱(我)劝巴宽心些,超脱些,谈约一小时。剩下一点时间,又去周扬家谈半小时,他的意见大致相同。"(《文坛回春纪事》下卷)显然,夏衍和周扬不赞同巴金辞职的想法。此时,他们正沉浸在另外一种思绪中:伴随着《随想录》的发表,某些大人物的不满正在社会上沸沸扬扬地流传,叽叽喳喳的声音引起了巴金的不快,也同样使周扬、夏衍感到反感。在思想解放的大潮中他们与巴金的观点是一致的,因而也曾被有些人指责为"三个自由化头子"。他们坚定地支持巴金,当《随想录》五集完稿后,《文艺报》召开了讨论会。张光年、荒煤、冯牧等人纷纷与会,畅谈对《随想录》的感想,认为这是一部代表同时期文化最高成就的作品,它的影响和价值远远超出了文学的范畴——这是《随想录》发表以来,国内召开的唯一一次较大规模的座谈会。或许正是鉴于这种情况,当夏衍和周扬听到巴金提出不再担任作协主席的时候,便有了一次"误读",他们觉得巴金的请辞可能和"叽叽喳喳"有关,却忽视了另外一个更重要的原因,那就是巴金的辞职并非因为其他,而是想要集中全部精力,完成此生最后的写作计划。

此外，还有一个更为现实的问题摆在周扬和夏衍面前。中国作协第四次代表大会将要在翌年举行，谁来担任作协主席是关乎着文艺界全局的大事。无论是周扬、夏衍还是张光年，他们都清楚地知道，要团结文艺界各种力量，必须依靠巴金。

张光年在与夏衍、周扬会晤后就是带着这种坚定的想法飞赴上海的。在那天两人的单独谈话中，张光年力劝巴金放弃自己的愿望，出发点自然是文艺界的大局。张光年的劝说显然是成功的。

很多年后，我读到荒煤给巴金的一封信，更进一步印证了这个问题：

巴老：

　　光年同志回京后，在周扬同志家里相见，听他详细谈到您的情况，得知您健康恢复较好，并愿继续担任作协领导工作，心情也较好，十分欣慰！

　　我参加政协会议，也和于伶同志常谈您。于伶、白杨、柯灵等同志也向上反映，建议您担任政协副主席。昨日主席团已通过名单。今日下午即进行选举，当您见到信后，可能早见到报导了。文艺界同志还是很高兴您能担任这样（的）荣誉职务的。

　　祝您健康，还为中国文学运动的发展作出更大的贡献！

陈荒煤
1983年6月17日
（荒煤致巴金信，《陈荒煤文集》第10卷，
中国电影出版社2013年11月版）

荒煤的这封信写于张光年返回北京之后，显然他早已详知事情的前因后果，得知巴金同意再度担任作协主席，心中充满了欣慰和欢喜。信中所说政协副主席一事，也是此间的一件大事。两年前，担任政协副主席的茅盾先生辞世，谁来递补这一职务？一时间出现了多种说法。

巴金呼声很高,却因为这些年发表的文章而受到质疑,在上层引起激烈争论。关键时刻,以柯灵为首的一批政协老艺术家、学者满腔热情地联名向大会主席团提出建议:"考虑到巴金同志在我国文学界的贡献、历史、地位、声望,及国际影响(不久前法国密特朗总统访华,还特别给巴金同志发了勋章。法国总统亲自给国外作家授勋,这还是第一次),因此我们郑重建议:请在本届政协副主席名单中,增选巴金同志参加,以利于加强统战力量,扩大团结面。是否有当,请研究决定,至为企盼。"最终,主席团接受了这个建议,巴金当选为全国政协副主席。荒煤就是在这个时候怀着喜悦的心情给巴金写信的。除了思想解放观点上的一致,荒煤的期望更带有发自内心的真情。他曾在文章中多次忆及,当年冒着生命危险千里迢迢奔赴延安的青年们,很多人是读了巴金的作品投身抗日洪流的。在他和他信中提到的那些人心里,巴金是曾经鼓舞了一代人冲出封建牢笼追求自由理想的旗帜,在今天,他们也同样对他寄予无限的期待。然而正是这些强烈的期待,使他们无形中忽略了巴金个人内心最真实的渴望。所谓劝其"超脱"的结果是不超脱,真正的超脱或许永远都无法实现。

很多年后,在写这篇文章的时候,我曾经想过:假使当年不是周扬等人的极力阻止和劝说,巴金是否真的有可能实现不再担任作协主席的愿望?答案是否定的。客观地说,那时候,想要当主席的人不是没有,但能够被各派人物所接受、能够为新老几代人所衷心拥护的确不多,而巴金却是当之无愧的。

1983年6月,我再次出差上海,又一次到巴老家中探望。那些天,上海一直下着蒙蒙细雨,武康路113号铺着地板的小楼里也有些潮湿。巴老坐在廊下的藤椅中看书,时而隔着玻璃向远处眺望,窗外,绿茵茵的草木沐浴着雨珠轻轻摇晃,枝繁叶茂的广玉兰迎风挺立。在雨滴轻轻滑落的玻璃窗前,我和他说着话,他高兴地让家人取出一本散文集签名送给我。我注意到他的手有些抖,但依旧一笔一画从容地写下去,从他那和蔼的笑容中,我也感受着一位老人病后康复的快乐。

一年后召开的中国作协第四次代表大会,民主选举的呼声超出了以往。在会上,巴金以最高票当选为主席。当大会宣布选举结果时,会场上响起长时间热烈的掌声。据说,没有参会的冰心一直焦急地在家中等待着选举的消息,当她从电话中听到巴金最高票当选时,嘴里连声说着:"好、好……"激动得心脏病都发作了。

五　生命的开花

巴金就这样被各种因素牵扯着,走在一条自己并不情愿的路上,那路上永远充满着各种各样的喧哗和波折。

他的内心是极其矛盾的,但又能怎么样呢?他多么渴望能够摆脱种种干扰,多么渴望能够安安静静地坐在书桌前,全心全意地完成自己此生最后的写作计划,然而,他却无法决绝地卸去外界给予他的那些沉重负担,无法拒绝那么多人的期待和热爱。他只能默默地承受。那沉重的负担压在身上,日复一日地结成了坚硬的块垒。幸好还有一位可以倾诉的大姐冰心,只有在给她写信时,巴金才能释放一下自己的情绪。他在信中这样描述自己的困境:要应酬的来访实在太多,写作的时间都是挤出来的,"常常摊开纸拿起笔,一个字还来不及写,就听见门铃响或者楼下的呼唤声,好像总不能让你安静地想一阵或者写一阵"。有时候连写一封信都很困难,给冰心的这封信就是拖了两个多星期才写成的。他发自内心地叹息道:

> 您了解我,名利之事我已看得很淡,而且有时甚至感到厌恶。现在想的只是把一点真情留在人间,……因此时间对我是多么可贵。想到过去浪费掉那么多的时光,我觉得我也应当坚持一项原则:尽可能多作自己想做的事,尽可能不做或少做自己不想做的事(当然其中也包括着尽可能少写或不写自己不想写的文章)。但要

做到这一个"坚持"却是多么不容易啊！……

(巴金致冰心信,《巴金全集》第22卷,人民文学出版社1993年版)

长篇小说《一双美丽的眼睛》只开了个头就不得不搁置了。最初,他说过:不着急,慢慢写,现在写了,又发表不了。他是想把自己的思想、认识全都融汇到作品中去。可是后来,随着身体的衰弱小说越来越难以继续,最终竟成了他和读者们的最大遗憾……是什么使他在矛盾的心境中最终作出妥协和让步？或许起决定作用的还是他一向宽厚的性格,和心中永远深藏着的那份对祖国对同胞无私的爱吧……他只能奉献自己。

即便再忙累,也要关心青年人,支持新生作品。几十年前他就是这样做的,"文革"后更是不遗余力。有许多作者都在困境中得到过他无私的支持:从维熙、冯骥才、谌容、张洁、张贤亮、张抗抗、张辛欣、水运宪……

记忆中令人难忘的例子不止一个。

七十年代末,张一弓的小说《犯人李铜钟的故事》写毕。小说描写三年困难时期,残疾军人李铜钟为救全村几百个快要饿死的村民,开仓放粮随后锒铛入狱的故事。作品揭露出的惨烈社会现实,触及了当时的思想禁忌,发表前遭到重重阻力,最终是巴金拍板决定在《收获》上发表。一年多后,全国首届优秀中篇小说评奖,《犯人李铜钟的故事》在评委的一致推荐下进入获奖名单,却再次因"暴露黑暗面"等理由招致一些人的强烈反对,质疑的声音不绝于耳。当时,文艺界正因为"人性""人道主义"等问题发生严重分歧,评委会举棋不定,担任主任的巴金却明确表示:这是篇好作品,有资格列入全国优秀小说之列,我会投它一票！不仅如此,他还力主将该作品放入一等奖。整个事情的过程张一弓并不知晓,事隔多年后才从别人的文章中获知详情,他觉得巴金就像是"一座大山,扶植并庇护了一棵小草"。

1981年,白桦的《苦恋》在文艺界引起轩然大波。那时,巴金赴法参加国际笔会刚好回到北京,胡耀邦在中南海勤政殿会见了他。据在场的一位记者回忆,一见面,胡耀邦就询问巴金看过自己的文章没有?巴金回答:"没有。"胡耀邦说:"我的文章本来把批《苦恋》应该结束的意思放在前面,有些老同志的气不顺,我只好把这样的意思摆在后面。你在文学界德高望重,应该给中青年作家以正确的引导。"巴金直截了当地提出自己的看法:"文艺家受了多年的磨难,应该多鼓励,少批评。特别是对中青年作家,例如对白桦……"这时,在场的那位记者眼睛模糊了,他发现自己在流泪。事后,那位记者对白桦说:"按过去多年来的习惯,不管你是多么有名的文艺家,在倾听高层领导人说话的时候,都不太敢表达自己的观点,巴金却在批《苦恋》的大潮中,胸怀坦荡地为作家们大声疾呼。"巴金的那种无私的精神让在场的人难以忘怀,也让白桦每每回忆起来都会感动不已。

　　巴金的爱是深厚的,他不仅时时对青年人给以关怀,还希望尽自己的力量维护文艺界的大团结。

　　分歧不可避免地早就发生在个人之间。1979年5月,巴金访法归来,北京的朋友们聚在四川饭店为他接风。饭桌上,当大家谈到文艺界出现的新作品时,巴金说:"讲一点人道主义也有好处,至少不虐待俘虏嘛!在'文化大革命'期间有些人无缘无故地把人打死,只是为了'打坏人'。现在知道死了不少好人,可是已经晚了。"话音刚落,在座的林默涵颇不以为然地说:"资产阶级也不讲人道主义,他们虐待黑人。美国××影片上不是揭露了他们的那种暴行吗?"对这种早已听惯了的"官腔"巴金有些反感,他回了一句:"有人性总比没人性好吧!"便不再多说什么。然而,这件事却引起他的一再思考:为什么"文革"中会出现那么多"嗜血"的造反派?为什么有些人总是害怕人道主义?归根结底还是封建主义作怪。一直以来以为反封建的任务已经胜利结束,实际上远远没有完成。后来,巴金在《随想录》中撰有《人道主义》一文,大声呼吁:必须反对封建主义,把人兽转化的道路堵死。

争论归争论,但巴金历来主张文艺界要团结,只有团结才能繁荣发展,这也是第四次作代会前他和张光年谈的一个主要内容。那次作代会上,受民主精神鼓舞的作家们着实活跃了一把,刘白羽等人在选举中纷纷落马,继而也惹来了更多的争议和麻烦,其后整整十二年间无法再召开代表大会。1996年第五次作代会即将召开,巴金亲自写信给张光年、刘白羽,希望大家能够从团结出发,开好这次大会。刘白羽听从了巴金的意见参加了会议。尽管观点不同,但刘白羽没有忘记三十年代自己的第一篇小说是在巴金的支持下发表的,正是从那时候起,自己走上了文学的道路。这也是他事隔几十年,每次探望巴金,总是站在病床前热泪盈眶的原因。在文艺界,能够有这种感召力的或许也只有巴金了。

和第四次作代会一样,十二年后,身体愈加衰弱的巴金更加坚决地表示不再担任主席。但是,仍旧事与愿违。不仅如此,作代会召开之前作协主席团会议专门安排在上海举行。其后,有关领导又几次赶赴杭州,向正在那里养病的巴金汇报作代会筹备情况并极力劝说其担任主席,理由是不言而喻的,巴金在万般无奈之下也只有接受。

1993年11月于巴金寓所客厅。左起:荒煤、巴金、冯牧、王元化

他就像一头驮着沉重负担的骆驼,一步步艰难地跋涉在沙漠中!一方面是无法摆脱的种种头衔和事务,一方面是自己时时刻刻牵挂于心的写作;一方面是人们的需要、人们的感激赞扬抑或是反对;一方面却是他发自内心的孤独和向往。他不能不面对许多自己不喜欢的事情:"我自幼不喜欢照相,现在到处发表我的照片;我写字不像样,现在有些报刊偏偏发表我的题辞题字;我手边居然有一堆聘书,名字上还有一串挂名职务。我多年来就不赞成这种做法。……"(《曹禺巴金书简》,1990年9月16日)

重要的是,他的身体越来越糟了。

疾病一直困扰着他。1981年起他已经感觉到一动就疲劳,写作也变得困难起来,"字越写越小,也越慢,手不太方便。"他坚持着,无论是炎热的夏天,还是南方湿冷的冬季;无论是门前车水马龙的白天还是夜深人静的夜晚;也无论是被"捧"还是被"批"的时候。1982年的那次骨折他挺过来了,但走路变得艰难,手也因患帕金森氏症抖得厉害。到了1988年,手中那支小小的笔竟变得如此沉重,几乎握不住了。他在给朋友的信中说:"多么吃力!我怎么这样衰老!""不过我仍想多活,我也争取多活,我还想写本小书","我的生命并未结束,我还要继续向前"。他一笔笔地写下去,哪怕一天只能写几十个字、几个字,哪怕左手扶着右手慢慢地写。只要能够写,再困难也要继续。1989年初,他又跌了一跤。这一次,家人一天三班倒在医院里连续守护了八个多月。远在北京的曹禺每每念及老友的情况便忧心如焚,他在给巴金的信中说:"多少年了,不断地病痛,跌倒,起来,跌倒,又起来。我不明白为什么你要受这许多折磨?我记得你第一次跌伤,腿高高地架起三个多月,你说痛啊,如今又添上腰痛,为什么要你受许多不应承当的罪,我相信你是坚强无比的,然而毕竟是肉身的磨难啊……"

痛在身体上,精神上的折磨却是加倍的。他焦虑于自己未完成的写作计划,又念念不忘整个国家正在经历的一切,念念不忘贫困地区人们的生活,念念不忘对下一代人的教育问题,他曾经多次捐款给希望工程,现在,他更加惦念那些孩子们的情况……1989年末的一个个夜晚,他躺在病床上辗转反侧无法入眠,在给冰心的信中他吐露心绪:

> 本来我想得很好:不能动笔就索性搁笔,平静地度过这最后的日子,"我已经尽了自己的力了"。但没有料到,躺在病床上,每天总有四、五个小时不能闭眼,我忘不了我们这个多灾多难的国家,更忘不了我们那么多忠厚勤劳的人民。怎么办呢?我还能够为他们作点什么呢?我始终丢不开他们。时间不多了,我总得做点什么吧。翻来覆去,好像床上有无数根针,我总是安静不下来。每天都受到这样的折磨,我多么盼望看见远方的亮光,而屋子里却是一片灰暗。……

(巴金致冰心信,《巴金全集》第22卷)

沉浸在医院那个寂静灰暗的空间里,巴金一直在苦苦地追问自己——"我还能够为他们作点什么呢?"伴随着无尽的思绪,一种悲观的情绪悄悄地将他覆盖。他并没有对祖国的前途失去信心,当他在黑暗中反复地念诵着前辈们留下来的文学遗产时,它们会在暗夜里闪光,给他以帮助和支持。但是,他还是感到了悲观,这是一个不愿离开战场的战士的悲观:"我悲观,因为我有病不能工作,写字动不了笔,写字不像字。我悲观,因为我计划做的事大半成为空话,想写的文章写不出来……"积存于心的东西没有写完,时间却在一点点地流逝,生命在一天天地衰老,死亡也在一天天毫不留情地向他走来……

1992年春天,我从杭州到上海,照常去巴老家。那天的天气很好,病愈出院的他依旧坐在廊下我熟悉的那张藤椅上,太阳暖融融地照着他的身体。我走近他身旁,大声向他问好,他点头微笑,慢慢地说起我在《收获》上发表的写沙汀的文章:"写得好……""他就是那个样子……

你把他写活了。"我听了满心欢喜,因为从来没有奢望会得到老人家的夸奖,竟连连地说:"真的?真的?"他笑了,阳光下,眼睛里闪出一种光亮。

那个上午,他一直坐在椅子里听我和小林聊天。时而,小林会给他整整衣服,给他端上一碗药或是汤让他喝下去。中间有医生来给他打针,我们进了客厅,他打完针也进来接着听我们聊天。我们说到北京,说到夏衍、唐弢和一些人……他偶尔插话,有时也会出现语言障碍。记得我们说到沙汀时,他突然插话说:"我和沙汀同岁,但我不如他乐观,有时觉得人老了,做不了事,没有用了——"他嘴唇颤抖着,声音不大,但语调很重,语速虽慢却没有间断,或许,那是在心里憋了很久的话吧!我望着他,他不再说话,脸上充满惘然的神色,在那神色里,我听到一位老人发自内心深处的叹息。他一向是以写作为生活的目标,又一向以自己的热情感染和鼓舞着别人,如今却被一种深深的无奈所覆盖!那种痛苦和不甘有多少人能理解呢?

两个月后,我借出差的机会去四川看望沙汀,把巴金的话带给他,那时沙汀已经双目失明,却还执着地练习写字,想要写东西,听到巴金的夸奖他一边发出"哦、哦——"的声音一边仰头笑起来,但说到自己失明的眼睛,他又把嘴巴紧紧地瘪起来连连摇头叹气。那天,看着沙汀消瘦脸颊上孩子般的表情,我似乎更深地感受到巴金那番话的含义。"文革"过后,令人敬仰的老一辈作家们曾经怀着怎样的创作自由的梦想,人们对他们又抱以怎样热切的期待!虽然年逾古稀,但毕竟学养深厚,才华横溢,人生的经验和阅历到了溢满的程度。然而,结果如何呢?巴金深陷在思想解放的激烈博弈中,以自己对祖国和人民全部的爱和责任,奉献了一部《随想录》的大书,却在精神和身体的双重负担下不得不将长篇小说的创作搁置;曹禺没有一天不想写,却总写不出自己真正想要写的东西,也没有一天不感到痛苦;沙汀力排干扰坚守在书桌前,却终于抵挡不了岁月和疾病的侵袭,创作没有完成双眼就失去了光明;还有荒煤,更是每日纠缠于无休止的争论,只能痴人说梦般地念叨着自己

1992年春,巴金在上海寓所。后排左起:本书作者、李小林

的"小说梦"……是生活的重压还是环境所致?抑或是传统的思维方式使他们无法彻底摆脱困境?他们想要奋力挣脱羁绊,然而,越是挣扎却陷得越深,灿烂的梦想终于再次消失在最后的时光里……我好像更加清醒地听到巴金在黑夜里的呼唤,呼唤自己,呼唤他的朋友们,想念老托尔斯泰的自由出走,那灵魂的呼声回响于苍穹却有谁能够理解!

　　记得那次沙汀拍着我的手臂说,他是多么想念老友啊!简单的一句话里含着无尽的思念和伤感。我知道老人们之间的那种相通和惦念是无法用语言来表述的。不仅是沙汀,还有大姐一般的冰心、老弟似的曹禺、曾经无比牵挂的沈从文、依然时时惦念的萧乾……他们和巴金一起经历了人生的坎坷和磨难,凝结起来的友谊也随着岁月的延长而渗透进血液中,只要一息尚存,他们就不会停止对彼此的想念。然而,生活却是残酷的。仅仅几个月后,沙汀突然病故,他的离去令巴金难过不已。又过了几年,曹禺也走了,那是巴金视为兄弟的挚友,他曾经把曹禺一封又一封的信装在提包里,随时带在自己的身边……一位位老友相继离去,失去了相互惦念和鼓励的朋友,也失去了写作的能力,那种痛苦和惆怅怕是更甚于疾病给予他的打击和伤害。

巴金生命的最后几年有多么艰难是常人难以想象的,或许他自己早就清醒地意识到了这一点。他在怀念沈从文的文章里说:"我多么羡慕他,可是我却不能走得像他那样平静、那样从容,因为我并未尽了自己的责任,还欠下一身债,我不可能不惊动任何人静悄悄离开人世。那么就让我的心长久燃烧,一直到还清我的欠债。"一切正如巴金所预料,他生命的这盏灯是不可能平静地熄灭的。1999年,肺部的严重感染,使得医生不得不对他实施气管插管术。尽管巴金对生命的态度一向豁达,他曾经一再对家人表示,一旦自己重病不起时希望能够安乐死,但他没有选择的自由。当他从死亡线上被抢救回来能够开口讲话时,他说:"谢谢大家,我为大家活着。"和任何时候一样,刚刚挣脱了死神控制的他仍旧惦记着朋友,他要小林"马上"打电话给冰心,告诉她自己没有事,而那时候,正是冰心的骨灰回到北京家里的时候,所有的人都把消息瞒着他……

他再也没有能走出医院。当他头脑清醒时,曾多次表示不再担任政协和作协的职务,但是没有用。后来,到了他已经没有能力表达自己愿望的时候,他的儿女们也多次明确地提出父亲不再担任重要职务的意愿,但依旧没有人理会。信任在这个时刻好像来得格外彻底和充分,上面的意思是"只要巴老健在就非他莫属"。孩子们再三说父亲已经是"在而不健",他们坚持着自己的意见,知道那一定是父亲的意思!可是,他们的意见不被采纳,巴老只能继续挂名做下去。尽管这绝非他所愿,但他只能无言地承受,无言。

小林曾经告诉我,那次气管插管术后,经过医生的努力,父亲终于可以断断续续地说一些句子了。那时候,他们父女之间有过一次这样的对话:

父亲对我说：你不尊重我……

我说：怎么不尊重你啊……

父亲说：不把我当人。

我说：是不是没有让你安乐死？

父亲说：是。

我说：我也做不了主……

听到这段话的那个晚上，我很久都无法入睡。我发现自己流泪了，为一位老人和女儿，为发生在病房里的那段让人感到惊心的对话！一个对生命充满无限热情的老人当他清醒地知道自己已经无法工作的时候，显得如此超然和淡定，他渴望放弃，又为无法放弃而感到深深的痛苦和失望；而一个与父亲有着血脉亲情、相依为命的女儿此刻又是多么伤心、无奈和矛盾，她没有力量帮助父亲实现自己的愿望，能够做到的只是默默地承受着生与死的重负……

那以后，巴老的情况曾经一度好转，让所有的人都重拾信心，但意外的发生，却又接着把希望击得粉碎。报纸上还是时常有他的消息。生日时，或是重大节日里，首长们会光临医院进行问候，鲜花、礼仪中充满着隆重和喜庆的喧哗。但我却在电话中，在遥远北方的夜晚，从朋友的声音里一次次地体会着病痛带给老人的伤害与折磨，带给孩子们精神上感情上的沉重压力，他们笼罩在疾病的阴影中，以无比坚强的意志艰难地陪老人一起走过生命的最后路程。

在那漫长的日子里，我也曾经到医院去看望他。怀着不安的心情轻轻地走进病房，然后默默无语地走出病房，心里像坠着一块大石头无比沉重。我忘不了他躺在床上衰弱无助的样子，那凝重的眼神，好像总在重复着他说过的话："我为大家活着！"然而，有谁知道，这活着是多么沉重多么痛苦，甚至连做人的起码尊严都无法维护！而我们这些敬爱他的人，除了束手无措地看着他受苦，又能为他做些什么呢？！

那一刻,泪水悄然地漫上我的眼际,我希望他忘记,忘记自己曾经说过的话,忘记这世上所有一切的苦难和纷争,也忘记自己的责任,平静地像婴孩般地度过每一个早晨和黄昏……

那一刻,我又觉得,有种摆脱不掉的忧伤而温暖的气息在慢慢地把我包裹,把我重新融化……我记起很多年前他曾经说过的话:

我们每个人都有着更多的同情,更多的爱慕,更多的欢乐,更多的眼泪,……我们必须把它们分散给别人……就像植物不得不开花似的,纵然开花以后便会继之以死亡,它仍旧不得不开花。

(《生》,《巴金全集》第13卷,人民文学出版社1990年版)

那盛开的生命之花就是爱,就是永恒。

后　记

　　事实上,在过去的很多年里我从未想到要写这样一本书,写下这样一些人物,如果早知如此,或许我会做更好的准备。

　　记得八十年代初,在上海,著名女作家茹志鹃对我说:写一本日记吧,就把你每天所经历的如实记录下来……那时候,我正做着秘书工作,在繁杂的事务中应对无穷尽的问题,忙忙碌碌,带着那个年代那个年龄段的人特有的没心没肺,和我与生俱来的任性、随心所欲。很多年后,当我重温这段话,才知道那其实是她给我的最好的建议。以她的阅历和经验,她深知在那个风云多变万象更新的年代里,只要把我亲眼看到的事情一一记录下来,就是一部最好的纪实作品,其价值也是不言而喻的。遗憾的是,我没有这样做。我也写日记,断断续续的,而且所记多半是个人的看法和情绪,发生在那些文坛"大人物"身上的许多具有史料价值的东西就在我的疏懒中被漏掉了。

　　然而,记忆是抹不掉的,尽管随着岁月的远去,我们早已远离了昔日文坛那些重要的人物;尽管斗转星移世事变迁许多人不再对过去的事情感兴趣,但历史终归是历史,而这些人物,有时候他们会在寂静的夜晚,悄悄地走出来,出现在我的面前,让我猛然惊醒,原来你是有着这样的不能不说的经历!

　　于是,我开始重新找寻。

　　我遵守的第一位原则是真实,将叙述建立在个人亲历的基础上。

同时，我又发现，讲述他们，单凭经历是远远不够的。以我那时候的年龄和阅历，个人的接触毕竟太有限，而他们是太复杂和太了不得的一群，对于他们来说任何个人的记忆和角度或许都显狭小，我必须在写作的过程中为记忆和第一手材料补充历史背景，寻找佐证，也探寻那些未解的谜团……事实上，在这方面我花费了很大的力气，做了很多工作：循着记忆的线索，补充大量材料，力图重构他们的生活世界，当史料对他们的动机和行为保持沉默的时候，在诸多空白的地方我试图依据当时的具体情况作出自己的推论……这是一个思考的过程，重新认识的过程，因而，在我看来这本书不仅仅是回忆，更是一个曾经亲历历史的人对昨天的探寻和研究。

如果说回忆是苦涩的，思考却充满着挑战的快意。每当我在回忆中重新走近他们，我就愈加清醒地看到，这些昔日文坛的"掌门人"——他们既是投身革命的一代，又是"五四"和民国文化哺育出来的知识分子，他们是极其复杂，非常特殊的一个群体。新中国成立后，他们不断地卷入政治和艺术的矛盾漩涡，每一步充满艰辛的跋涉都代表着共和国文艺发展的曲折历程；他们个人的痛苦，也体现着中国知识分子灵魂的分裂、蜕变和升华。他们是多元的，在分析他们的时候我们不能追寻"唯一性"，而必须用开放和多元的目光审视历史，那种"非白即黑"二元对立的思维模式只能引导我们走向误区。我便是循着这样的思路完成了自己的写作。

张抗抗在读了《历史的碎片》之后曾写信来说："你能够把何其芳那么一个'复杂'又'单纯'的人物，对于理想的执著追求与内心的矛盾，处理得特别合情合理，真的不容易。既写出了'诗人毁坏'的历史因缘，也写出了'好人好官'未泯的良知……那是一种客观的历史态度，也可见作者的善意与温情。要害处轻轻点到，读者已心领神会；既为诗人的'认真'惋惜，更为革命的严酷怃然……你把这一类人物的'历史深度'表现出来了，犹如那个时代活生生立在眼前。"她阅读了我的每一篇文章，并在自己繁重的工作和创作中多次发来邮件与我讨论："我一直在反思我们这代人那种'非白即黑'二元对立的思维模式,那是上一辈人的革命留给我们的负资产……所以对你描述人物的复杂性和多面性,特别在意、特别看重。你已经越过了那道门槛,'恰到好处'其实就是对人和世界的认识。……"我赞同她的观点,却绝不敢说自己已经做到了真正的客观和"恰到好处",因为认识他们真的很不容易,老实说,即便在三十多年后的今天我也很难说都看懂了,真正地走入了他们的内心。

历史已经远去,但那些叱咤风云的人物却不会消失殆尽。走近他们对我个人来说也有着非同一般的意义。当昔日的一切透过历史的尘埃显露出他们朴实坚韧的本色,我知道,所有的这一切其实正是我人生最大的财富。他们永远在那里,在我内心最脆弱的地方建筑起一面牢固的墙,让我抵御人生的艰难,让我在最孤独的时候感受到温暖和力量。

此书收入的文章都曾发表在《收获》杂志上,整理时除了《"我辈"无文章》一文加入新发现的荒煤回复张光年的信之外,其余文章除个别文字均未做改动。感谢《收获》主编李小林,是她鼓励和督促我写下这些我们所共同熟悉的人物。我们常在电话里一起讨论,共同回忆,有时兴奋,有时感叹,有时迷茫,有时沉默……更重要的是她像一个"工头"似的钉在我身旁,在我疲惫的时候鼓励我坚持;在我沮丧的时候、想要偷懒和忽略什么的时候提醒我告诫我;她对文字的严格甚至连一个标点符号都不肯放过,对我的"作"、"做"不分之类的毛病不厌其烦地纠正、对发稿的时间也决不通融……有时候,我在电话中看到她的来电显示就会感到紧张,甚至想逃避……但当我走过这个过程,我深知她的付出,并发自内心的感动。

感谢《收获》钟红明、李筱在我发表专栏文章时付出的辛勤劳动,更感谢人民文学出版社应红、郭娟和刘伟对出版这本书给予的大力支持。刘伟是我《1938:青春与战争同在》一书的责任编辑,再次合作,我感到非常愉快和欣慰。

走近历史是沉重的,但也同样令人愉快,希望此书能为每一位真诚地面对昨天和今天的人们带来新的收获,希望人们能够在他们的故事中思考并汲取力量……

2015年1月21日于北京